本书系国家社会科学基金重大项目"阿多诺哲学文献的翻译与研究"(项目编号:20&ZD034)的阶段性成果

在通向正确生活的途中

阿多诺道德哲学的基本问题

（修订本）

罗松涛 著

中国社会科学出版社

图书在版编目(CIP)数据

在通向正确生活的途中：阿多诺道德哲学的基本问题 / 罗松涛著. -- 修订本. -- 北京：中国社会科学出版社, 2024. 7. -- ISBN 978-7-5227-3912-0

Ⅰ. B516.59；B82

中国国家版本馆 CIP 数据核字第 2024CM9044 号

出 版 人	赵剑英
责任编辑	郝玉明
责任校对	谢　静
责任印制	李寡寡

出	版	中国社会科学出版社
社	址	北京鼓楼西大街甲 158 号
邮	编	100720
网	址	http://www.csspw.cn
发 行 部		010-84083685
门 市 部		010-84029450
经	销	新华书店及其他书店
印	刷	北京君升印刷有限公司
装	订	廊坊市广阳区广增装订厂
版	次	2024 年 7 月第 1 版
印	次	2024 年 7 月第 1 次印刷
开	本	710×1000　1/16
印	张	15
字	数	251 千字
定	价	68.00 元

凡购买中国社会科学出版社图书，如有质量问题请与本社营销中心联系调换
电话：010-84083683
版权所有　侵权必究

序言　时刻以"奥斯维辛的幸存者"自居

张志伟

距离20世纪人类文明的那场浩劫至今不足百年，阿多诺说的"奥斯维辛之后，写诗是野蛮的"言犹在耳，但是重温这句话，我们似乎不再有劫后余生的切肤之痛。最近这几十年或许是中国历史乃至人类历史上少有的繁荣时期，虽然近年来全球化进程遭遇挫折，我们面临百年未有之大变局，但是似乎鲜有人会认为我们可能还会重蹈覆辙。真的如此吗？

若干年后，阿多诺把"奥斯维辛之后，写诗是野蛮的"这句话修改为：对于幸存者来说，"奥斯维辛之后是否能够被允许继续生活"？或者说，奥斯维辛之后，如何能够正确生活？我们不要以为只是奥斯维辛的幸存者需要思考和回答这个问题，雪崩的时候，没有一片雪花是无辜的，浩劫面前，没有人能够幸免于难，所以它是对我们所有人的提问。阿多诺是作为奥斯维辛的幸存者来思考如何继续生活的，对他来说，这个问题无比沉重。不要以为奥斯维辛已成过去，如果不能认真思考这个问题，奥斯维辛还会重现。因此，为了不让那场浩劫重演，我们有必要把自己看作像阿多诺一样的幸存者，时时刻刻思考这个问题：生活的确还要继续，但是如何继续生活？什么是正确生活？

如何"继续生活"？这是一个什么样的问题？我想，"活着"与"生活"是不同的，"活着"不过是维持生命的存续，"生活"则必须思考如何"正确生活"的问题。的确，"正确生活"貌似是不可能的，一个人的生命短暂，人类也并非永存，我们这个宇宙总有一天不复存在，虽然它的时间尺度是我们难以想象的，所以人在迷途，正确生活不过是可望而不可即的理想。然而，使人成为人的，支持着我们不仅写诗而且继续生活的，恰恰是正确生活的理想。正如阿多诺所说："我们可能不知道，什么是绝对的善，什么是绝对的规

📁 在通向正确生活的途中

范,甚至不知道什么是人、人性和人道主义,但我们却非常清楚,什么是非人性的。我想说,人们今天更应该在对非人性事物的具体谴责中,而不是在人的存在的没有约束的、抽象的定位中寻找道德哲学。"① "或许人们唯一可以讲的是,正确的生活在今天就存在于对某种错误生活的诸形式的反抗形态之中",而"除了这种否定的指南以外,确实不能提出其他东西"。② 换言之,我们也许永远也不知道什么是正确的生活,但是可以肯定的是,在错误生活中不存在正确生活,因而追寻正确生活的道路就是不断地排除错误生活的过程。

就此而论,我们无论如何都必须走在"通往正确生活的途中"。

"正确生活"这个问题对阿多诺来说是异常迫切的,对我们来说似乎并非如此,我们早已远离灾难。奥斯维辛虽然距今不足百年,但好像对于生活在发达的科技文明时代的我们来说,已经十分遥远,所以现在很少有人会把自己看作奥斯维辛的"幸存者"。然而,我们必须明白,人类文明的那场浩劫彻底地改变了人类历史,不恰当地说,没有那场浩劫,就没有今天的我们。就此而论,难道我们不是"幸存者"?因此,所谓"幸存者"的含义,或者说"历史使命",就是不让奥斯维辛重演,所以我们必须时时刻刻以"幸存者"自居,按照阿多诺,那就是时时刻刻思考:什么是正确的生活?

当阿多诺思考"奥斯维辛之后是否能够被允许继续生活?"的问题时,其思考的独特之处在于,正确生活并不是总体性的、一般性的和同一性的,而是差异性的、特殊性的和非同一性的,在理想的人性设定中赋予非同一的生命个体以优先性,以之为正确生活的最低限度保障,或可看作阿多诺非同一性道德的核心。③ 因此,阿多诺在探讨道德哲学时,极为关注普遍和特殊之间的非同一性关系。④ 这恐怕是我们这个时代道德哲学面临的难题之一,而且情况愈加复杂。在形而上学衰落,"上帝死了"之后,伦理学失去神圣的基础,我们可以称之为"从神圣回归世俗",而从某种意义上说,"世俗"之中往往

---

① [德] T. W. 阿多诺:《道德哲学的问题》,谢地坤、王彤译,谢地坤校,人民出版社 2007 年版,第 198 页。
② [德] T. W. 阿多诺:《道德哲学的问题》,谢地坤、王彤译,谢地坤校,第 189—190 页。
③ 参见本书第三章第三节。
④ 参见本书第四章第二节。

存在着相对而言的普遍与普遍之间、相对而言的普遍与特殊之间、特殊与特殊之间，甚至特殊与个体之间的矛盾与冲突。就此而论，阿多诺的非同一性道德哲学具有极其重要的意义。阿多诺想要告诉我们的是所谓普遍的道德法则与特殊性之间存在着冲突，就此而言他想维护特殊性、差异性或非同一性的首要或优先地位，而我们今天面临的问题或许更进了一步：假如没有或者我们难以确立所谓普遍同一的道德法则，我们如何正确地生活？

从某种意义上说，我们都是奥斯维辛的"幸存者"。奥斯维辛之后，生活仍然要继续，我们当然还是要写诗，不过诗的主题应该是如何寻求正确生活的道路，如何让20世纪人类文明的浩劫不再重演。

适逢法兰克福大学社会研究所（法兰克福学派）创立100周年，阿多诺诞辰120周年，罗松涛教授根据自己近年来的研究心得，同时吸收借鉴国内外学界的相关研究与翻译成果，对出版于七年前的学术专著《在通向正确生活的途中：阿多诺道德哲学的基本问题》进行了全面系统的修订，以作纪念，可喜可贺！

值此修订版出版之际，遵嘱为序。

目　录

前　言 …………………………………………………………… 1

导论　奥斯维辛之后的追问 …………………………………… 6
　　一　"清理"过去与"唤起"回忆 ………………………… 8
　　二　致力于铭记的启蒙 …………………………………… 14

第一章　错误生活的迷途 ……………………………………… 21
　　第一节　文化工业：营造伪现实、塑造伪个性 ………… 23
　　第二节　自由时间辩证法 ………………………………… 32
　　第三节　艺术作品的解放意图 …………………………… 41

第二章　现时代的生命律令 …………………………………… 47
　　第一节　生命与死亡的物化 ……………………………… 48
　　第二节　非同一性道德哲学视域中的生存与死亡 ……… 55
　　第三节　为生命而活或向死而在 ………………………… 60
　　第四节　"奥斯维辛永不重现" …………………………… 68

第三章　个体生命与道德法则的非同一性 …………………… 74
　　第一节　道德哲学的疑难 ………………………………… 76
　　第二节　康德道德哲学的总问题 ………………………… 78
　　第三节　个体生命的优先性 ……………………………… 86

第四节　作为一种"否定指南"的道德哲学 …………………… 95

第四章　否定的自由观 ……………………………………………… 103
　　第一节　阿多诺对康德与萨特自由观的批评 …………………… 104
　　第二节　"奥斯维辛之后的"自由何以可能 …………………… 110
　　第三节　自由的双重意蕴 ………………………………………… 118

第五章　从思之道德到正确生活 …………………………………… 124

结　语 ………………………………………………………………… 134

附录一　最低限度的道德：从被损害生活而来的反思（节选） ………… 139

附录二　自由时间 …………………………………………………… 204

参考文献 ……………………………………………………………… 214

后　记 ………………………………………………………………… 227

修订版后记 …………………………………………………………… 229

前　言

20世纪德国思想家、法兰克福学派社会批判理论的主要代表西奥多·W.阿多诺（Theodor W. Adorno，1903—1969，本书中统一译为"阿多诺"）对道德问题的思考深入而持久。在结束十多年的流亡生涯之后[①]，阿多诺于1951年出版《最低限度的道德：从被损害生活而来的反思》（*Minima Moralia: Reflexionen aus den beschädigten Leben/Minima Moralia: Reflections from Damaged Life*）（以下简称《最低限度的道德》），这是他重返祖国后出版的第一本著作。如果说阿多诺在20世纪50年代对道德问题的思考略显沉寂，那么在整个60年代，道德哲学在很大程度上则成为其理论关注的焦点，而贯穿其道德反思的一个主题是：在错误生活中不存在正确生活（Es gibt kein richtiges Leben im falschen./Wrong life cannot be lived rightly）。[②]

[①] 关于阿多诺的思想导论性传记，可以参见［美］马丁·杰《阿多诺》，瞿铁鹏、张赛美译，张晓明校，中国社会科学出版社1992年版；［日］细田和之《阿多诺——非同一性哲学》，谢海静、李浩原译，卞崇道校，河北教育出版社2002年版；［德］格尔哈特·施威蓬豪依塞尔《阿多诺》，鲁路译，中国人民大学出版社2008年版；威尔逊（R. Wilson）《西奥多·阿多诺》（*Theodor Adorno*, 2007），该书中译本已出版；［英］罗斯·威尔逊《导读阿多诺》，路程译，重庆大学出版社2016年版；奥康纳（B. O'Connor）《阿多诺》（*Adorno*, 2013）。关于法兰克福学派的历史变迁及理论演变，可以参见［美］马丁·杰伊《法兰克福学派史》，单世联译，陈立胜校，广东人民出版社1996年版；［德］罗尔夫·魏格豪斯《法兰克福学派：历史、理论及政治影响》，孟登迎、赵文、刘凯译，上海人民出版社2010年版；［瑞士］埃米尔·瓦尔特-布什《法兰克福学派史：评判理论与政治》，郭力译，社会科学文献出版社2014年版。

[②] T. W. Adorno, *Minima Moralia: Reflexionen aus den beschädigten Leben*, Frankfurt am Main: Suhrkamp Verlag, 2012, p.43; T. W. Adorno, *Minima Moralia: Reflections from Damaged life*, translated by E. F. N. Jephcott, London and New York: Verso, 2005, p.39. 这一节的完整译文见本书附录一。在1963年的"道德哲学讲座"中，阿多诺反复提到了这一主题。［德］T. W. 阿多诺：《道德哲学的问题》，谢地坤、王彤译，谢地坤校，人民出版社2007年版，第1、184、187—188页。

📁 在通向正确生活的途中

众所周知，以哈贝马斯（J. Habermas，1929— ）为代表的法兰克福学派第二代理论家对其前辈学人多有批评，他们认为阿多诺以及霍克海默（M. Horkheimer，1895—1973）、马尔库塞（H. Marcuse，1898—1979）等第一代学者的批判理论因过于激进且缺乏一定的规范性基础或有效性前提而失于悲观、消极。霍克海默和阿多诺在作为法兰克福学派里程碑式著作的《启蒙辩证法》（Dialektik der Aufklärung/Dialectic of Enlightenment）中清楚表明，有赖于理性的启蒙运动却因理性自身而事与愿违、"自我毁灭"，"启蒙思想的概念本身，更不用说具体历史形态以及与该概念交织在一起的社会制度，已然包含着今天随处发生的倒退的萌芽"。① 在哈贝马斯等人看来，这种进退失据而又看不到出路的疑难（Aporie/aporia）问题始终困扰着该学派的第一代学者，并削弱了社会理论（或者说社会哲学）的批判力度：霍克海默和阿多诺"激化和公开不断自我超越的意识形态批判的内在矛盾，而根本没有想从理论上克服这一矛盾"，"沉湎于对理性的任意怀疑之中，而没有去思考怀疑自身的理由"；② 又或者他们两人"不能进一步解释，作为一项历史性的规划，理性对自身的超越（启蒙对自身的启蒙）应该是怎样的"。③

然而，是否阿多诺（以及霍克海默）对工具理性或启蒙理性的批判仅仅止步于摧毁一切？是否为阿多诺所坚持的非同一性（Nichtidentität/non-identity）哲学最终只能在现代主义艺术作品产生的审美体验中展现社会批判理论的解放旨趣？作为哈贝马斯的弟子、法兰克福学派第三代学人的代表，霍耐特（A. Honneth，1949— ）在《权力的批判：社会批判理论反思的几个阶段》一书中指出，阿多诺与霍克海默、洛文塔尔、本雅明、马尔库塞几人都不约而同

---

① Max Horkhermer und Theodor W. Adorno, *Dialektik der Aufklärung*, Frankfurt am Main：Fischer TaschenbuchVerlag, 2012, p. 3; Max Horkhermer and Theodor W. Adorno, *Dialectic of Enlightenment*, edited by GunzelinSchmidNoerr, translated by Edmund Jephcott, California：Stanford University Press, 2002, p. xvi.

② 参见［德］于尔根·哈贝马斯《现代性的哲学话语》，曹卫东等译，译林出版社2004年版，第148、150页。

③ 参见［德］阿尔布莱希特·维尔默《论现代和后现代的辩证法——遵循阿多诺的理性批判》，钦文译，商务印书馆2003年版，第83页。实际上，许多学者已经指出，虽然哈贝马斯以及霍耐特等试图努力克服阿多诺等第一代学者的批判理论，但依然保留了明显的延续性，最为突出的便是对社会的弊端和不公保持敏感。参见［德］斯蒂芬·缪勒-杜姆《如何批判？社会批判理论诸路向的合与分》，载［英］吉拉德·德朗蒂编《当代欧洲社会理论指南》，李康译，上海人民出版社2009年版，第227页。

地将艺术作品作为社会批判理论的一个"关键主题",在审美体验中,"感官印象如同在对自然的审美感知中一样不再受到工具性的观念模式的过滤;另一方面,社会解放也同时以一种摆脱统治的对自然世界的占有为前提",因而,"艺术作品就仍然能够独自完全代表那种对社会自由的规范性的要求"。① 在笔者看来,阿多诺对"正确生活"(rigtiges Leben/right life)的思考可以说是对上述批评的一种有力回应。

事实上,自2001年伯恩施坦(J. M. Bernstein)的《阿多诺:祛魅与伦理学》(*Adorno: Disenchantment and Ethics*)② 问世以来,阿多诺的道德哲学乃至实践哲学在西方学界已经日益成为一个热点问题。③ 目前,国内学界也逐渐认识到这一问题的重要性。2013年11月2—3日,在全国国外马克思主义研究会、德国罗莎·卢森堡基金会与武汉大学哲学学院联合主办的"法兰克福学派与美国马克思主义——纪念阿多尔诺诞辰110周年"国际学术研讨会上,主办方专门安排了一场关于"阿多诺的道德与生命学说"的分会讨论,笔者有幸与会并做了题为《生命的辩证法——基于阿多诺的非同一性哲学思考》的学术报告。④ 也正是在这次国际学术研讨会上,张一兵教授在大会发言中坚持其十余年前的观点,指出"阿多诺的哲学思想是整个西方马克思主义在思想深度上所能达及的最高点",同时也"宣告了全部西方马克思主义逻辑的终结"。⑤ 笔者在很大程度上同意这一观点,不过,阿多诺的道德哲学思想或许

---

① 参见[德]阿克塞尔·霍耐特《权力的批判:社会批判理论反思的几个阶段》,童建挺译,上海人民出版社2012年版,第63—64页。

② J. M. Bernstein, *Adorno: Disenchantment and Ethics*, Cambridge: Cambridge University Press, 2001.

③ 近年来,仅英语学界就涌现出许多与此相关的原创性学术著作,如赫尔菲尔德(C. Hearhield)的《阿多诺与自由的现代气质》(*Adorno and the Modern Ethos of Freedom*, 2004),盖耶斯(R. Geuss)的《伦理学之外》(*Outside Ethics*, 2005),哈默(E. Hammer)的《阿多诺与政治》(*Adorno and the Political*, 2007),摩根(A. Morgan)的《阿多诺的生命概念》(*Adorno's Concept of Life*, 2007),博威(A. Bowie)的《阿多诺与哲学的终结》(*Adorno and the Ends of Philosophy*, 2013)以及弗瑞耶哈根(F. Freyenhagen)的《阿多诺的实践哲学》(*Adorno's Practical Philosohy*, 2013),等等。

④ 参见罗松涛《生命的辩证法——基于阿多诺的非同一性哲学思考》,《马克思主义与现实》2014年第5期,该文是在这次学术报告的基础上修改而成。

⑤ 张一兵:《阿多尔诺:永远的思想星丛——纪念阿多尔诺诞辰110周年》,《法兰克福学派与美国马克思主义——纪念阿多尔诺诞辰一百一十周年》,何萍、吴昕炜主编,人民出版社2014年版,第16页。不仅如此,张一兵教授在《西方马克思主义哲学的历史逻辑》一书的"绪论"这(转下页注)

在通向正确生活的途中

能够带领我们走出这种批判理论自身蕴含的逻辑困境。如果说"非同一之物"（das Nichtidentische）位于阿多诺哲学的核心①，那么正确生活便是这样一种"非同一之物"，一种无法被同一性概念（以及占主导或统治地位的同一化思维方式与生活方式）穷尽、把握、归类、裁剪的"非概念之物"（das Nichtbegriffliches）。需要注意的是，阿多诺在其哲学代表作《否定辩证法》（Negative Dialektik/Negative Dialectics）导论中明确指出，对这种"非同一之物"或"非概念之物"的把握只能是一种"认识的乌托邦"（die Utopie der Erkenntnis）②，亦即运用同一性概念进行思考的同时又要将这种同一性概念加以超越。因此，虽然"正确生活"没有一个现成给定的标准答案，但我们依然可以与这位社会批判理论家一道，运用非同一性思维方式踏上"通向"正确生活之路。

为此，全书将以阿多诺对"正确生活"的思考为核心，着力探讨阿多诺非同一性道德哲学的基本问题：首先，从阿多诺"奥斯维辛之后是否能够被允许继续生活"这一时代追问入手，阐明阿多诺道德哲学的时代背景与思想史语境（导论）；在正文的开篇，围绕阿多诺对文化工业的反思以及自由时间的思考，阐发其对"错误生活"不同面向的揭批以及艺术作品可能蕴含的解放意图（第一章）；借助阿多诺对海德格尔生存论存在论思想的批评，分析阿多诺提出的一种针对现时代（奥斯维辛之后）的"生命律令"（第二章）；在阿多诺解读康德道德哲学的基础上，探讨奠基于特殊个体生命与普遍道德法则之间非同一性关系的"正确生活"何以可能（第三章）；结合阿多诺对康德与萨特自由观的批评，阐发阿多诺"否定的自由观"，同时思考阿多诺自由观与马克思自由思想的相通处（第四章）；最后，基于阿多诺对思想的道德与任务的理解，明确非同一性道德哲学视域中通向正确生活的两条路径，即不妥协的反思精神和意在提升政治成熟的教育（第五章）。

（接上页注⑤）样写道："以40年代初霍克海默和阿多诺的《启蒙辩证法》为标志，法兰克福学派把'理性'这个西方文明的根基作为批判对象时，事实上已经开创了一条全新的批判资本主义的思路，因此1966年阿多诺《否定辩证法》的出版同样预示了西方马克思主义之人本主义逻辑的自我解构。"参见张一兵、胡大平《西方马克思主义哲学的历史逻辑》，南京大学出版社2003年版，第19页。

① 参见 Oshrat C. Silberbusch, *Adorno's Philosophy of the Nonidentical: Thinking as Resistance*, Springer Nature Switzerland AG, 2018, p.9。

② 参见 Theodor W. Adorno, *Negative Dialektik*, Frankfurt am Main: SuhrkampVerlag, 1982, p, 21。

在附录部分，本书收录了与阿多诺道德哲学密切相关的两部分译文。附录一是由笔者根据德文版并参照英译本译成的《最低限度的道德：从被损害生活而来的反思》部分断片（共 61 节）。在笔者看来，这本著作可被视为阿多诺回答"奥斯维辛之后如何生活"这一时代之问的道德沉思录，我们将在本书中着重分析其中的关键段落。附录二则是阿多诺在 20 世纪 60 年代所作的一篇广播讲稿，题为"自由时间"（Freizeit）。这篇广播讲稿也与本书探讨的主题密切相关，我们将在第一章借助这篇讲稿集中考察阿多诺对错误生活，特别是虚假自由的反思。笔者希望，作为附录的两部分译文能够和正文内容一道，形成一种为阿多诺所推崇的"星丛"式文本群，以此更全面地体察阿多诺非同一性道德哲学的理论旨趣和现实意蕴。

导论　奥斯维辛之后的追问

  他大叫把死亡奏得甜蜜些死亡是来自德国的大师
  他大叫提琴再低沉些你们都化作烟雾升天
  在云中有座坟墓躺下不拥挤

  清晨的黑牛奶呀我们夜里喝你
  中午喝你死亡是来自德国的大师
  我们晚上喝早上喝喝了又喝
  死亡是来自德国的大师他的眼睛是蓝色的
        ——保罗·策兰:《死亡赋格曲》[1]

  第二次世界大战结束之后，阿多诺在一篇题为"文化批评与社会"（Kulturkritik und Gesellschaft/Cultural Criticism and Society）的文章中（1949），提出了一个广为流传但也饱受争议的命题："文化批评发现自己面对着文化与野蛮辩证法的最后阶段：奥斯维辛之后，写诗是野蛮的。"[2]

  如果说奥斯维辛之后写诗（以及推而广之的艺术创作）是否野蛮乃至是

---

[1] ［德］保罗·策兰:《保罗·策兰诗选》，孟明译，华东师范大学出版社 2010 年版，第 64—65 页。

[2] T. W. Adorno, *Kulturkritik und Gesellschaft* I, herausgegebenaus Rolf Tiedemann unterMitwirkung von Gretel Adorno, Susan Buck-Morss und Klaus Schultz, Frankfurt am Main：SuhrkampVerlag, 2003, p. 30; T. W. Adorno, *Prisms*, translated bySamuel and Shierry Weber, Cambridge, Massachusetts：The MIT Press, 1982, p. 34. 又，根据韦勒（S. Weller）的考察，在这篇文章发表后，阿多诺在不同场合反复重申了这一命题，而其立场也有微妙的变化。参见 S. Weller, *Literature, Philosophy, Nihilism*, New York：Palgrave Macmillan, 2008, pp. 72-73。又，本书所有外文文献的中译文，如果没有标明译者，均出自本书作者翻译。

否可能在一定程度上还只是属于人的精神生活层面，那么，阿多诺在出版于 1966 年的哲学代表作《否定的辩证法》(*Negative Dialektik*/Negative Dialectics) 中将上述命题加以修正后更进一步追问：

> 奥斯维辛之后无法写诗，这种说法或许是错误的。然而，提出以下这个文化色彩不是那么浓厚的问题却并不为错：对于那些侥幸逃脱而按理则会被屠戮的人来说，奥斯维辛之后是否能够被允许继续生活？①

诗人策兰（P. Celan, 1920—1970）与哲人阿多诺都是那场战争的亲历者与幸存者。在前者的笔下，"大叫把死亡奏得甜蜜些"的是人，"化作烟雾升天"的也是人，为何人可以如此对待自己的同类？后者的问题更为尖锐：奥斯维辛之后，人类的生存是否可能以及如何可能？

我们知道，有着犹太血统的阿多诺"侥幸逃脱"了以奥斯维辛、达豪等等为名的集中营，但奥斯维辛有如达摩克利斯之剑，始终悬临在他的头顶。面对战争的灰烬与文明的废墟，阿多诺清醒地意识到，只有深刻反思使得奥斯维辛得以可能的思想逻辑，才能确保其永不重现，也才能真正告慰被其吞噬的无数生命。然而，我们不能将阿多诺的沉思仅仅归结朴素的同胞之情，尽管他确实由于自己侥幸逃脱而怀有一份对牺牲者的深深愧疚。正如德国史学家迈内克（F. Meinecke, 1862—1954）所言："探讨在德国爆发的那场骇人听闻的浩劫的更深刻原因这一问题，将是未来世纪所依然要从事的，只要这些世纪一般说来仍然愿意而且有能力思考这些问题。然而，德国的浩劫这个问题却同时扩展为一个超乎德国之外的普遍西方命运的问题。"② 同样，阿多诺的发问绝不只面向德国，事实上也并非仅仅针对西方，它是面向全人类的。可以说，哲人阿多诺的沉思直指当今时代的每一个人，并希望借助我们让其在未来不断回响。

---

① T. W. Adorno, *Negative Dialektik*, Frankfurt am Main: Suhrkamp Verlag, 1982, p. 355.
② ［德］弗里德里希·迈内克：《德国的浩劫》，何兆武译，商务印书馆 2012 年版，第 4 页。

◼ 在通向正确生活的途中

一 "清理"过去与"唤起"回忆

若想回答"奥斯维辛之后是否能够被允许继续生活"这个问题,首先需要思考奥斯维辛是否仅仅是逃脱此劫者的梦魇。阿多诺在1959年11月6日的广播讲座中对此进行了阐发,讲座题目是《清理过去意味着什么》("Was bedeutet: Aufarbeitung der Vergangenheit/The Meaning of working through the past",以下简称为《清理过去》)。① 在他看来,只有以某种方式让昨天始终活在今天,牺牲者与受难者才能真正死得其所。

在讲座的一开始,阿多诺首先区分了对待过去(以及记忆)的两种态度:"清理"(Aufarbeitung/working through)② 与"加工"(Verarbeitung/working upon)。在阿多诺看来,对回忆进行"加工"是指通过一种清醒的意识来遏制住回忆所具有的那种令人着迷的力量;"清理"过去的目的与此不同,它意在合上过去这本书卷,如果可能甚至希望将其从记忆中抹去(wegwischen)。③ 然而,阿多诺提醒我们注意,人们想和过去(特别是充满苦难经历的过去)一刀两断,这种想法是不现实的:一方面,任何事物都无法在过去的阴影中存活,若现在以暴力来偿还过去的暴行无异于饮鸩止渴;然而另一方面,人

---

① 1962年5月24日,阿多诺应德国社会主义学生联合会(Sozialistischer Deutscher Studentenbund)的邀请,在柏林又再次以该题目做了这一讲座。在1962年讲座时,阿多诺特意加了一段引语,指出这一讲座源于50年代末以来联邦德国反犹主义浪潮的或隐或现,更意在指出导致"二战"屠犹灾难的客观条件与趋势,其中,阿多诺特意点明了"从这种客观社会情境中的社会心理因素"。参见 T. W. Adorno, *Kulturkritik und Gesellschaft* II, herausgegebenaus Rolf Tiedemann unterMitwirkung von Gretel Adorno, Susan Buck-Morss und Klaus Schultz, Frankfurt am Main: SuhrkampVerlag, 2003, pp. 816 – 817; T. W. Adorno, *Critical Models: Interventions and Catchwords*, translated by Henry W. Pickford, New York: Columbia University Press, 1998, pp. 307–308。

② 该文的英译者皮克福特(H. W. Pickford)指出,"清理"(Aufarbeitung)含有一种"完成一项令人不快的义务(比如,清理桌子)"的意义,就重新评价过去的需要而言,阿多诺的措辞比某些当时的政治家和历史学家更为尖锐。参见 T. W. Adorno, *Critical Models: Interventions and Catchwords*, pp. 337–338。

③ T. W. Adorno, *Kulturkritik und Gesellschaft* II, p. 555; T. W. Adorno, *Critical Models: Interventions and Catchwords*, p. 89。

们极力想要消除掉或是避之唯恐不及的过去仍然清晰如昨。① 显然，阿多诺想强调的是后者，他对于过去——或者更准确地说，对于过去的苦难与伤痛——的态度很明确：我们不仅需要直面而非遗忘它，更应对其加以批判与扬弃，而不是将其偶像化或神秘化。

因此，铭记过去所遭受的精神与肉体折磨以及人格侮辱并非一种病理学意义上的负罪感，如果人们像《浮士德》中的魔鬼梅菲斯特那样秉持一种"毁灭回忆"（die Zerstörung von Erinnerung/the destruction of memory）的原则，这将导致一种历史延续意识的衰退，并最终造成个体自我在自主反思与自律活动层面患上一种社会性萎缩症。② 正如梅菲斯特在浮士德临终时所言：

> 干嘛说过去？
> 过去和全无是完全一样的同义语！
> 永恒的创造于我们何补？
> 被创造的又使它复归于无！
> 已经过去了！这话的意思是什么？
> 它就等于说，本来不曾有过，
> 翻转来又像是说，似亦有诸。
> 而我却毋宁喜爱永远的虚无。③

可见，一旦投入"喜欢永远的虚无"的魔鬼的怀抱，人们将会丧失历史意识，"奥斯维辛之后是否能够被允许继续生活"等问题也将被轻松地抛在脑后。为此，阿多诺认为，保持清醒的历史意识是锤炼自我的自主与批判品格的题中应有之义。因此，如何理解过去就变得至关重要。如果过去仅仅是纯粹时间线性流逝意义上的"不在当下"，那么，当下之人将过去作为一个对象

---

① 参见 T. W. Adorno, *Kulturkritik und Gesellschaft* II, p. 555；T. W. Adorno, *Critical Models: Interventions and Catchwords*, p. 89。

② 参见 T. W. Adorno, *Kulturkritik und Gesellschaft* II, pp. 557-558；T. W. Adorno, *Critical Models: Interventions and Catchwords*, p. 91。

③ ［德］歌德：《浮士德》（下），钱春绮译，上海译文出版社 1982 年版，第 707 页。

在通向正确生活的途中

予取予夺、任意加工，这绝不符合阿多诺"清理过去"的本意。在此，需要注意的是，阿多诺所要"清理"的"过去"并非泛泛而言，它有明确的历史坐标，即以"奥斯维辛"为代表的人类灾难。因此，必须将"过去""置身于"清理活动之中，从而使上述自历史深处而来的质问清晰可闻——用阿多诺的话来说，问题就在于"唤起回忆"或者"自当下走进过去"。[①] 只有这样，才能使看似已成为历史的那种"把死亡奏得甜蜜些"的被损害的生活变得历历在目，进而引发甚至逼迫当代人的反思与变革。在霍耐特看来，此乃一种特定的"世界解蔽性（world-disclosing）批判形式"，[②] 而对错误生活与苦难经验漠然置之以及自我的历史感与批判力慢性萎缩，这些正是阿多诺意在解蔽的关键。

在这里，我们不妨参考与阿多诺在思想上交往颇深的本雅明（W. Benjamin, 1892—1940）关于过去的辩证意象（dialectical image）：

> 过去事物并非向当下事物投射自身的光亮，反之亦然；事实上，意象是已在之物（what has been）与现在（the now）于一道闪光中结合而成的一个星丛（constellation）。换言之，意象是凝固了的辩证法（dialectics at a standstill）。这是因为，虽然当下（the present）与过去（the past）的关系是一种纯粹的时序性延续，但已在之物与现在却是一种辩证关系：（它）不是自然意义上的时间性（temporal）关系，而是形象性［figural（*bildlich*）］的关系。只有辩证意象是真正历史性的——也就是说，不是早已过时的（archaic）——意象。[③]

在其遗作《论历史概念》（*Über den Bergriff der Geschichte*/*On the Concept of*

---

① 参见 T. W. Adorno, *Kulturkritik und Gesellschaft* II, pp. 569; T. W. Adorno, *Critical Models: Interventions and Catchwords*, p. 100。

② 转引自［德］斯蒂芬·缪勒-杜姆《如何批判？社会批判理论诸路向的合与分》，载［英］吉拉德·德朗蒂编《当代欧洲社会理论指南》，李康译，第 218 页。

③ Walter Benjamin, *The Arcades Project*, translated by Howard Eiland and Kevin Mclaughlin, Cambridge, Mass: Harvard University Press, 1999, p. 463.

History)① 中,本雅明进一步阐发了这种过去与现在以星丛方式交织在一起的"辩证意象":

> 历史是一种建构而成的主体,建构场所不是同质且空洞的时间,而是充满了现在—时间[now-time(Jetztzeit)]的时间。因此,对于罗伯斯庇尔来说,古罗马就是充满了现在时间的过去,他把这一过去从历史连续统中爆破出来。②

显然,在本雅明看来,历史不是平整顺滑的同质过程,它由每一个当下的"现在—时间"构造而成并赋予其意义,而历史中的行动者则在每一个"行动时刻"(at the moment of action)仿佛"一道闪光"那样对"时序性延续"进行爆破,③ 唯其如此,过去与现在才是一种辩证的而非同质的关系,"已在之物"得以与"现在"在每一个"现在—时间"中凝结为一种"星丛"。也正是在这个意义上,本雅明认为我们可以将法国大革命视为古罗马的再生(reincarnate)。正如其在《拱廊街计划》手稿中所言:"辩证意象是一个在一闪念中突然显现的意象。已经出现的须被牢牢把握住——作为一个在其可辨视的当前闪现出来的意象来把握。以这些方式——只能以这些方式——所进行的拯救得以实施,完全是为了错过这个机会就一切都无法挽回地失去了。"④ 有意思的是,当代英国社会理论家齐格蒙特·鲍曼(Zygmunt Bauman,1925—2017)在其去世前不久完成的《怀旧的乌托邦》一开篇,借

---

① 《论历史概念》是本雅明在1940年2—5月为躲避德国法西斯迫害而流亡法国时写下的文字。不过,为了避免遭到误解,本雅明生前并未打算将其发表;当年9月27日,本雅明于逃亡途中自尽,随身携带的遗物中就有《论历史概念》。1955年,阿多诺夫妇为本雅明编辑的两卷本文集问世,其中收录了这篇遗作。汉娜·阿伦特(H. Arendt)于1969年编辑出版了以《启迪》(*Illuminations*)为题的英文版本雅明文选,该文以"历史哲学论纲"(Thesis on the Philosophy of History)为题刊行,参见[德]汉娜·阿伦特编《启迪:本雅明文选》,张旭东、王斑译,生活·读书·新知三联书店2008年版,第265—276页。本书在引用该文时主要参考英文版本雅明《著作选》(*Collected Writings*)。

② W. Benjamin, *Selected Writings*, Vol. 4 (1938-1940), translated by E. Jephcott and others, edited by Ho. Eiland and M. W. Jennings, Cambridge, Mass: Harvard University Press, 2003, p. 395.

③ W. Benjamin, *Selected Writings*, Vol. 4 (1938-1940), p. 395.

④ [德]本雅明:《作为生产者的作者》,王炳钧等译,河南大学出版社2014年版,第154页。

在通向正确生活的途中

用本雅明《论历史概念》中被进步风暴推向其背对着的未来的"历史的天使"意象,指出而今"历史的天使又在拼命挣扎",只不过这次"转变了方向——掉了个头,他的脸从面向过去变成面向未来"。而这次的风暴"是从人们预期的和忧惧的未来的'地狱'刮向过去的'天堂'",一个"人们通过回忆想象出来的天堂"。[①]

笔者认为,这种辩证意象还将过去(已在之物)置于未来(将在之物)的关联之中,而在本雅明看来,将在之物关涉救赎:"过去携带着一份秘密指引,由此而与救赎相关。……与先于我们的世代一样,我们已经被给予一种**微弱的**弥赛亚力量。"[②] 不仅如此,本雅明还明确指出,历史唯物主义者能够认识到这种充盈于每一"现在—时间"的弥赛亚力量,在当下这一"现在—时间"中唤醒记忆、创造历史、获得救赎:"历史唯物主义必须放弃历史中的诗史成分。它必须把一个时代从**物化的**历史'连续性'中爆破出来,但同时它也炸开一个时代的同质性,将废墟——即当下——**介入**进去。"[③] 而在阿多诺看来,历史唯物主义之所以走进本雅明的视野,是因为其提供了一种"希望","即它是一种被认可的、集体认证其正确性的话语"——本雅明希望借助这种被广泛认可并具有现实革命力量的学说实现救赎、"通过彻底世俗化来挽救神学",很大程度上在于本雅明的本性具有"一种犹太人对危险和灾变之永存的意识和似乎借助魔幻总是看到现在被转换成了古老过去的古文物收藏家的倾向"[④]。当代意大利生命政治学者吉奥乔·阿甘本(Giorgio Agamben,1942—)则循此更进一步指出:"真正的历史唯物主义并不追寻沿着无限的线性时间持续进步的空洞幻想,而是在任何时刻都准备停止时间,因为它铭记人类的原始家园是快乐。在真实革命中所经历的正是这种时间,如本雅明

[①] 参见[英]齐格蒙特·鲍曼《怀旧的乌托邦》,姚伟等译,中国人民大学出版社2018年版,第3—5页。

[②] W. Benjamin, *Selected Writings*, Vol. 4 (1938-1940), p. 390.

[③] [德]本雅明:《作为生产者的作者》,第156页,黑体为引者所加。此外,关于本雅明历史唯物主义与弥赛亚主义的"相遇"与"交织",参见罗松涛《〈论历史概念〉:历史的辩证意象——兼论本雅明对历史唯物主义的思考》,《北京师范大学学报》(社会科学版)2010年第2期。

[④] 阿多诺:"本雅明《文集》导言",载郭军、曹雷雨编《论瓦尔特·本雅明:现代性、寓言和语言的种子》,吉林人民出版社2003年版,第126—127页。

所记忆的，这些革命一向都是以时间的终止和年代的中断来体验的。"①

如果说《论历史概念》代表了本雅明向其早期弥赛亚主义历史哲学的一种"义无反顾的回归"②，阿多诺则对这种试图在历史的血雨腥风中挽救神学的"古文物收藏家的倾向"兴趣不大；或者说，阿多诺更为关心的是剖析理性在控制自然、推动人类进步时所付出的代价——是为"启蒙辩证法"③。他将本雅明"文献蒙太奇"意义上的星丛式意象进行否定辩证法意义上的引申（或改造），正如辩证法"一开始就意味着对象不能被其概念所穷尽"一样，④当下生活也绝非能够为"当下"这一时间概念所囊括，它还需要援引"奥斯维辛之后"来补充。因此，问题的关键不在于救赎是否以及何时到来⑤，而在于是否能够避免让已经发生的灾难重新来过。

就此而言，"奥斯维辛之后是否能够被允许继续生活"这一问题，既是面向当下以及未来发问，更是以"唤起回忆"作为追问的起点。生活终究还要继续，但"奥斯维辛之后"的生活势必打上"奥斯维辛"的烙印：生活因"清理过去"而懂得反思与追问，同时，只有与过去拉开距离才能够为反思与追问留下足够的空间。换言之，既不能让历史一味地强行压制生活，也不能让未来故作轻松地从历史中摆脱。从某种意义上讲，阿多诺也是以"星丛"这一辩证意象来理解过去、现在与未来的关系，但他所运用的"凝固的辩证法"并非"凝固"于将来的某种神秘"希望"，而是"凝固"在过去的诸种实际灾难之上，这也是阿多诺在"进步"一文中所问的问题："人类是否能够

---

① ［意］吉奥乔·阿甘本：《幼年与历史：经验的毁灭》，尹星译，陈永国校，河南大学出版社2011年版，第100页。

② 参见［美］理查德·沃林《瓦尔特·本雅明：救赎美学》，吴勇立、张亮译，江苏人民出版社2008年版，第210页。

③ 在"理性与启示"（Vernunft und Offenbarung/Reason and Revelation）一文中，阿多诺将"启蒙辩证法"与"进步的代价"等同起来，"合理性以不断控制自然的形式打造了废墟"。参见 T. W. Adorno, *Kulturkritik und Gesellschaft* II, p. 611; T. W. Adorno, *Critical Models: Interventions and Catchwords*, pp. 137–138。

④ T. W. Adorno, *Negative Dialektik*, p. 17.

⑤ 在"进步"（Fortschritt/Progress）一文中，阿多诺深入分析了本雅明对线性进步观的批判。他认为在本雅明那里，进步只有在救赎的意义上才具有合法性。参见 T. W. Adorno, *Kulturkritik und Gesellschaft* II, p. 619; T. W. Adorno, *Critical Models: Interventions and Catchwords*, p. 145。

避免灾难？"① 如果人们仅仅将过去曾经发生的灾难性错误生活视为完成的、（按照字面意义理解）历史的，那么正确生活（更不用说本雅明念兹在兹的救赎）的到来便将遥遥无期；既然在阿多诺看来，我们都是"奥斯维辛之后"的人，亦即"侥幸逃脱而按理则会被屠戮的人"，那么我们就有义务让曾经发生的灾难始终悬临在头顶、让其伴随我们前行并转变为生命的活力——正如尼采所言，"为了生活，人们必须要有力量去**打破过去，同时运用过去**。他必须把过去带到裁判的法庭之上，无情地审问它，并最终给它定罪"。② 只有打破并批判过去，才能坚强生活；只有正视并运用过去，才能认识自己，唯其如此，"奥斯维辛之后的我们"才可能有权利继续生活并有可能过上正确的生活，而不至于一错再错。当然，所谓"同时运用"，或多或少也带有某种含混与暧昧不明，正所谓"抽刀断水水更流"，将历史理解为星丛意象而非直线上升，也使这其带有一定的"两难"。

显然，"奥斯维辛之后"这一限定对于清理过去的（包括阿多诺在内的）我们而言至关重要，"奥斯维辛"已经成为我们当下生活与思考无法绕过的一道门槛。正如赵勇教授所言，"奥斯维辛之后写诗是野蛮的"既非禁令，也非咒语，而是阿多诺面对文化重建问题的一种极端性表达，其中又隐含着他对奥斯维辛之后文学艺术何去何从、生死存亡的深刻关切。③ 事实上，它更体现了阿多诺对奥斯维辛之后生活何为、生命价值何所凭依的深重反思。因此，奥斯维辛之后无法写诗，这种说法或许武断；然而，如果奥斯维辛之后对过去的错误生活不加清理，那么，对于"奥斯维辛"的牺牲者与后来人而言都是野蛮的。

二 致力于铭记的启蒙

根据沃尔夫·勒佩尼斯（W. Lepenies,）的考察，阿多诺结束流亡生涯回

---

① T. W. Adorno, *Kulturkritik und Gesellschaft* II, p. 618; T. W. Adorno, *Critical Models: Interventions and Catchwords*, p. 144.

② [德]尼采：《历史的用途与滥用》，陈涛、周辉荣译，刘北成校，上海人民出版社2005年版，第24页，黑体为引者所加。

③ 赵勇：《法兰克福学派内外：知识分子与大众文化》，北京大学出版社2016年版，第148—149页。

到祖国后,"看到的是一个沮丧、冷漠、充斥着愤世嫉俗的不信任感的国家";同样,阿伦特在1950年发表的《来自德国的报告》一文中,也谈到自己在德国看到的是对现实以及责任的逃避。① 或许在当时的大多数人看来,夹在美国与苏联之间的德国,首要问题是"回归正常的、可以拥有隐私的生活。带有地方褊狭色彩的风气在德国人中流行开来,这种氛围让人感觉非常轻松。'等等看'成为生活箴言。不过,德国人已经再也无法决定是否采取、如何采取政治行动了"②。作为战后联邦德国首任总理的康拉德·阿登纳(KonradAdenaue,1876—1967)就对前纳粹分子的态度相当宽松,"赦免浪潮代替了道德净化。纳粹时期的随大流者和历史不干净的大部分人有各种原因来感谢这位联邦德国总理,他没有跟民众提道德悲哀,却要求人民抑制和遗忘"——"反攻倒算的僵化"成为阿登纳时代精神的特征,为此,阿多诺曾指责其"在小城市(当时的西德首都波恩——引者注)的偏狭与闭塞中找到了某种安全感,而这种慰藉是危险的、模棱两可的"。③

由此,我们也就不难理解,阿多诺为何要在"二战"结束十余年后撰写的《清理过去》一文中反复提及国家社会主义或极权主义,因为承担责任的前提是唤起回忆、直面过去,而对国家社会主义的无视与遗忘,远非一种精神病理学意义上案例,在阿多诺看来,它更应该被放置在社会的总体情境中加以理解:④

> 法西斯主义仍然存在,常常被召唤的清理过去至今未竟,并已退化为自身的讽刺,一种空洞而冷漠的遗忘;这一切都是由于产生法西斯主义的社会客观条件仍然存在。法西斯主义在本质上并非源于主观性情。经济秩序以及在很大程度上据此塑造的经济组织模式常常使大多数人依

---

① [德]沃尔夫·勒佩尼斯:《德国历史中的文化诱惑》,刘春芳、高新华译,译林出版社2010年版,第159—161页。

② [德]沃尔夫·勒佩尼斯:《德国历史中的文化诱惑》,刘春芳、高新华译,第162页。

③ 参见[德]赫尔曼·格拉瑟《德意志文化(1945~2000年)》(上),周睿睿译,社会科学文献出版社2016年版,第264—266页。

④ 参见 T. W. Adorno, *Kulturkritik und Gesellschaft* II, p. 558; T. W. Adorno, *Critical Models: Interventions and Catchwords*, p. 91.

在通向正确生活的途中

附于政治的不成熟。如果他们想要生活，只能适应、服从既定条件，除此之外别无他途；他们必须否认恰恰为民主理念所吁求的自律主体性；只有放弃他们的自我，人们才能保存自身。①

阿多诺所强调的"经济秩序"以及"经济组织模式"也就是试图将一切资源加以垄断、对社会生活方方面面进行整合的国家资本主义②；在这种"被管理的社会"（die verwaltete Welt/the administered world）中，人们的经济活动、政治活动、精神文化活动乃至消遣娱乐在内的全部日常生活都被吸纳其中、整合为一。我们知道，阿多诺在批判文化工业时反复提及，文化工业的"总体性"就是一种"没有人能与其不同的要求"③，这事实上充分地体现了"被管理社会"的整体虚假性。为了洞察到这种欺骗，为了能够在奥斯维辛之后继续生活并且过得正确，人们必须付出艰辛的智识努力，必须不断进行自我反思与自我启蒙，由此争得精神上的自主与政治上的成熟，而绝不能得过且过"等等看"，甚至"放弃他们的自我"，否则，"与既定现状和权力本身（Machtalssolcher/power as such）的同一化，会造成极权主义的潜能"④。换言之，奥斯维辛并非过眼云烟，"清理过去"则是避免灾难再次发生的前提之一。

---

① T. W. Adorno, *Kulturkritik und Gesellschaft* II, pp. 566-567; T. W. Adorno, *Critical Models: Interventions and Catchwords*, p. 98.

② 作为社会研究所的经济专家，波洛克（F. Pollock）的"国家资本主义"观对霍克海默和阿多诺影响很大（他们两人合著的《启蒙辩证法》一书就是献给波洛克的）。波洛克认为，在资本主义发达的现代社会，国家经济与社会之间的调节不是"局部的"，而是越来越成为"整体性的"；在他看来，当自由市场经济能力发展到它的极限时，"国家资本主义"便开始发展，它尤其适于在极权制度下发展，但在民主体制下也能发展。事实上，从罗斯福新政到希特勒国家社会主义体系的方针，存在不同版本的"国家资本主义"，波洛克将之分为"民主制国家资本主义"和"极权制国家资本主义"，前者被他称为"民主监控的国家资本主义"，后者则被称为"矛盾激化之社会最恶劣的表现"。参见[瑞士]埃米尔·瓦尔特-布什《法兰克福学派史》，郭力译，社会科学文献出版社2014年版，第86—93页。

③ T. W. Adorno, *The Culture Industry*, edited by J. M. Bernstein, London and New York: Rutledge, 1991, p. 92. 关于阿多诺对文化工业的批判性思考，参见拙文"Art and Society in Light of Adorno's Non-Identity Philosophy", in *Frontiers of Philosophy in China*, Vol. 8. Num. 2, 2013（June）.

④ T. W. Adorno, *Kulturkritik und Gesellschaft* II, p. 567; T. W. Adorno, *Critical Models: Interventions and Catchwords*, p. 99.

导论　奥斯维辛之后的追问

在阿多诺看来,"国家资本主义"经济秩序以及随之形成的极权主义政治体制①,催生出一种权威主义性格,其特征如下:以权力/无权维度为导向进行思考,缺乏自我反思,以及最重要的,"没有丝毫能力进行体验"②:

> 权威主义性格将自身等同于现存权力,它先于任何特殊内容。从根本上讲,这些人具有一种衰弱的自我,因此需要和集体大众同一化并在其中寻找安全。③

显然,"虚弱的自我"不仅与大众同一化而人云亦云,而且是空洞而冷漠的遗忘者,因此,法西斯主义的存在也与这些"虚弱的自我"息息相关。在阿多诺看来,重振自我、祛除权威主义性格,需要个体基于自身的"特殊内容"来进行"体验"(此处的"体验"可以做广义理解,回忆也包含其中)。一个人如果不能基于自身特殊、偶然的经验内容(比如对于苦难的回忆)来立身处世,将很容易受到"被管理世界"无所不在的裹挟或魅惑。在《否定的辩证法》中,阿多诺明确讲道:"只有那些不曾被这个世界(被管理的世界——引者注)完全塑型(gemodelt)的精神能奋起反抗。"④ 质言之,个体应有能力基于特殊而个别的生命经验生活,而非自觉或不自觉地等同于被管理世界或集体大众所操纵、规约的模式化经验,这是自我启蒙的第一步。

众所周知,康德认为启蒙的要义就在于摆脱自己加诸自身的不成熟状态,这种不成熟也就是不经别人(君主、牧师、家长、教师抑或集体大众)的指导就对运用自己的理智无能为力,启蒙就是要用每个人都具有的理性之光照

---

① 阿多诺认为,冷战开始后,与东部阵营相对抗、抵制布尔什维克主义的西方体制,同样对自由没有好感,甚至"对东部的抵制包含了那种能够将德国过去再次唤醒的动力"。参见 T. W. Adorno, *Kulturkritik und Gesellschaft* II, p. 561; T. W. Adorno, *Critical Models: Interventions and Catchwords*, p. 94。

② T. W. Adorno, *Kulturkritik und Gesellschaft* II, p. 561; T. W. Adorno, *Critical Models: Interventions and Catchwords*, p. 94.

③ T. W. Adorno, *Kulturkritik und Gesellschaft* II, pp. 561–562; T. W. Adorno, *Critical Models: Interventions and Catchwords*, p. 94.

④ T. W. Adorno, *Negative Dialektik*, p. 51.

亮自身，使其以独立自主的姿态立足于世，一言以蔽之，"要有勇气运用你自己的理智！这就是启蒙运动的口号"①。如果说"要有勇气认识"体现了启蒙运动时期的时代精神，那么，奥斯维辛之后的阿多诺更进一步指出，若想重振自我进而获得"自律主体性"，成为一个在思想和行动上成熟的人而非极权主义的潜在追随者，就必须摆脱社会（借助文化工业等多种方式）强加的同一性，摆脱集体（通过制造遗忘）强加的安全感——"要有勇气体验（以及回忆或铭记）"，这正是奥斯维辛之后再启蒙的志业。在《清理过去》一文中，阿多诺这样写道：

> 最重要的是，对已发生事情的启蒙必须竭力反对一种遗忘，即所有事情都很容易与对已经遗忘事情所作的辩护（Rechtfrtigung/justification）一起出现；比如，家长必须要倾听孩子们提出的那些关于希特勒的尴尬问题，而不是为他们自己的罪责洗刷罪名，谈一些当时存在的好的方面，说什么那个时代事实上并不那么糟糕。②

可见，"清理过去"不仅仅是一项宏大的国家政策，它甚至细致入微到父母与子女的一问一答。正如托姆森（Alex Thomson）所言，阿多诺在其著作中强烈地体现出一种将宏大艰深的形而上学问题与细致入微的人类生存细节结合在一起的能力。③"清理过去"首先要"倾听"过去而非充耳不闻，而与遗忘乃至辩护、歪曲甚至洗白作斗争的再启蒙则是每一个有历史责任感的公民应尽的义务与责任。

无独有偶，阿伦特在反思批判纳粹德国的责任归属问题时，也谈到了"遗忘"这种"平庸之恶"：

> 记忆这个问题至少把我们向恶的本质这个麻烦问题带近了一小

---

① ［德］康德：《历史理性批判文集》，何兆武译，商务印书馆1996年版，第22页。
② T. W. Adorno, *Kulturkritik und Gesellschaft* II, p. 568; T. W. Adorno, *Critical Models: Interventions and Catchwords*, pp. 99-100.
③ 参见 Alex Thomson, *Adorno: A Guide for the Perplexed*, London and New York: Continuum, 2006, p. 88。

步。……我能肯定，我们所知道的曾经发生过的最大的恶并不出自下述这种人：他必须再次面对自己，并且其麻烦就在于他不能忘记自己的所作所为。**最大的为恶者**是那些人，他们因为从不思考所做的事情而从不记忆，而没有了记忆，就没有什么东西可以阻挡他们。对于人类来说，思考过去的事就意味着在过去深耕、扎根，并因此而安身于世，以防被发生的事情——时代精神、历史或简单的诱惑——卷走。①

事实上，阿多诺在1965年所作的讲座《形而上学：概念与问题》中，对阿伦特所谈的这种从不记忆的平庸却又是"最大的为恶者"做了明确界定："平凡性（triviality）是罪恶的，也就是说，它是一种意识和精神的形式，这种意识和精神使自己适应于如其所是的世界，遵循**惰性的原则**（principle of inertia）。这种惰性原则正是最为邪恶之事。"② 不难看出，阿多诺所谓的"惰性原则"，也就是阿伦特所讲的"从不思考所做的事情"进而"从不记忆"的为恶原则，因为思考过去的事情就需要勇气经受后来人，特别是自己的质问，而非无事一身轻；也只有"在过去深耕、扎根"，才能完成未竟的启蒙事业，将造成虚弱自我的"惰性原则"涤荡干净，由此作为一个思想上与行动上真正成熟的主体"安身于世"，直面"奥斯维辛之后是否能够被允许继续生活"这一性命攸关的存在论问题。

就此而言，奥斯维辛之后阿多诺所理解的启蒙又与启蒙运动时代康德所谈的启蒙在精神气质上一脉相承，它们都是从主体自身出发、向主体回转、以主体为导向的启蒙："理解为启蒙的清理过去本质上是一种面向主体的转变，是对个人自我意识及其自我的强化（Verstärkung/reinforcement）。"③

更进一步来说，在阿多诺看来，"让苦难发声的需要是一切真理的条件"④，

---

① ［美］汉娜·阿伦特：《反抗"平庸之恶"：〈责任与判断〉中文修订版》，［美］杰罗姆·科恩编，陈联营译，上海人民出版社2014年版，第110页，黑体为引者所加。

② T. W. Adorno, *Metaphysics: Concepts and Problems*, trans. E. Jephcott, Cambridge: Polity, 2000, p. 115，黑体为引者所加。

③ T. W. Adorno, *Kulturkritik und Gesellschaft* II, p. 571; T. W. Adorno, *Critical Models: Interventions and Catchwords*, p. 102.

④ T. W. Adorno, *Negative Dialektik*, p. 29.

在通向正确生活的途中

而只有彻底清理过去才能使苦难始终保持鲜活，使得作为"奥斯维辛之后"的"我们"总是能够置身于"过去"与"现在"的星丛式关联之中，从而有可能对前人所遭受的苦难感同身受，进而持守住这种对苦难的体验而非漠然置之。无疑，这也是奥斯维辛之后人们继续生活并且过得正确的条件。事实上，作为法兰克福学派社会批判理论的里程碑式作品，阿多诺与霍克海默写于"二战"期间（最终于1947年出版）的《启蒙辩证法》，便是意在揭示出为康德所推崇的启蒙理性所具有的"既解放又统治的双重矛盾倾向"①，从而运用启蒙理性所具有的自我反思精神深刻剖析自身，以便将启蒙进行到底。

由此，我们也就不难理解战后波兰将以奥斯维辛为代表的一系列集中营保存下来并博物馆化的深刻用意。一方面，作为"创伤性地点"，它们可以持久地将人类曾经犯下的罪恶凝固在历史记忆与集体记忆之中；另一方面，也是更重要的，记忆不仅仅是一种见证，它还与人类的尊严和道义相关联。犹如英国历史学家劳伦斯·里斯（Laurence Rees）在《奥斯维辛：一部历史》中所言，"人类从内心深处需要这个世界有公道存在，需要无辜的人最终得到补偿，有罪的人最终受到惩罚。但奥斯维辛的历史没有给我们这样的慰藉"②。也正因为如此，捍卫记忆，"让苦难发声"，才是确证人之为人并使正确生活得以可能的关键。

---

① ［美］塞缪尔·韦伯：《从冥府到故乡"还要多久"：批判理论的旅行和苦难》，高竞闻译，载［美］塞缪尔·韦伯、赵勇主编《批判理论的旅行：在审美与社会之间》，北京大学出版社2022年版，第31页。

② ［英］劳伦斯·里斯：《奥斯维辛：一部历史》，刘爽译，广西师范大学出版社2016年版，第294页。

第一章　错误生活的迷途

　　没有一份文明的记载不同时也是一份野蛮的实录。正如文明的记载从未摆脱野蛮一样，野蛮也污染了它由一个主人到另一个主人的流传方式。

　　　　　　　　　　　　　　——本雅明：《论历史概念》①

本雅明在其遗作《论历史概念》第9节中谈到了保罗·克利（Paul Klee）所画的"新天使"（Angelus Novus），这一历史天使望着灾难般的过去试图停下来唤醒死者，但一阵名为**进步**的飓风将其不由分说地刮向未来。② 几年后，霍克海默和阿多诺在《启蒙辩证法》中将这一"新天使"的意象进行了更为系统化的阐发：

　　随着思想的前进，启蒙在最广泛的意义上被认为总是意在将人类从恐惧中解放出来，并使他们成为主人。然而，被彻底启蒙的大地却笼罩在由胜利所招致的灾祸之中。启蒙的计划是世界的祛魅。它想要消除神话，运用知识颠覆想象。③

不难发现，上述文字一方面遵循了康德在1784年《柏林月刊》中发表的"答复这个问题：什么是启蒙运动"这一经典篇章中对启蒙运动的定义：

---

① W. Benjamin, *Selected Writings*, Vol. 4 (1938–1940), translated by E. Jephcott and others, edited by Ho. Eiland and M. W. Jennings, Cambridge, Mass: Harvard University Press, 2003, p. 392.

② W. Benjamin, *Selected Writings*, Vol. 4 (1938–1940), p. 392.

③ Max Horkhermer und Theodor W. Adorno, *Dialektik der Aufklärung*, p. 9; Max Horkhermer and Theodor W. Adorno, *Dialectic of Enlightenment*, p. 1.

在通向正确生活的途中

> 启蒙运动就是人类脱离自己所加之于自己的不成熟状态。不成熟状态就是不经别人的引导,就对运用自己的理智无能为力。当其原因不在于缺乏理智,而在于不经别人的引导就缺乏勇气与决心去加以运用时,那么这种不成熟状态就是自己所加之于自己的了。Sapere aude!要有勇气运用你自己的理智(Verstand)!这就是启蒙运动的口号。①

所谓"人类脱离自己所加之于自己的不成熟状态",也就是有勇气与决心运用理智将人类自身从对自然、神明、君主乃至家长的"恐惧中解放出来",进而使自己成为"主人"。不过,更重要的是,霍克海默和阿多诺同时也指出,"被彻底启蒙的大地却笼罩在由胜利所招致的灾祸之中":所谓"胜利",当然是人类通过思想启蒙、社会前进、技术进步取得的战果,但其结果却并非理性所预计的自由和解放。

事实上,在1930年出版的《文明及其不满》中,弗洛伊德(S. Freud,1856—1939)根据个体力比多(本能)的要求和人类文明的限制之间不可消除的张力分析了人类文明所必然带来的"不满":"文明在很大程度上是通过消除本能才得到确立的,而且在很大程度上(通过抑制、压抑或其他手段)必须以强烈的本能不满足为前提。这种'文化挫折'主导了人际社会关系中相当广泛的领域。"② 如果说人们对风俗礼法或社会制度的不满由现实原则(the reality principle)对快乐原则(the pleasure principle)的必然压抑造成,③ 那么弗洛伊德在该书最后所谈的则关系到成为主人的人类之命运:

> 人类对自然力量的控制已经达到了很高的程度,以至于借助于自然力量,人类可以毫无困难地自相残杀,直到剩下最后一个人。他们知道这一点,因此他们目前很大一部分不安、不幸和焦虑的心态都是由此产生的。④

---

① [德]康德:《历史理性批判文集》,何兆武译,第22页。
② [奥]弗洛伊德:《一种幻想的未来文明及其不满》,严志军、张沫译,上海人民出版社2007年版,第150页。
③ 参见[奥]弗洛伊德《一种幻想的未来文明及其不满》,严志军、张沫译,第108—110页。
④ [奥]弗洛伊德:《一种幻想的未来文明及其不满》,严志军、张沫译,第213页。

第一章　错误生活的迷途

应该说，如果祛除掉精神分析学的色彩，上述引文与《启蒙辩证法》的主题思想的是一致的。在收录于《启蒙辩证法》的"文化工业：作为大众欺骗的启蒙"（以下简称"文化工业"）一文中，阿多诺①明确指出："今天，技术合理性（Technische Rationalität）已经成为统治的合理性（Rationalität der Herrschaft）。它是一个与自身相异化的社会的强制特征（Zwangscharakter）。"②一言以蔽之，人类并未因启蒙而通达自主与自由，反而日益受到退化了的"技术合理性"的操控，在错误生活的迷途上徘徊，而这种统治合理性的一个突出作用的领域，便是文化与精神生活。

第一节　文化工业：营造伪现实、塑造伪个性

我们知道，阿多诺1938年流亡美国后，一开始通过普林斯顿电台研究项目（Princeton Radio Research Project）着手研究这个"新大陆"上的资本主义国家。③ 由于阿多诺始终把自己看作一个彻头彻尾的欧洲人，换言之，他并未打算融入这个在各个方面都突飞猛进的国家，而是自觉保持一种格格不入的姿态；更重要的是，在阿多诺看来，"在批判理论与自然科学的实验步骤之间并不存在一个连续统一体"④，因而使得阿多诺始终能以一种相对独立的立场分析美国社会与文化，并在1938年12月发表了《论音乐中的拜物特征与听的退化》一文。在其中，阿多诺结合马克思的商品拜物教理论分析了商品形式对现代音乐生活的彻底控制，为市场而生产的音乐物化为财产，与此同时则伴随着听众（消费者）听觉的退化，最终造成价值判断的消解乃至于个体

---

① 虽然《启蒙辩证法》由霍克海默与阿多诺两人合作完成，但两人也有一定的学术分工，"文化工业"一文主要出自阿多诺。参见诺尔（GunzelinSchmidNoerr）撰写的"编者后记：《启蒙辩证法》在批判理论发展中的地位"，Max Horkhermer and Theodor W. Adorno, *Dialectic of Enlightenment*, pp. 222-223。

② Max Horkhermer und Theodor W. Adorno, *Dialektik der Aufklärung*, p. 129；Max Horkhermer and Theodor W. Adorno, *Dialectic of Enlightenment*, p. 95。

③ 参见［德］阿多诺《一个欧洲学者在美国的学术经历》，赵勇译，载《法兰克福学派内外：知识分子与大众文化》，第384—385页。

④ ［德］阿多诺：《一个欧洲学者在美国的学术经历》，赵勇译，载《法兰克福学派内外：知识分子与大众文化》，第391页。

在通向正确生活的途中

的湮灭。①

在笔者看来，由文化批评到社会批判应该说是阿多诺社会批判理论的一个鲜明特征，他对商品拜物教遍及社会生活各个领域的状况始终保持着警醒与批判意识。因此，以美国为代表的发达资本主义社会中文化艺术领域的虚假与欺骗特性便很自然地成为其持续探讨的主题之一，这也是发达资本主义社会错误生活的典型一例。在阿多诺看来，以工业生产方式大规模生产、复制，借助大众传播媒介（如报纸、广播、电影等）加以流通并最终在大众消费中实现利润的文化"为一切事物都赋予了相同的属性（Ähnlichkeit）"②，由此造成的结果便是，"整个世界都将经过文化工业的过滤"③，换言之，文化工业使得社会控制与整合达到总体化的程度。

"文化工业"一文主要从文化生产（创作）与文化消费（欣赏）两个层面剖析了文化工业造成的虚假文化，以及这种虚假文化给人们生活造成的无形却又致命的影响。一方面，艺术创作的自主性为资本的逻辑所吞噬，能够在市场上被衡量进而被交换的"效益"（der Nutzen）取代了艺术创作者的个性与想象力等"无效性"（das Dasen des Nutzlosen）。这是因为，市场秉承的原则并非以康德为代表的观念论美学所谓的"无目的的合目的性（Zweckmässigkeit ohne Zweck）"，而是"为了如下目的的无目的性（Zwecklosigkeit für Zwecke），这种目的则是由市场所声明的"，④ 显然，市场所声明的"目的"就是在等价交换基础上的谋取利润。在交换价值将使用价值作为自身的"附属品"、等价交换原则畅通无阻的商业社会中，艺术创作不再是自足的目的，恰恰相反，它只是一种为他的手段，为的是满足资本的绝对权力；相应地，艺术品不再凭借其真实内容与和谐形式而成其所是，它不过是待价而

---

① 参见［德］阿多诺《论音乐中的拜物特征与听的退化》，方德生译，载《社会批判理论纪事》（第6辑），江苏人民出版社2014年版，第246—272页。

② Max Horkhermer und Theodor W. Adorno, *Dialektik der Aufklärung*, p. 128; Max Horkhermer and Theodor W. Adorno, *Dialectic of Enlightenment*, p. 94.

③ Max Horkhermer und Theodor W. Adorno, *Dialektik der Aufklärung*, p. 134; Max Horkhermer and Theodor W. Adorno, *Dialectic of Enlightenment*, p. 99.

④ Max Horkhermer und Theodor W. Adorno, *Dialektik der Aufklärung*, p. 167; Max Horkhermer and Theodor W. Adorno, *Dialectic of Enlightenment*, p. 128.

沽的商品而已，其自身不可替代的独特性沦为可以无限转化的可复制性："事物只有在人们能够将其交换的意义上才拥有价值，而非因其自身之所是（es selbst etwas ist）而获得价值。"① 最终，文化工业将艺术作品转换成消费领域以内的东西，进而将其塑造为一种商品类型。在20世纪60年代发表的"文化工业再思考"（"Culture Industry Reconsidered"，以下简称"再思考"）一文中，阿多诺直陈：

> 正如布莱希特（Brecht）和苏尔坎普（Suhrkamp）三十年前所表达的那样，该工业的文化商品由它们实现为价值的原则所支配，而非由它们自身的独特内容与和谐构型所决定。文化工业的全部实践就是将盈利动机（profit motive）赤裸裸地转移到文化形式上。②

正如马克思在《资本论》第一卷第一章中所分析的那样，"在商品生产者的社会里，一般的社会生产关系是这样的：生产者把他们的产品当作商品，从而当作价值来对待，而且是通过这种物的形式，把他们的私人劳动当作等同的人类劳动来互相发生关系"，而"劳动产品一旦作为商品来生产，就带上拜物教性质"。③ 毫无疑问，在西方马克思主义哲学的发展过程中，马克思的商品拜物教批判影响深远，卢卡奇（G. Lukács, 1885—1971）在《历史与阶级意识——关于马克思主义辩证法的研究》中运用"物化"（Verdinglichung）理论从客体和主体的双重角度对其进行了某种创造性的转化：由于商品关系而产生的物化"对社会的客观发展"和"人对社会的态度"产生决定性的影响，因此"人自己的活动，人自己的劳动，作为某种客观的东西，某种不依赖于人的东西，某种通过人的自律性来控制人的东西，同人相对立"。④ 一方

---

① Max Horkhermer und Theodor W. Adorno, *Dialektik der Aufklärung*, p. 167; Max Horkhermer and Theodor W. Adorno, *Dialectic of Enlightenment*, p. 128.

② T. W. Adorno, *The Culture Industry*, edited by J. M. Bernstein, London and New York: Routledge, 1991, p. 99.

③ 《马克思恩格斯全集》第23卷，人民出版社1972年版，第96、89页。

④ ［匈］卢卡奇：《历史与阶级意识——关于马克思主义辩证法的研究》，杜章智等译，商务印书馆2004年版，第149—150页。

📁 在通向正确生活的途中

面，商品世界仿佛"第二自然"一样，身处其中的人只能接受并服从其运行规律（如等价交换原则）而无法加以改变；另一方面，人与人的关系也呈现为虚假的物与物之间的关系，人剥夺了自身与他人的人格性，他人仅仅沦为交易对象，自我也不过是一种为了谋生的后备资源，人对世界、他人、自身的态度都通过某种"自律性"而服从某种下意识的量化计算或逐利算计原则。正如德国社会文化学家克拉考尔（S. Kracauer，1889—1966）所言，"资本主义经济体系的理性（Ratio）并非理性本身，而只是一个黯淡不清的理性。一旦越过一定界限，这种理性就将抛弃它所参与的真理。因为，它并没有将人考虑在内。资本主义的生产过程并不是按照人的需求来进行组织规划的；而人也没有在社会经济组织的结构中承担任何基础性的作用"①。

在阿多诺看来，正是作为辩证唯物论者的卢卡奇首次在原则上将物化范畴应用于哲学问题。② 在反思文化工业时，阿多诺进一步将马克思的商品拜物教批判与卢卡奇的物化批判应用于文化上层建筑的分析之中。

按照阿多诺的分析，文化工业不仅泯灭了艺术创作与商品生产、艺术品与商品的质的区别，更在无形中操纵着大众的审美取向及其日常生活，它"有意识地自上而下**整合**（integrate）其消费者"③，由此将个体裹挟进总体性社会控制的"天网"之中。随着科学技术广泛应用于生产进程，生产的自动化程度显著增加，发达资本主义社会中的人日益拥有更多的闲暇时间（leisure time），从而使种类繁多的文化商品（如肥皂剧、爵士乐、畅销读物）能够大显身手，文化工业不仅将艺术等同于商业类型，更将艺术的娱乐功能无限放大。然而，如果人们在休息时却仍然"只能将自身与生产的统一性（Einheit der Produktion）相校准"④，也就是说，文化工业无所不在的渗透能力使得人们在闲

---

① 参见［德］S. 克拉考尔《大众装饰》，林雅华译，宋含露校，《世界哲学》2017 年第 2 期。
② 参见［德］阿尔弗雷德·施密特《哲学、科学与实践批判》，鲁路译，选自《多元视角与批判理论：今日批判理论》（上卷），［德］格·施威蓬豪依塞尔等著，鲁路、彭蓓译，鲁路校，人民出版社 2010 年版，第 148 页。另外，根据德国学者洛伦茨·耶格尔（L. Jäger）的考察，"克拉考尔和卢卡奇这两个人，对阿多诺来说是最早给他留下重大影响之人"。参见［德］洛伦茨·耶格尔《阿多诺：一部政治传记》，陈晓春译，上海人民出版社 2007 年版，第 34 页。
③ T. W. Adorno, *The Culture Industry*, p. 98, 黑体为引者所加。
④ Max Horkhermer und Theodor W. Adorno, *Dialektik der Aufklärung*, p. 132；Max Horkhermer and Theodor W. Adorno, *Dialectic of Enlightenment*, p. 98.

暇时间中仍然过着一种被预先设计好、被合理组织化了的生活，那么，快乐地购买文化商品的消费者并未摆脱资本主义生产过程。因此，"在晚近资本主义中（untermSpätkapitalismus），娱乐就是劳动的延长（Verlängerung）"①。为此，文化工业所作的承诺，亦即使人们摆脱日常的辛苦劳作，不过是一个虚假的谎言，因为人们在"看起来很美"的闲暇时光中并没有从体力或脑力劳动中解脱："从工厂和办公室的工作进程中逃脱出来，不过是在闲情逸致中与这种工作进程**相同化**（Angleichung）。这正是所有娱乐都无法治愈的疾病。"② 换言之，文化工业表面上满足了劳动者（消费者）较高层次的生命需求，实质上却推动了资本主义生产关系乃至于社会关系的再生产，这正体现了文化工业的欺骗性与虚假性。

行文至此，我们或许能更好地理解阿多诺在"文化工业"一文中的著名论断：文化工业使个性成为一种幻象，也就是说，被文化工业浸润的个人早已不再是独一无二的自己，而是仅仅具有一**种伪个性**（Pseudoindividualität/pseudoindividuality）。自我的特征看似自然而然，所思所想打上个体的特殊印记，但他被动接受或主动追逐的理想人格却出自文化工业的兜售："社会所依靠的每个人，自身都带有社会的污点（Makel/taint）；在个体显而易见的自由中，他不过是社会的经济和社会机构的产品而已。"③ 在社会整合个体、将其锻造成从属于普遍必然的经济和社会系统的产品这种"永恒同一化"的过程中，文化工业润物无声般地将统治阶级的暴力统治转化为合理控制，从而在个体与社会之间催生出一种"虚假的同一性"（falschenIdentität/false identity），由此导致"个性的废弃"。④ 质而

---

① Max Horkhermer und Theodor W. Adorno, *Dialektik der Aufklärung*, p. 145; Max Horkhermer and Theodor W. Adorno, *Dialectic of Enlightenment*, p. 109. 格·施威蓬豪依塞尔（G. Schweppenhäuser）提醒我们注意，阿多诺所谓的"晚近资本主义"（Spätkapitalismus, late capitalism, 也被译为"晚期资本主义""后期资本主义"）在社会理论中意味着"资本主义的最新形态"。参见［德］格·施威蓬豪依塞尔《有一种"虚假生活中的替代性生活"吗》，选自《多元视角与批判理论：今日批判理论》（上卷），第174—175页，注释9。

② Max Horkhermer und Theodor W. Adorno, *Dialektik der Aufklärung*, p. 145; Max Horkhermer and Theodor W. Adorno, *Dialectic of Enlightenment*, p. 109, 黑体为引者所加。

③ Max Horkhermer und Theodor W. Adorno, *Dialektik der Aufklärung*, p. 164; Max Horkhermer and Theodor W. Adorno, *Dialectic of Enlightenment*, p. 125.

④ 参见 Max Horkhermer und Theodor W. Adorno, *Dialektik der Aufklärung*, p. 163; Max Horkhermer and Theodor W. Adorno, *Dialectic of Enlightenment*, p. 124。

在通向正确生活的途中

言之，文化工业使浸淫于其中的人们在精心营造的一种**伪现实**（按照一种模式打造的"同一化"现实）中伪经历着一种**伪生活**，由此被塑造成一种**伪个性**，这便是最内在、最隐秘也是最彻底的欺骗。正是在这个意义上，阿多诺在"文化工业再思考"（也被译作"文化工业概要"）一文中，阐发了一种文化工业的"绝对命令"：

> 与康德的理论相反，文化工业的绝对命令不再和自由有任何共同之处。它公布的是：**你应该服从**，即使没人告诉你服从什么；应该和任何现存的东西保持一致，应该像其他任何人那样想——这是它无所不在、无所不能的反映。①

同为法兰克福学派第一代代表的马尔库塞，在其《单向度的人》（1964）一书中指出，发达的资本主义工业文化较之它的前身是更为意识形态性的，因为：

> 生产机构及其所生产的商品和服务设施**"出售"**或**强加**给人们的是**整个社会制度**。公共运输和通讯工具，衣、食、住的各种商品，令人着迷的新闻娱乐产品，这一切带来的都是**固定的态度和习惯**，以及使消费者**比较愉快地**与生产者、进而与社会整体相联结的思想和情绪上的反应。在这一过程中，产品起着思想灌输和操纵的作用；它们引起一种**虚假的难以看出其为谬误**的意识。②

这种"单向度"的反应，之所以"虚假"却又"难以看出其为谬误"，正是因为它已经成为人们习以为常甚至乐在其中（"比较愉快地"与整个社会制度相适应）的一种生活方式，而这一切在很大程度上都源于包括文化工业

---

① ［德］特奥多·阿多尔诺：《文化工业概要》，载《阿多尔诺基础读本》，夏凡编译，浙江大学出版社 2020 年版，第 292 页，黑体为引者所加。
② ［美］赫伯特·马尔库塞：《单向度的人 发达工业社会意识形态研究》，刘继译，上海译文出版社 2006 年版，第 12 页，黑体为引者所加。

在内的整个发达资本主义工业社会生产系统所提供的"商品和服务设施"。用阿多诺的话来说,文化工业的同一化、"单向度"威力是如此之大,"以致**服从已经取代了思考**"。[1] 正如当代日本文化研究学者毛利嘉孝所言,"阿多诺思想的卓越之处,便是他并不将法西斯主义看作由嗜血的狂人制造出来的东西,而是反过来将其看作由对西方的现代起着支撑作用的进步、启蒙、理性、文明等理念孕育出来的不可避免终会出现的产物"[2]。换言之,"奥斯维辛之后,写诗是野蛮的",正是 20 世纪西方资本主义社会错误生活的典型征候。

显然,个体必须与现存社会的权力关系及其所主导的生活方式保持一致才能在这个社会中立足,否则将如履薄冰。正所谓表面上为树立个性自由,实则强制个体驯顺,这应该就是阿多诺所说的"社会污点"。需要注意的是,在"再思考"一文中,阿多诺告诫人们不要停留在字面意义上理解"工业"一词,所谓"工业"指的是事物自身的标准化以及经销技术的合理化。[3] 质而言之,文化工业就是一种"能做什么、不做什么的复杂系统"(an intricate system of do's and don'ts)[4],身处其中的人丧失了自由选择的权利与自我主导的能力。

更进一步来看,就文化工业产生的社会功效而言,阿多诺在"文化工业"中写下的一段文字耐人寻味:

> 商业和娱乐之间原本就有的密切关系,在娱乐自身的意义中揭示出来:**为社会辩护**(der Apologie der Gesellschaft)。轻松愉快意味着双手赞成。娱乐只有在使自身与社会进程的整体性相隔绝的情况下才有可能实现,它使自己变得愚笨并从一开始就放弃了对任何作品、哪怕是最微不足道的作品提出不可推卸的要求:(这体现)在其对整体进行反思的**限制**之中。快乐意味着把一切抛诸脑后、**将苦难遗忘**,即便它已经显示出来。

---

[1] 参见[德]特奥多·阿多尔诺《文化工业概要》,载《阿多尔诺基础读本》,夏凡编译,第 292 页,黑体为引者所加。

[2] [日]毛利嘉孝:《流行音乐与资本主义》,耳田译,上海社会科学院出版社 2022 年版,第 14 页。

[3] 参见 T. W. Adorno, *The Culture Industry*, p. 100。

[4] 转引自 Robert W. Witkin, "Philosophy of Culture", from *Theodor Adorno: Key Concepts*, edited by D. Cook, Stocksfield: Acumen Publishing Limited, 2008, p. 172。

在通向正确生活的途中

从根本上看，这是一种**软弱无能**（Ohnmacht）。其实，轻松愉快也是一种逃避，但并非像它所宣称的那样是对恶劣现实的逃避，而是要逃避最后一丝**抵抗**这种现实的想法。娱乐所承诺的解脱（Befreiung），不过是**从作为否定的思想中挣脱**。①

由此可见，个体在文化工业的巧妙安排与无形操纵下笑着"双手赞成""为社会辩护"时，获得的仅仅是一种虚假的承诺，看似在娱乐中能够放松身心，甚至仿佛置身于与现实隔绝的桃花源之中；然而，在这种"一切都好，只缺烦恼"的温柔乡中，文化艺术作品的超越与批判向度消磨殆尽，只有你方唱罢我登场的轰轰烈烈，何谈于无声处听惊雷的冷眼向洋？事实上，"把一切抛诸脑后、将苦难遗忘"的人并非"无事一身轻"，更不可能"潇洒走一回"，因为他只有在文化工业制造的梦幻中才会觉得身心舒泰，一旦置身现实只会寸步难行，因为主体的独立思考精神早已消弭于无形，对人类苦难的同情也已麻木不仁。正如阿多诺在"电视开场白"中所说，"总体文化工业的倾向"就是"缩短产品和观众之间的距离"，工业化流水线制作出来的电视节目据说为作为观众的大众"枯燥沉闷的日常生活增添了一丝亮色，哪怕它们在本质上与日常生活并无二致"，因而不过是"真正的社会直接性的替代品"，由此将现实中的人排除在社会直接性之外，而是沉迷于电视屏幕（滤镜）营造出的"伪现实"——阿多诺称这种沉迷是一种"退化"。②

在这个意义上，笔者认为英国学者约翰·费斯克（John Fiske）所谈的大众文化中存在的逃避主义倾向"必然不仅包括回避或逃离某种东西，也包括逃到另一种愿意接受的东西里去"③，并没有切中问题的要害。事实上在阿多诺看来，文化工业统而化之的控制手段使个体根本无处逃遁，对于他来说，消极

---

① Max Horkhermer und Theodor W. Adorno, *Dialektik der Aufklärung*, p.153; Max Horkhermer and Theodor W. Adorno, *Dialectic of Enlightenment*, pp.115—116, 黑体为引者所加。

② 参见［德］特奥多·阿多诺《电视开场白》，载《阿多尔诺基础文选续编》，夏凡编译，浙江大学出版社2022年版，第74—75页。

③ ［美］约翰·费斯克：《大众经济》，载单世联编选《文化产业研究读本．西方卷》，上海人民出版社2011年版，第95页。

服从或积极肯定已确立的现状是唯一的选项,"另一种"替代方案经过"疏而不漏"的市场机制与日趋合理化的社会管理系统"过滤"之后,最终仍是"这一种"。

就此而论,上述引文中阿多诺所谈的"为社会辩护"的娱乐意义,与马尔库塞在《单向度的人》中论述的"文化的单向度化"异曲同工。在马尔库塞看来,文化艺术的实质就是"大拒绝",亦即"对现存事物的抗议"。① 然而,整合划一的"新型极权主义"——阿多诺则相应地称之为"被管制的世界"(verwalteten Welt)——清除了文化内在蕴含的**否定性向度**,亦即"文化和社会现实之间的对立",这一向度也被马尔库塞称为"真理向度",它具有"对抗性力量和疏远现实的特征"。② 换言之,"从作为否定的思想中挣脱"的文化只不过在承认既定事实,亦步亦趋地遵循着等价交换的市场法则,并视之为理所当然。

综上所述,既然文化工业把自己造就成"既定状态不容辩驳的先知",其贩卖的商品实际上成为一种"鼓吹现状的"意识形态③,那么,由文化工业生产并贩卖的这种一味肯定与屈从现状的单向度文化,不过是种麻木人的感受力、消解人的创造力、抹杀人的反思与抵抗能力并试图将人永远禁锢在奴役状态的虚假文化。有鉴于此,发达工业社会中物质生活告别匮乏、精神生活相对丰富的人并没有进入真正的人性状态,反而深深地陷入野蛮的不自由状态,以其为典型特征的生活,我们可以称之为**错误生活**。显然,文化工业阻碍人成为自主而独立的行动与评价主体,就此而言,"文化工业的总体效果是一种**反启蒙**(anti-enlightenment)",它将启蒙转变为"大众欺骗(mass deception)",④ 这种大众欺骗"当然主要指为**幸福**而做出的欺骗,即对幸福的虚假承诺"⑤,因为它让过着错误生活的人"逃避最后一丝抵抗这种现实的想

---

① 参见 [美] 马尔库塞《单向度的人》,刘继译,第59页。

② 参见 [美] 马尔库塞《单向度的人》,刘继译,第53、59页。

③ 参见 Max Horkhermer und Theodor W. Adorno, *Dialektik der Aufklärung*, p. 156; Max Horkhermer and Theodor W. Adorno, *Dialectic of Enlightenment*, p. 118.

④ 参见 T. W. Adorno, *The Culture Industry*, p. 106, 黑体为引者所加。

⑤ [德] 罗格·贝伦斯:《流行文化批判与社会——文化工业之后的若干问题》,选自《多元视角与社会批判:今日批判理论》(下卷),第110页,黑体为引者所加。

在通向正确生活的途中

法"。保罗·克利的"新天使"面对这些在"幸福的虚假承诺"中乐此不疲的人,或许也只能徒唤奈何吧!

第二节 自由时间辩证法

值得注意的是,在上文提到的"文化批评与社会"一文中,阿多诺直陈:

> 包括闲暇在内的生活进程越是彻底地被现代社会秩序统治(特别是在东部),所有精神现象都会越来越带有秩序的标记。它们或者有可能作为娱乐或熏陶来直接促进它的持存,并且正是由于它们具有**社会的预先形成性**而作为(社会秩序的)指数享受其中。就像众所周知的那样……它们自身**与权力相同一**,这种权力的优势除了**虚假的爱之外**别无选择。或者它们因其不同而成为稀有的事物,并再一次成为畅销货。在整个自由主义时代,文化落入流通领域。……文化的商品化在荒谬中完成。在被彻底归并、管制(verwaltete/administered)、在一定程度上完全培植之后,文化也随之消亡。[①]

由上文可知,文化工业所兜售的产品(具有"社会的预先形成性")对试图借此来放松身心的个体而言是致命的,一方面个体受到伪个性的蛊惑,独立自主的批判精神被不断侵蚀,另一方面,个体的闲暇时间也被既定的社会秩序"收编",因而"所有精神现象都会越来越带有秩序的标记"。被"虚假的幸福承诺"欺骗的个体获得的仅仅是一种"虚假的解放"(falschen Emanzipation/false emancipation):如果说个体在面对赤裸裸的不自由甚至剥削和压迫时,反抗的意识在一定程度上会自觉萌生,进而提出自由与解放的革命要求,"虚假的幸福与解放"的幻象则使个体自以为已经赢取了自由,对自身现状的反思变得日益艰难(正如"被彻底归并、管制、在一定程度上完全培植"的文化工业产品一样)。问题在于,如果个体将自身的独立自主的思考与行动能力视为可有可无甚至是一种负担的话,个体的"自我责任(Selbst verantwor-

---

① T. W. Adorno, *Kulturkritik und Gesellschaft* I, p. 18; T. W. Adorno, *Prisms*, p. 25,黑体为引者所加。

tung/the integrity of the mind）则成为一种虚构",①更进一步而言，正如阿多诺在《清理过去》一文中所言，"与既定现状与权力本身的同一化，会造成极权主义的潜能"。②

阿多诺在1969年5月25日做的一次题为"自由时间：自由的时间？作为违禁品的生活"（Freizeit：Zeit der Freiheit? Leben als Konterbande）的讲座（下文中简称为"自由时间"）中指出③，闲暇时间（Musszeit/leisure time）并不一定就是真正的自由时间（Freizeit/free time）：

> 关于自由时间的问题是：人们会用它来做什么？它的发展提供了什么样的机会？我们不能将这一问题置于抽象普遍性之中。"自由时间"这一表达——较早时人们说"闲暇"，它是一种不受拘束的生活（unbeengten Leben/unconstrained life）的特权，因而也是某种在质上不同的、更为幸运的内容——其近来的起源则指向一种特定的差异，也就是不自由的时间（nicht freien Zeit/unfree time），它为劳动所占据，人们还可以说，它是一种被**他律**决定的④时间（die fremd bestimmte/time that is determined by heteronomously）⑤。

显然，阿多诺并未从"抽象普遍性"的哲学思辨角度，而是从社会历史维度思考自由时间问题的。在社会生产尚处于原始阶段、社会分工相对简单时，人们"日出而作，日落而息"，自由时间意味着从（绝大部分是）繁重

---

① 参见 T. W. Adorno, *Kulturkritik und Gesellschaft* I, pp. 13-14.; T. W. Adorno, *Prisms*, p. 21。

② T. W. Adorno, *Kulturkritik und Gesellschaft* II, p. 567; T. W. Adorno, *Critical Models: Interventions and Catchwords*, p. 99.

③ 载 T. W. Adorno, "Freizeit", *Kulturkritik und Gesellschaft* II, pp. 645-655; T. W. Adorno, "Freetime", *Critical Models: Interventions and Catchwords*, pp. 167-175。笔者依据德文本并参照英译本翻译了这篇讲座稿，全文参见本书附录二。

④ 此处，戈登·芬雷森（Gordon Finlayson）和尼可拉斯·瓦尔克（Nicholas Walker）的英译本翻译为 which moreover one could designate as heteronomous，参见 T. W. Adorno, *The Culture Industry*, p. 187。

⑤ T. W. Adorno, *Kulturkritik und Gesellschaft* II, p. 645; T. W. Adorno, *Critical Models: Interventions and Catchwords*, p. 167，黑体为引者所加。

> 在通向正确生活的途中

的体力劳动中解脱,因而有一种"在质上不同的、更为幸运的内容",但是,需要注意的是,阿多诺在此并未将劳动与闲暇截然对立,因为"不受拘束的生活"时间(自由时间/闲暇时间)建立在满足基本生存需要的必要劳动时间基础之上,在前现代社会,或许只有奴隶主或地主才理所应当地拥有"不受拘束的生活的特权"。然而,随着发达工业社会的来临,劳动者看似获得了能够自由支配自己工作之余时间的权利(所谓的"自由时间"),但这是因为与其相对立的"不自由的时间"才是其所是。换言之,自由时间与不自由时间之间变得似乎没有任何可通约之处,二者成为非黑即白式的截然对立,"自由时间为其对立面所束缚"①。此处的关键就在于,人们的劳动时间已成为一种"被他律决定的时间",也就是并非自律、自主决定的时间;进一步来说,在这种由他律决定的时间中所从事的劳动,用青年马克思的话来说,正是一种异化劳动。

在《詹姆斯·穆勒〈政治经济学原理〉一书摘要》中,马克思区分了"作为人进行生产"的劳动和"为了生存"而进行的劳动。前者是"**自由的生命表现,因此是生活的乐趣**"②,正所谓"我劳动,我快乐",它确证了人从事自由自觉的活动这一真正本质,在劳动的过程中,"我们使自己成为了人,成为了社会性的生物,并且超越了单纯的自然条件",可以说,"通过劳动,人创造了自己"③。在从事这种确证自身本质的活动时,人并非拥有自由,好像自由是一种外在的属性,只有经过努力才能赢取,人自身就应是自由的,自由时间因而是人的生存境域,是人之为人的标志。我国当代作家刘震云2011年获得第八届茅盾文学奖后,曾撰文回忆自己的文学创造道路,他在文中特意提到了一位做了一辈子木工活的堂舅:

> (堂舅的)木工活,在方圆几十里无人能比。并不是他手艺比别人好,而是做同一种物件,他精雕细刻,花的时间比别人长。……舅舅晚

---

① T. W. Adorno, *Kulturkritik und Gesellschaft* II, p. 645; T. W. Adorno, *Critical Models: Interventions and Catchwords*, p. 167.
② [德]马克思:《1844年经济学哲学手稿》,人民出版社2000年版,第184页。
③ 参见[英]肖恩·赛耶斯《马克思主义与人性》,冯颜利译,任平校,东方出版社2008年版,第41页。

年的时候，我跟他有过一次对话。我说买主都说你手艺好，木匠都说你为人毒，你到底是咋回事？我舅舅叹了一口气，说：大家只知其一，不知其二；我做木工，既不是为了让人说好，也不是为了让人说毒；说好说毒，都当不好木匠；我摆治了一辈子木工活，仅仅因为喜欢。①

这种"仅仅因为喜欢"的劳动，应该说就是一种"自由的生命表现"，在其中所花费的时间，因其是一种自我实现的过程，并没有外在目的（谋生或竞争等）的干扰，并非"他律决定"的"不自由时间"，恰恰相反，在"摆治"木工活时，这位堂舅应该是怡然自得、乐在其中。不仅如此，英国学者肖恩·赛耶斯（Sean Sayers）提醒我们注意："马克思的思想强调的是我们本性**各方面**的全面发展。这就是说生活包括没有异化的、富有吸引力的工作，以及充足的休闲来消费劳动的产品并以其他方式发展我们自身。"② 就此而言，人在"**作为人**进行生产"时，同样也是**作为人**而放松身心的，劳动和休息本应浑然一体而非判然有别，因为它们都是人类生存的必要条件，也都是出于人的自主决定与自我选择，这种**属人的**生命活动（工作与休闲）所占据的时间，借用阿多诺的话语来说，是自律决定的时间。

与此相对，单纯"为了生存"的劳动则是一种外在的强制，换言之，"不劳动，没饭吃"。马克思指出："在私有制的前提下，它（劳动——引者注）是**生命的外化**，因为我劳动是为了**生存**，为了得到生活**资料**。我的劳动**不是我的生命**。"③ 换言之，人并不是为了确证自身的本质力量才从事劳动，而是仅仅因为要维持生存才不得已为之，劳动从人的本质属性外化甚至异化为一种否定人的力量，相应地，自由时间也退化为辛苦忙碌后的短暂"加油站""休息室"，放松身心后就要继续"上路"。事实上，正是因为自由时间并非因其自身而是由于和不自由时间两相对立——阿多诺所谓的"特定的差异"——才获得存在的意义，文化工业制造的种种愉悦才能为急需在自由（闲暇）时间中放空自我的人照单全收。事实上，马克思在《1857—1858年

---

① 刘震云：《榜样》，《人民日报》2011年9月16日第24版（文艺评论）。
② ［英］肖恩·赛耶斯：《马克思主义与人性》，冯颜利译，任平校，第43页，黑体为引者所加。
③ ［德］马克思：《1844年经济学哲学手稿》，第184页。

📁 **在通向正确生活的途中**

经济学手稿》中批评亚当·斯密（Adam Smith，1723—1790）将劳动看作诅咒时已经指出：

> 在他（亚当·斯密——引者注）看来，"安逸"是适当的状态，是与"幸福"和"自由"等同的东西。一个人在"通常的健康、体力、精神、技能、技巧的状况下"，**也有从事一份正常的劳动和停止安逸的需要**，这在斯密看来是完全不能理解的。诚然，劳动尺度本身在这里是由**外面**提供的，是由必须达到的目的和为达到这个目的而必须由劳动来克服的那些障碍所提供的。但是**克服这种障碍本身，就是自由的实现**，而且进一步说，**外在目的**失掉了**单纯外在自然必然性**的外观，被看作**个人自己提出的目的**，因而被看作**自我实现，主体的对象化**，也就是实在的自由，——而这种自由见之于活动恰恰就是劳动，——这也是亚当·斯密料想不到的。①

马克思认为，不能将劳动与安逸视为水火不容的对立，它们都同属于人的正常需要。如果仅仅将劳动视为实现必须达到的生存目的并尽力克服"为达到这个目的而必须由劳动来克服的那些障碍"，那么毫无疑问，劳动的"尺度本身在这里由外面提供"，它不过是一种人类谋生的手段，其所耗费的时间则是一种"被他律决定的时间"；然而，马克思指出，克服满足生存进而实现全面发展的障碍本身，就是"自由的实现"，因为这种克服活动并非受到"外在目的"的主导，而是"个人自己提出的目的"，不是"单纯外在自然必然性"的他律决定，而是"自我实现"意义上的自主行为，是主体将自身内在具有的禀赋、智识、激情等本质力量施展于"外"（外部世界）的对象化过程。实际上，借批评斯密，马克思告诉我们劳动本身就是自由的实现，自由不是劳动之余的"补偿"性产物（安逸），更非与劳动相对立。在根本意义上，私有制将劳动与休息进而自由对立起来，劳动只能是一种外在强制，在安逸的休息中获得"幸福"与"自由"也沦为一种"虚假的承诺"。而在阿多诺看来，正是由于这种劳动与休息、不自由时间与自由时间的截然对立，

---

① 《马克思恩格斯全集》第30卷，人民出版社1995年版，第615页，黑体为引者所加。

"甚至塑造了（所谓自由时间的）某些本质特征"。[1] 值得注意的是，由这种截然对立所塑造的"自由时间"，已然不是自我实现的自由之境，而是因其相对一方，即"不自由时间"才成其自身：

> 更重要的是，自由时间依赖于**社会的总体状况**。现在，这种总体状况比以往更强烈地将人们置于一种**魔咒**（Bann）之下。在现实中，人们既不能自由地掌控他们的工作，也无法自由地掌握自己的意识。[2]

显然，"依赖于社会的总体状况"的时间并非真正的自由时间。在前所未有的社会整合时代，个体服从于社会强加的角色与功能（"将人们置于一种魔咒之下"），无论劳动还是休息，都已经被看似合理地组织完备，这种"魔咒"甚至能够穿透人们的意识。阿多诺为此犀利地指出，"被组织好的自由（organisierte Freiheit/organized freedom）是**强迫性的**（zwangshaft/compulsory）"[3]，因为魔咒一般的社会总体状况早已"将你的自由时间应是什么样子的观念强加于你"，就此而言，这种强迫"绝非是外在的"。[4] 就此而言，阿多诺要问的是："在劳动生产率日益增加而**不自由的条件依然持续**的情境下，自由时间将成为什么？"[5]

毫无疑问，在劳动生产率日益提升、社会产品不断丰富进而消费主义盛行的时代，人们在闲暇时的视听感受、观光出行等由内而外的休闲活动都被文化工业或休闲产业（leisure industry）安排与规划，换言之，"自由时间"中的活动成为一种强迫性消费。事实上，在阿多诺看来，无论是文化工业还

---

[1] T. W. Adorno, *Kulturkritik und Gesellschaft* II, p. 645；T. W. Adorno, *Critical Models: Interventions and Catchwords*, p. 167。

[2] T. W. Adorno, *Kulturkritik und Gesellschaft* II, p. 645；T. W. Adorno, *Critical Models: Interventions and Catchwords*, p. 167，黑体为引者所加。

[3] T. W. Adorno, *Kulturkritik und Gesellschaft* II, p. 648；T. W. Adorno, *The Culture Industry*, p. 190，黑体为引者所加。

[4] 参见 T. W. Adorno, *Kulturkritik und Gesellschaft* II, p. 648；T. W. Adorno, *Critical Models: Interventions and Catchwords*, p. 170。

[5] T. W. Adorno, *Kulturkritik und Gesellschaft* II, pp. 645–646；T. W. Adorno, *The Culture Industry*, p. 168，黑体为引者所加。

是休闲产业,都是围绕着利润创建而成,它们的终极目的就是将这种按照利益体系组织好的社会生活形式永恒化——阿多诺称之为"爱好意识形态"(Hobby-Ideology/ideology of hobbies)。[1] 在这种"爱好意识形态"的浸润下,人们的"闲暇时间"被安排得井井有条,亲身体验生活乐趣、主动发挥想象力为生活添加色彩的生命需求却日渐消磨,人们面对社会生产力提高后逐渐增多的"闲暇时间",愿意投入更多金钱和精力来进行"等价交换",否则面对大把的时间会感到无所事事、百无聊赖——"就好像自由时间是一种施舍(Almosen/charity),而非一项人权"[2]。然而,将这种闲暇意义上的"自由时间"视为"施舍"的人已然把自由视为一种外在的馈赠,他很难懂得自由的实现需要发挥主体自身的能力(运动、审美、思辨等),在这样一种所谓的"自由时间"中从事的活动,阿多诺一以贯之地称之为"虚假活动"(Pseudo-Aktivität/pseudo-activity)[3]。事实上,在《最低限度的道德》题为"汪达尔人"(Vandals)的一节(第91节)中,阿多诺便对"虚假活动"进行了深刻阐发:

> 做事情和去一些地方是感觉中枢为了创建一种抗刺激剂来对抗一种威胁着人的集体化,从而运用明显是自由的时间来对此加以训练使自身成为大众的一员。这种技术试图超越危险。人们带着甚至比人们所希望拥有的**更少的自我感**(weniger Ich/less self)生活。与此同时,人们从这种**自暴自弃**(Selbstaufgabe/self-loss)的轻率过剩(spirlerische Zuviel/playful excess)中认识到,认真地不带有自我而生活会更加容易,而不再是困难之举。所有这些都是匆忙完成的,因为不会有警钟来预报地震。如果一个人不参与其中,也就是说,如果人们在人流中游荡,那么当推迟得太久而无法加入一个极权主义政党时,他会害怕错过公共汽车并给

---

[1] 参见 T. W. Adorno, *Kulturkritik und Gesellschaft* II, p. 648; T. W. Adorno, *Critical Models: Interventions and Catchwords*, p. 170。

[2] T. W. Adorno, *Kulturkritik und Gesellschaft* II, p. 651; T. W. Adorno, *Critical Models: Interventions and Catchwords*, p. 172。

[3] T. W. Adorno, *Kulturkritik und Gesellschaft* II, p. 652; T. W. Adorno, *Critical Models: Interventions and Catchwords*, p. 173。

自己招致集体的复仇。虚假活动（Pseudoaktivität/pseudo-activity）是一种**保险**，它表达了一种**自我放弃**（Selbstpreisgabe/self-surrender）的意愿，一个人在其中感到了**自我持存**（Selbsterhaltung/self-preservation）唯一担保。在于最不安全的情况相适应时，人们开始领悟到安全。①

按照阿多诺的理解，在全面整合，特别是极权主义的社会，个体只有带着"更少的自我感"投身于"大多数"才能自保，但是这种看似安全的"虚假活动"实际上已经把个体"掏空"，而且个体是在能够自主支配的自由时间心甘情愿地将自我放弃、随波逐流。正如赫尔曼·格拉瑟（Hermann Glaser，1928— ）在《德意志文化（1945~2000年）》中所言："如果人们要想支付得起去远方的度假，就必须勤奋地工作并强化节约。新的旅游形式为向往和缺钱找到了一个共同的基础，叫作野营：帐篷加马达。……在野营地点，人们脱离了工作日的重力，暂时将它束之高阁，人们享受着自由的生活，而不必放弃日常的生活习惯。"② 就此而言，露营或野营中人们所享受的"自由生活"，不过是工作日"重力"的一种解压或对冲方式，只是作为劳动力再生产的一个必要环节而非自由自觉的生命活动。

或许我们生活的时代与阿多诺流亡时所揭批的极权主义社会已经相去甚远，但前文提到的类似"爱好意识形态"那样的劝说与诱惑却也在如影随形地将人们卷入其中。作为法兰克福学派第四代的中坚力量，哈特穆特·罗萨（Hartmut Rosa）在其《不受掌控》一书中，细致入微地描绘了现代人在"被组织好了的"假日这种"闲暇时间"中如何依然笼罩在工具理性计算式的"魔咒"之下：

> 假期承诺我们可以与美好的世界来一场真正的相遇，我们不需要完成或克服什么，而只需要单纯地接受感动。只是有个问题：我们能运用的时间有限，旅游的花费太高，我们不能把钱全部花在旅游上，还得

---

① T. W. Adorno, *Minima Moralia*: *Reflexionenaus den beschädigtenLeben*, p. 158; T. W. Adorno, *MinimaMoralia*: *Reflections from Damaged life*, p. 139, 黑体为引者所加。这一节的完整译文见本书附录一。

② [德]赫尔曼·格拉瑟：《德意志文化（1945~2000年）》（上），周睿睿译，第343—344页。

📁 在通向正确生活的途中

顾及生活。所以一来旅游是否真能带来感动实在无法获得保证，二来很可能我们因此在旅游时感到紧张兮兮。结果就是，不论是我们，还是旅行社，都必须尝试用各种手段保证共鸣真的会发生，原则上**不受掌控的事物**必须以**商品**的形态——最好是"全包式度假"的形式——来**受到掌控**。伤害、受伤、不受欢迎的自我转变，从一开始就应该——不对，是必须——完全排除掉。我们不可能会想在古巴、泰国、喜马拉雅山体验感动之后，就定居当地，或是丢了工作、丢了财产、生病、遭到抢劫。度假的目标就是要**修养**、**恢复精力**，而绝非无法计算的转变和不知道能不能在旅游后平安返家。①

在此，笔者也想以近年来风行的网络直播现象为例加以说明。在当今时代电子科技和信息网络技术的支持下，"自媒体"成为个人向周边和大众传递信息的一个重要渠道。但是，作为一种自媒体形式的网络直播在井喷式发展的同时，其内容却良莠不齐（特别是一些娱乐类、情感类直播），许多"网络主播"依靠色情暴露场景吸引网民的注意力，当然，更重要的是吸引他们的"虚拟金币"。"主播们"美其名曰展示自我，实际上已物化为被观赏与被猎奇的"玩物"，"围观者们"则在醉生梦死中（虽然介质是虚拟的，但感受却真实）耗费着自己的生命。当人们自觉自愿地将自己的生命体验以及物质财富贡献出来不能不说是一种"自我放弃"，而那些卖弄色相的"网红"与"主播"（及其背后作为中介方的直播平台）难道不也是一种虚拟的"极权主义政党"的"教主"吗？②

毫无疑问，真正自由自主的活动不会觉得无聊，相反，人们在眼花缭乱的"虚假活动"中即使一开始感到新鲜刺激，仿佛中了"魔咒"一样，但终究还是会变得腻烦，单纯寻求快感的网络直播更会让人的精神日益空虚，这也正是人性匮乏的明证。在笔者看来，作为人类生命体验中的重要一环，时

---

① ［德］哈特穆特·罗萨：《不受掌控》，郑作彧、马欣译，上海人民出版社2022年版，第121—122页，黑体为引者所加。

② 针对网络直播存在的乱象，2016年11月国家网信办出台了《互联网直播服务管理规定》，并于2016年12月1日起实施，该规定对网络直播平台、主播和观看者都做了要求，其中，网络主播实行"实名制+黑名单"制度，对纳入黑名单的主播禁止重新注册账号，借此引导主播规范直播。

间感在很大程度上就意味着生命感,而真正的自由时间应该自在地具有充沛的自由意蕴,它无须假手于外部强加或诱导的活动来为其赋义。换言之,人们只有从事真正自决与自我负责的生命活动时才是自由之身心,这一自由活动历程也才是真正的自由时间。与此相反,为社会总体状况的"魔咒"所笼罩的"自由时间"(闲暇时间),人在其中并未获得自由,无论是文化工业还是"爱好意识形态",都是在竭尽所能地劝诱个体放弃自身的自我决定精神和自主批判品格;既然个体在其中所从事的不过是"虚假活动",那么我们有理由跟随阿多诺将这种看似自由的"闲暇时间"称为一种**虚假时间**,它将使浸淫其中的人无法直面自我与他人的现实生活、对现实生活中的欢笑与痛苦无动于衷,由此使人充满一种深深的挫败感与无力感,这也是一种深入个体内心的错误生活。

显然,浸淫在五光十色娱乐活动的人,并不是真正自主、自由的个体,只因这些"虚假活动"并非自在地具有意义,个体并非出于"喜欢"而去投身其中(像刘震云回忆的堂舅那样),而是将其视为维持生存、保持充沛精力继续工作的一种缓冲性功能;更有甚者,在这些"虚假活动"中流连忘返,会在很大程度上自觉或不自觉地认同乃至美化充满矛盾的现状——"在自由时间中兴盛的拜物教服从于额外的社会控制"[1],由此也就无力摆脱休息是为了劳动、劳动是为了谋生这种永无止境却没有创造出生命内容的简单重复。不仅如此,即便人类将世界改造为人间天堂的理性能力日益增强,却也无法保证人类不会将该种能力制造出奥斯维辛或是林林总总的文化工业产品。本雅明说"没有一份文明的记载不同时也是一份野蛮的实录",阿多诺对不同领域错误生活的反思正是对该种"野蛮实录"的详细阐述。

第三节 艺术作品的解放意图

更进一步而言,阿多诺在思考美学现代性转型问题上,以其非同一性哲学为视域,以马克思的商品拜物教批判为指导,汲取康德—黑格尔的德国古

---

[1] T. W. Adorno, *Kulturkritik und Gesellschaft* II, p. 649; T. W. Adorno, *Critical Models: Interventions and Catchwords*, p. 170.

📁 **在通向正确生活的途中**

典哲学遗产，同时借鉴卢卡奇的物化批评思想，在反抗同一性主体理性统治的基础上，建构起一套现代性批判的审美理论。在批判文化工业使得审美领域（乃至于人的精神世界）遭受物化的同时，强调艺术对工具理性以及错误生活的否定和超越。在其身后整理出版的《美学理论》中，阿多诺指出："若无决定性的否定，艺术作品就没有真理性；发展促进艺术的否定性，恰恰是今日美学的任务。"[①] 笔者认为，阿多诺所倡导的这种"否定美学"，使其美学理论与非同一性哲学达成了内在统一。在阿多诺看来，艺术内部的否定性历史运动廓清了艺术作品真理性内容的理论场域。面对现实经验，艺术在力图保护事物中非同一性异质要素的同时，也力求实现对经验现象的超越，成为一种高于现实的存在。艺术作品通过审美形式将经验性要素转变为艺术内容，审美形式则成为对现实世界的概念化解释的否定性力量。同时，艺术作品作为社会精神劳动产品的历史性必然，反映着现实的社会生产关系。

在对西方传统形而上学进行批判时，阿多诺试图将非存在的流变事物与经验现象现实化。形而上学建基于永恒的理念世界，而艺术则立足于感性的经验世界，非存在经过艺术获得表达和展现。如果仅仅依据理念的标准和纲领为艺术设定形而上学的目的，那么在阿多诺看来不过是一种抽象的外在目的。与之相反，阿多诺借助他所谓的否定辩证法将哲学的目的和任务确定为拒绝形而上学和理性同一性逻辑。在此基础上，艺术不仅需要关注经验世界中的非存在式要素，也需要思考其自身中的真理性内容。当我们企图把握非同一性事物（阿多诺也称之为"欠缺概念的事物"）时，只有在艺术作品内在的历史性流变中找到其发展变化的理性逻辑，才能接近艺术的真理性内容。

阿多诺指出，由于艺术作品处在当下社会情境之中，"其艺术性必须具从他者中派生出来"[②]。艺术与非艺术他者的辩证关系保证了非同一性因素不会被同一性的艺术形式规则所吞没。这使得艺术与非艺术他者、艺术与社会现实在边界处表现为同一性逻辑所无法容纳的差异性，与此同时，需要将艺术

---

① T. W. Adorno, *Aesthetic Theory*, edited by Gretel Adorno and Rolf Tiedemann, London: The Athlone Press, 1999, p. 129.

② T. W. Adorno, *Aesthetic Theory*, edited by Gretel Adorno and Rolf Tiedemann, London: The Athlone Press, 1999, p. 3.

作品置于社会历史语境中来确定其与工具性事物相区别的特殊性。对艺术作品这种特殊性的理解要依赖哲学,否则无法获得明晰的真理性内容。在本雅明看来,艺术作品本身只有通过阐释才算完成了自身。[1] 然而,阿多诺不赞成对艺术进行本质主义的还原,范畴和概念的解释力度具有局限性,艺术作品难以完全被概念所把握。对阿多诺也产生很大影响的布洛赫则认为,艺术自身的意义不取决于个人偏好,而在于艺术对于真理和现实的拷问[2]。例如,音乐作为一种不同于哲学理论体系的对世界的认知方式,更为布洛赫所看重,他强调耳朵所能听到的东西超出了概念的解释范围,音乐给听众带去的感受既有即时性又具有绵延性,它只是部分被哲学范畴框架所容纳,剩余物的内容依赖对非理性的感性生活经验的体悟。

事实上,受众如果仅有非理性的体悟而没有理智的辅助依然无法认识艺术作品的真理内容。艺术作品对于受众的独立性来源于其自身非同一性因素的生成过程,它超出艺术家主观意图。这部分内容使得已存在的事物从非同一性因素中汲取否定自身的力量,不再听命于受众或创作者的既成范畴体系,而是在不断现实化运动中生成。然而,由于非同一性因素受到现实社会中同一性原则(亦即上文谈到的"魔咒")的压制,阿多诺所要解决的是,以何种理性形式与异质性的非同一性内容达成和解。因为任何艺术作品的"真理内容"都在于自身,而非对艺术作品外在地运用哲学范畴加以理解。换言之,对阿多诺而言,艺术的真理性内容不能被抽象还原为哲学论证的概念体系,理性的同一性逻辑会使得艺术作品丧失其真正意义的表达。然而,艺术的真理性内容又不是自显或是直观可得的,必须借助哲学范畴去把握非概念性的内容。因此,笔者认为阿多诺的美学任务不是把艺术作品当作哲学或解释学的对象,而是要进入其拒绝被同一性逻辑把握的非同一性因素之中。

就此而言,艺术作品的真理性内容并非外在于历史的抽象观念,而是具

---

[1] 参见 Walter Benjamin:"The Concept of Criticism in German Romanticism", trans. by David Lachterman, Howard Eilandand Ian Balfour, in Walter Benjamin: *Selected Writings*, Volume1: 1913 – 1926, Cambridge, MA: Belknap Press, 2002, pp. 143-144。

[2] 参见 Ernst Bloch, *The spirit of Utopia*, trans by Anthony A Nasar, Standford CA: Standford University Press, 2000, p. 3。

> 在通向正确生活的途中

体的社会历史进程在作品中的结晶。因此，阿多诺不是依靠德国古典哲学的思辨抽象，而是从个性与共性、内容与形式、艺术与社会的非同一关系出发把握艺术作品通过审美形式而形成的真理内容。

阿多诺强调，"真理以历史产物的方式存在"①，真理是理性基于历史现实生成的。艺术依靠对现实矛盾以及错误生活的否定态度，通过模仿和反思，凭借其审美形式表现出对现实的超越。表面上自律和谐的艺术无法存在于不和谐的社会，正如错误的生活没有正确生活的容身之处。阿多诺之所以将现代艺术视为真理的化身，让其承担社会批判的任务，是因为现代艺术对现代社会的模仿和反思进入了现代资本主义社会的核心问题域。换言之，现代艺术持续对自身进行反思和解构，不断开掘非同一性的辩证视角，企图接近自身的本质。阿多诺对此尤为重视：艺术作品的真理性内容必须根据社会现实保持一种不确定的"动态法则"。

在黑格尔看来，精神充当艺术与真理的中介，审美不再是纯然主观的活动，艺术作品被精神赋予了真理性。虽然艺术的精神化使其超越自身的物质形式，但是意识与物质材料的不同性质终究会导致艺术作品中始终保留着一种本然的异质性。异质性与同一性计算法则相抗衡，使得魔咒般的同一性逻辑无法贯彻，这就为他者的存在保留了空间，从而否定地表现了与既定现状不同的另一种可能。否则的话，犹如阿多诺对瓦格纳音乐作品的批评所言，"从一开始，与观众的疏离感就与对听众施加效果的**计算**密不可分；只有在高度资本主义的情况下，听众的社会与美学先验性与艺术家的先验性才会如此相去甚远，这样的听众才会被**物化**成艺术行为的计算对象"②。

因此，对阿多诺来说，与其将艺术作品当成古典美学所宣扬的有机整体，不如视其为一种二律背反式的矛盾体。毫无疑问，艺术作品审美形式的形成既受到物质材料属性的影响，也受艺术主题和艺术创作者的创作方法和主观意图的影响，但对其影响更大的是艺术与社会之间呈现出一种同化与疏离的双向相对运动。艺术作品对现实的介入不能直接被理解为将政治原则或革命

---

① T. W. Adorno, *Aesthetic Theory*, p. 3.
② ［德］阿多诺：《论瓦格纳与马勒》，彭蓓译，上海人民出版社 2022 年版，第 25 页，黑体为引者所加。

理想自上而下地强加给艺术，艺术的任务在于通过审美形式保持非同一性因素，借此反思和批判社会现实而不是沦为一种抽象而空洞的政治教条。正是在这一意义上，阿多诺直言："艺术的社会性在于其反对社会的内在运动，而非其说出的口号。它的历史姿态拒斥经验现实。尽管作为物品的艺术作品是该种现实的一部分。"① 换言之，"艺术的社会功能就在于它**没有功能**"，只有当艺术作品"内在地和现实区别开来"，才能说明"在一个没有野蛮行为地社会中存在的**应是怎样**的东西"。② 借助审美形式，作为社会现实一部分的艺术作品对经验现象和物化现实进行审美性否定与超越，虽不能彻底改变现实，但在这种不断超越与否定的姿态中孕育着一种乌托邦式的希望。根据阿多诺的非同一性哲学，艺术作品正是由于其自身具有的与现实社会拉开距离因而成为谜语的"反社会性"（asociality），才能对其所从出的特定社会现状进行"特定的否定"（determinate negation）。③这便是阿多诺非同一性哲学视域中艺术作品所体现的解放旨趣。当然，阿多诺并不苛求艺术成为物化现实的救世主，事实上他拒绝为尚未定论的问题提供结论——毕竟，拥有希望是一回事，如何使希望成真则是另一回事了。当然，我们可以有充分理由指责阿多诺美学思想乃至其全部哲学的非现实性与逃避主义。不过，正如阿多诺的道德哲学具有一种非同一的实践向度（详细论述参见本书第五章），其美学理论也蕴含着独特的现实关切：在非同一性哲学思想经由艺术作品展现自身，并让艺术作品的真理性内容照亮现实生活。

应该说，对现代艺术的持续关注促使阿多诺不断将其批判理论推向纵深。然而，艺术经过不断否定的运动，最终是否以及如何能够建构起一种超越现实的乌托邦，这应是我们借助阿多诺美学思想更进一步思考的问题。

值得注意的是，在"自由时间"一文最后，阿多诺强调个体的真正兴趣能够**抵抗**文化工业的"总体性吸纳"（totalenErfassung/total inclusion）。显然，这与他的"社会诊断"相一致，即"当一个社会的根本矛盾还在继续时，它是

---

① T. W. Adorno, *Aesthetic Theory*, p. 227.
② 参见［法］马克·杰木乃兹《阿多诺：艺术、意识形态与艺术理论》，栾栋、关宝艳译，中山大学出版社 2018 年版，第 89 页，黑体为引者所加。
③ T. W. Adorno, *Aesthetic Theory*, p. 226.

在通向正确生活的途中

无法被总体性整合（total integriert/totally integrated）进意识的"。在笔者看来，阿多诺无意描述自由社会的景象，这一切的关键是"一种最终能够**使自由时间转变为自由的成熟机会**（eine Chance von Mündigkeit/a chance of maturity）"。[①]可见，单纯闲暇意义的"自由时间"远非自由之境，而有可能如本雅明所言成为新的野蛮实录。那么，错误生活中的人该如何迷途知返？如果说，为启蒙运动鼓与呼的康德所理解的"成熟"指的是"不经别人的引导"同样"有勇气运用自己的理智"（见前文），那么，在奥斯维辛这样的人类浩劫之后，阿多诺念兹在兹的"成熟机会"又该作何理解？对于这些问题，我们将在下文中深入讨论。

[①] T. W. Adorno, *Kulturkritik und Gesellschaft* II, p. 655; T. W. Adorno, *The Culture Industry*, p. 197, 黑体为引者所加。

第二章　现时代的生命律令

> 一方面，集中营中发生的一切对于幸存者来说是唯一真实的事情，它们绝对难以忘怀；另一方面，这种真实又在同等程度上难以想象，也就是说，它不能化约为构成自身的现实要素。事实是如此的现实，相形之下没有什么比它更真实；这种现实必然超出它的事实要素——这就是奥斯维辛的疑难（the aporia of Auschwitz）。
>
> ——阿甘本：《奥斯维辛的剩余》[1]

如前文所言，阿多诺对错误生活的反思发端于20世纪30年代开始的流亡生涯，无论是在当时已经成为发达资本主义社会典型的美国从事文化工业批判，还是战后重返联邦德国依然坚持揭批流行意识形态（如"爱好意识形态"）与集体无意识（如"遗忘过去"）的"魔咒"，阿多诺反复申明的一点就是：在错误生活中不存在正确生活；而在这种重申中，奥斯维辛作为人类错误生活乃至深重灾难的象征意义日益突出。所谓"疑难"，应该是说奥斯维辛不仅仅对于幸存者而言才是"绝对难以忘怀"的"事实"，阿多诺告诉我们，生活在"奥斯维辛之后"的人，同样应该尽自己所能把握这种"难以想象"的"真实"；奥斯维辛的"疑难"如幽灵一般萦绕不去，只因对阿多诺来说，"奥斯维辛"已成为"苦难"的同义词，而正确生活的可能性，恰恰就蕴含在对奥斯维辛这一人类历史灾难坚持不懈的诘难与拷问之中。

阿多诺在《否定的辩证法》一书的序言中提到，学者乌尔里希·佐尔曼

---

[1] Giorgio Agamben, *Remnants of Auschwitz: The Witness and the Archive*, New York: Zone Books, 2002, p.12.

在通向正确生活的途中

(Ulrich Sonnemann) 当时正在撰写一部名为《否定的人学》(*Negative Anthropologie*) 的著作。为此，阿多诺声称自己和佐尔曼竟都没有意识到彼此在思想上的"心有灵犀"(Übereinstimmung)，而"它让人注意到一种事实中的强制"[①]。在笔者看来，借助奥斯维辛这一人类历史的标志性事件，阿多诺从个体生命与死亡的角度对错误生活进行了最深入彻底的批判，并以奥斯维辛这种"事实中的强制"为动力，为"奥斯维辛之后"的我们提出了一则现时代的生命律令，而这正是通向正确生活的关键一步。

第一节　生命与死亡的物化

无疑，德国法西斯对犹太人犯下的暴行像达摩克利斯之剑一样始终悬临在阿多诺头顶。《否定的辩证法》最后一章"关于形而上学的沉思"的开篇便是"奥斯维辛之后"，阿多诺在这一小节中写道：

> 通过管理（Verwaltung）手段对数百万人的谋杀使死亡成为一件不再令人害怕的事情。死亡作为与**个人所体验到的生命**（erfahrene Leben der Einzelnen）过程**相一致**的情况进入生命之中，这已不再可能。个人被剥夺了留给他的最后的、最贫瘠的财产。在集中营中死去的不再是个人而是**样本**（Exemplar），它必定**影响**那些逃脱该种（管理）措施的人们的死亡。[②]

就此而言，集中营中的囚犯已经丧失感受独特生命内容、体验个性自我的权能，换言之，各不相同的人成为千篇一律的"样本"，他们的生命内容已经同一化为一种，这就是等待死亡。然而，在阿多诺看来，即便是死亡也已经与每一个个体自身的特殊生命过程无关，也就是说，死亡已经不是内在于人的生命过程的一个必要环节（或者说内在组成部分），而成为被人为强加的

[①] Theodor W. Adorno, *Negative Dialektik*, 1982, p. 11. 需要说明的是，这段文字在阿什顿（E. B. Ashton）的英译本和现行中译本中均未译出。

[②] T. W. Adorno, *Negative Dialektik*, p. 355, 黑体为引者所加。

第二章 现时代的生命律令

一种"管理手段"的"结果"。这表明了"历史所趋向的对每一个体生命的冷漠",只因在毒气炉中化为烟雾升上天空的个体"在形式自由中与在杀戮者的脚下一样",彼此都是"可互换的和可替代的"①。托马斯·伯根索尔是一名奥斯维辛集中营的幸存者,被押送到奥斯维辛集中营时年仅十岁,在失去父亲、历经劫难后成为海牙国际法庭的一位法官(2000—2010)。他在死里逃生六十多年后撰写的回忆录《幸运男孩:从奥斯维辛集中营幸存的回忆》一书中这样写道:

> 我们这些奥斯维辛的幸存者可以依照我们的编号来证明我们在这里生存过,而那些在党卫军停止记录名字后被送进焚尸炉火葬的囚犯,在这个可怕的地方没有留下任何存在过的痕迹。没有尸体,没有名字,只有灰烬和编号。这是**对人类尊严的最大侮辱**,很难想象还能有比这更甚的侮辱了。②

或许,在生死面前,一切都会变得有如浮云。但是,奥斯维辛却连个人死亡的权利这一"最后的、最贫瘠的财产"也无情剥夺。作为"没有尸体,没有名字,只有灰烬和编号"的"样本",个人丧失了对自身生命(包括死亡在内)最切身的体验与所有权,在杀戮者眼中,他们只是有着不同编号而已——如果说拥有不同编号可以被视为一种"形式自由"的话,这种所谓的自由导致的只能是"没有留下任何存在过的痕迹的"一片虚无。美籍德裔思想家、责任伦理学的代表汉斯·约纳斯(Hans Jonas,1903—1993)认为:"就把生命视为事物的本来面目而言,死亡自然浮现为令人不安的谜。因此,死亡问题可能是思想史上的第一个问题。它成为一个专门问题,意味着古人探究心智远早于概念层次的理论探讨。人们开始对死亡具有本能畏怯,继而从必死性这个事实带给泛生机论的'合乎逻辑的'愤怒那里获得探索的勇气。"③ 反观奥斯

---

① 参见 T. W. Adorno, *Negative Dialektik*, p. 355。

② [美]托马斯·伯根索尔:《幸运男孩:从奥斯维辛集中营幸存的回忆》,杨柳、杨力军译,生活·读书·新知三联书店 2016 年版,第 56 页,黑体为引者所加。

③ [美]H. 约纳斯:《存在理论中的生命、死亡和身体》,方秋明、黄信译,《世界哲学》2017 年第 1 期。

在通向正确生活的途中

维辛中的个人,他们对死亡不再有那种"本能畏怯"、对生命仅仅漠然视之,毫无疑问这是"对人类尊严的最大侮辱"!

正如罗斯·威尔逊(Ross Wilson)所言,"**人类生命的化简(reduction of human life)是阿多诺关于法西斯的核心观点**,而这当然与其对现代道德和政治生活的阐释相关联"[①]。在"今天的死亡"一节中,阿多诺谈道:

> 主体越是没有生命的活力(mehr leben),死亡就越是急遽而恐怖。死亡确实使主体成为物,这一事实使得主体意识到物化、它们永恒的死亡和部分由它们错误地造成的关系形式。没有任何力量能够战胜并嘲笑这种死亡的文明化整合(zivilisatorische Intergration des Todes),它塑造了对这种社会现象的反应,即交换社会堵住商品世界所开启的最后一个洞口的笨拙企图。[②]

毋庸置疑,死亡使得个体生命最终归依为一个"物件"(一把骨灰或一块墓碑),阿多诺在此意在表明,当个体生命丧失掉自身的主体性力量、丧失掉"生命的活力"时,部分由其造成的"关系形式",即社会关系的物化便宣告彻底完成,丧失了生命活力与体验的主体最终连自己的死亡也被裹挟到"文明化整合"的进程之中;不仅如此,当"一切人类关系开始更彻底地被财产决定"[③]时,死亡作为个体"最后的、最贫瘠的财产"而被一切都可以进行交换的"商品世界"吞噬——这个"交换社会"绝没有漏网之鱼,即便是生死大限。就此而言,"死亡的文明化整合"可谓是最为深重的物化。在阿多诺看来,奥斯维辛集中营将这种对生命的简化与物化推向极端,个体最为内在的死亡经验都成为可以被替换的同一化"样本"。最终,一种独立自存的个体生命被消耗殆尽。

正如我们在第一章中所谈到的那样,阿多诺将卢卡奇在《历史与阶级意识——关于马克思主义辩证法的研究》中创造性运用的物化概念"看作一个

[①] Ross Wilson, *Theodor Adorno*, London & New York: Routledge, 2007, p. 80, 黑体为笔者所加。

[②] T. W. Adorno, *Negative Dialektik*, p. 363.

[③] T. W. Adorno, *Negative Dialektik*, p. 362.

第二章　现时代的生命律令

非常具体的社会学、社会的范畴,并运用到甚至是最微不足道的日常生活经验中"①。无论是对文化工业的分析,还是在此关于奥斯维辛的反思,"个人所体验到的生命(das erfahrene Leben der Einzelnen)过程"被物化这种"虚假客观性的反思形式(Reflexions form der falschen Objektivität)"②过滤后几近瓦解,也就是说,个体自然而自发的、整体性生命体验(die Erfahrung des Lebens)化简为功能化、工具性的碎片式经历(das Erlebnis)。更重要的是,在对物化这种"虚假客观性的反思形式"进行批判时,阿多诺承接马克思认为,更应该关注的是造成这种人类苦难(生命体验的物化)的原因,即"一些人类应予以谴责的无能和冷漠关系",不仅如此,阿多诺还指出这种关系是可以被人类行动改变的③,换言之,仅仅消除物化意识是不够的,正如耶格尔(L. Jäger)所言,"作为马克思主义者,他(阿多诺——引者注)不是去注意生活,注意它那'异化了的形状',而是去注意那'决定个人生存直至其最隐秘处的客观力量'"④。

另一方面,关于体验(Erfahrung)与经历(Erlebnis)的区分,本雅明在"论波德莱尔的几个母题"一文中进行了辨别,这篇文章于20世纪30年代末在社会研究所理论刊物《社会研究杂志》(*Zeitschrift für Sozialforschung*)上发表:

> 自上世纪末以来,哲学进行了一系列的尝试,以图把握一种"真实"经验,这种经验同文明大众的标准化、非自然化了的生活所表明的经验是对立的。……**体验**(*Erfahrung*)的确是一种传统的东西,在集体存在和私人生活中都是如此。与其说它是牢固地扎根于**记忆**(*Erinnerung*)的事实的产物,不如说它是**回忆**(*Gedächtnis*)中积聚的经常是潜意识的材料的会聚。……在严格意义上的体验之中,个体过去的某种内容与由回

---

① [美]哈瑞·R.达姆斯:《逃离物化的控制》,载《新马克思主义评论》(第一辑),中央编译出版社2012年版,第302页。霍耐特在"资本主义生活形式的面相学——阿多诺社会理论概要"一文中也指出,卢卡奇的物化分析是"知识分子的一种关键体验"。参见[德]阿克塞尔·霍耐特《理性的病理学:批判理论的历史与当前》,谢永康、金翱等译,上海人民出版社2022年版,第62页。

② T. W. Adorno, *Negative Dialektik*, p. 191.

③ 参见 T. W. Adorno, *Negative Dialektik*, p. 191。

④ [德]洛伦茨·耶格尔:《阿多诺:一部政治传记》,陈晓春译,第224页。

在通向正确生活的途中

忆聚合起来的过去事物（材料）融合了起来。[1]

按照本雅明的理解，体验扎根于通常都处于无意识或潜意识状态的回忆，因而它能超越单纯的过去、在某种程度上保持鲜活，换言之，体验是一种传统慢慢累积并逐渐与个体经验相"融合"的长期经验，它既体现了个体的生命历程，也是一种集体无意识的"会聚"；与此相对，经历只是一种被进步的文明标准化、程式化了的即时经验，因而只存在于瞬时记起的事实性记忆之中。值得注意的是，阿多诺对本雅明这篇论波德莱尔的文章表现出极大的兴趣，在1940年2月29日致本雅明的一封信中，阿多诺写道："在我关于拜物教（'论音乐中的拜物特征与听的退化'一文——引者注）的文章中，我在思考关于遗忘、回忆和广告的段落。我同样感到了你对反射行为（reflex behavior）与体验［experience（Erfahrung）］所做的对比。"[2]

事实上，马克思在《1844年经济学哲学手稿》中，讨论到私有财产时，便点明了这种生命体验的异化："私有制使我们变得如此愚蠢而片面，以致一个对象，只有当它为我们拥有的时候，就是说，当它对我们来说作为资本而存在，或者它被我们直接占有，被我们吃、喝、穿、住等等的时候，简言之，在它被我们**使用**的时候，才**是我们的**。"[3] 在私有制的条件下，人和对象都经历了异化或卢卡奇与阿多诺意义上的物化，人只能片面地占有对象（以及对象世界）与自身，个体对对象的反应、丰富而立体的体验最终化简为一种简单而直接的"拥有感"或"占有感"，对象的多维度意义也在同等程度上对人封闭，仅仅退化为一种"有用"的"资源"或"工具"。将近一个世纪之后，在流亡美国期间的阿多诺也洞察到，发达资本主义社会中的个体仅仅是在商品化的交换世界中"活着"，对于这一物化现实已经无力去感同身受，甚至无力发自内心地经验自己的生命，正所谓牺牲内在的生命内容而维持物化

---

[1] ［德］汉娜·阿伦特编：《启迪：本雅明文选》，张旭东、王斑译，第168、169、172页，译文根据英文版《本雅明著作选》（Collected Writings）第4卷有改动，参见 W. Benjamin, *Selected Writings*, Vol. 4（1938-1940），p. 314, 316。

[2] T. W. Adorno and W. Benjamin, *The Complete Correspondence* 1928-1940, edited by Henri Lonitz, translated by Nicholas Walker, Massachusetts: Harvard University Press, 1999, p. 320.

[3] ［德］马克思：《1844年经济学哲学手稿》，第85页。

状态的生存。在《最低限度的道德》第 19 节（题为"不要敲门"）中，阿多诺写道：

> 如果不能意识到他持续浸淫其中的周遭世界的事物，甚至他最为隐秘的运动感觉，就将无法确切地理解这种新型人类（neuen Menschen typus/the new human type）。……**体验的萎缩**（Absterben der Erfahrung/withering of experience）特别要归咎于如下事实，即受到纯粹功能性法则支配的事物设定了一种形式，它将与这些事物的接触限制为纯粹的操作并且不能容忍那种无论在行为的自由中或是自律中的任何**盈余**（Überschuss/surplus）；作为体验的核心，这一盈余因其无法被行动因素消耗而能够存活下来。①

显然，这种生命体验日益萎缩的"新型人类"既可以指卢卡奇所分析的在现代工厂生产车间、流水线上被物化的工人，也可以说是阿多诺所批判的在绝对同一化的奥斯维辛集中营中遭受屠戮的死囚。换言之，无论是被资本主义生产方式与消费模式所裹挟的现代工人还是被德国法西斯绝对整合后所遗弃的犹太人，他们都丧失了关乎自身存在的"盈余"，也就是比机械化生存、功能化行为**多出的**那种能够证明自身之所是的生命经验。在阿多诺看来，这种与生命经验相关的"盈余"恰恰是人的自由与自律的关键，因而是"体验的核心"。否则，有如阿多诺在《文化工业：作为大众欺骗的启蒙》一文中所说的那样，"作为个人，他们是**绝对能够相互替代的**，是**纯粹的虚无**，一旦时间剥去了他们的同一性，他们就会意识到这一点"②。用克拉考尔在《大众装饰》中的话来说，这就是资本主义生产方式的"抽象性"所导致的结果："资本主义生产过程的原则并非那么纯粹地源于自然，它必须先冲破那些对其而言使工具或者阻力的自然有机体。当一切都被加以严格计算

---

① T. W. Adorno, *Minima Moralia*: *Reflexionenaus den beschädigtenLeben*, p. 44; T. W. Adorno, *Minima Moralia. Reflections from Damaged life*, p. 40，黑体为引者所加。这一节的完整译文见本书附录一。

② Max Horkheimer und Theodor W. Adorno, *Dialektik der Aufklärung*, p. 154; Max Horkheirmer and Theodor W. Adorno, *Dialectic of Enlightenment*, p. 117，黑体为引者所加。

📁 **在通向正确生活的途中**

之时，民族共同体和个性就消亡了。个体的人，唯有变成大众中的一个小碎片，才能畅通无阻地爬上高位，并操纵机器。这个漠视一切形态差异的系统，模糊了民族个性，生产出能够被无差别地派遣至世上任何一处的工人群体。"① 生命由此成为一种"纯粹的存在物"（pure being），不过存活（survive）而已。

通常我们会说，一个人不能为了纯粹活着而放弃质的生活（社会生活、文化生活、政治生活等）。正如从福柯微观权力分析②到阿甘本生命政治学③所揭示的那样，现代发达工业社会对生命的治理已经无孔不入，而对生命感的掌控与操纵正是其釜底抽薪式的关键"一招"。不仅如此，即便人类将世界改造为人间天堂的理性能力日益增强，却也无法保证人类不会将该种能力制造出奥斯维辛或是林林总总的文化工业产品。不仅如此，在延续阿多诺批判思路的基础上，阿甘本对奥斯维辛集中营所制造出的一种在文明极端退化中丧失掉一切为人的尊严与生命内涵的"赤裸生命"（bare life）形态进行了深入反思，由于主题所限，我们在此不做深入探讨。

在阿多诺看来，"种族灭绝是绝对的整合（absolute Integration）"，而"奥斯维辛证实纯粹同一性的哲学原理就是死亡"④，而所谓"纯粹同一性的哲学原理"，质而言之，就是同一性思维总是企图用"它的总体化要求来衡量任何与它不相同的东西"⑤，即运用思维与存在、主体（认识者）与客体（认识对象）的纯粹同一性原则像"焚尸炉"那样消除任何不可化约之物（既是

---

① ［德］S. 克拉考尔：《大众装饰》，林雅华译，宋含露校，《世界哲学》2017年第2期。

② 在《生命政治的诞生》中，福柯直陈："我所要做的——这就是分析的关键点——就是要弄明白在何种情况下，我们可以承认，对微观权力的分析或对治理术各工序的分析，不是限于某个由范围区间所限定的领域，而是应该被当作一种对全部范围，不管其重要性如何，都能有效的观点和解读方法。"参见［法］福柯《生命政治的诞生》，莫伟民、赵伟译，上海人民出版社2011年版，第166页。

③ 阿甘本遵循福柯所开启的生命政治学逻辑，强调当代资本主义社会通过制造"例外状态"，而将个体生命本身置于操纵之中："生活于现在已成规则的例外状态之中，这也意味着：我们私人的生物学身体已经与我们的政治身体难以区分，过去曾被称为政治的那类经验突然进入了我们生物学身体的范围，而私人经验也同样突然地在我们的外部呈现为一种身体政治。"参见［意］阿甘本《无目的的手段：政治学笔记》，赵文译，河南大学出版社2015年版，第185页。

④ 参见 T. W. Adorno, *Negative Dialektik*, p. 355。

⑤ T. W. Adorno, *Negative Dialektik*, p. 17。

认识对象，也是个体生命），正如阿多诺所言，以这种纯粹同一性哲学思想为基准的"措施"还将以各种方式**影响**"奥斯维辛之后"的"我们"。

事实上，鲍曼在《现代性与大屠杀》中也谈道："在纳粹分子建立毒气室之前，他们就按照希特勒的命令企图通过'仁慈杀害'（虚伪地起了绰号叫'安乐死'）消灭精神不健全和身体受损的同胞，并通过人种优越的男人对人种优越的女人实施有组织的授精以培育更优越的人种（优生学）。跟这些努力一样，屠杀犹太人是一项社会理性的管理活动。也是**系统地应用科学的思维方式、哲学和训诫**的一次尝试。"① 为此，我们有必要在下一节对阿多诺的同一性哲学批判（它与鲍曼所言的"系统地应用科学的思维方式、哲学和训诫"紧密相关）与非同一性哲学思想进行简要重构；毫无疑问，阿多诺的道德哲学沉思、其错误生活批判与对正确生活的探索都建基于这种非同一性哲学。

第二节 非同一性道德哲学视域中的生存与死亡

在《否定的辩证法》"导论"中的一处关键段落，阿多诺明言："辩证法是坚持不懈地对**非同一性**的意识。它预先并不采取一种立场。思想由于其不可避免的**不充分性**、对其所思之物的愧疚而趋向于它。"② 所谓"非同一性"（Nicht-Identität），一言以蔽之指的就是"非概念性（Begriffslosen）、个别性（Einzelnen）和独特性（Besonderen）"③。结合上述引文不难发现，敏感于社会历史变化的阿多诺意在强调：每一个生命个体都是不可化简的异质性存在，每一种生命经验都是丰富而独特的生成性体验。在笔者看来，阿多诺试图运用其基于非同一性思想的否定辩证法保持住一种不可还原的、拒绝与社会现存状态彻底同一的独特生命体验，恰恰由于这个原因，这种对生命的辩证思考不是完满自足的哲学体系，它的"不可避免的不充足性"确保了自身与生命之间能够保持一种非同一的距离，笔者称之为"生命的辩证法"。

---

① ［英］鲍曼：《现代性与大屠杀》，杨渝东、史建华译，彭刚校，译林出版社 2002 年版，第 97 页，黑体为引者所加。

② T. W. Adorno, *Negative Dialektik*, p. 17, 黑体为引者所加。

③ T. W. Adorno, *Negative Dialektik*, p. 20.

在通向正确生活的途中

当然，所谓"非同一性"是与"同一性"相对而言的，阿多诺首先从西方哲学史的角度对同一性（Identität）进行了阐发。在《否定的辩证法》第二部分"否定的辩证法：概念与范畴"的一处注释中，阿多诺谈到了同一性的三种含义：首先，"同一性"指的是个体意识的统一性（Einheit），也就是说，"我"在我的所有体验中都保持一致，这里的"我"既可以说是康德意义上伴随"我"的一切表象的"我思"，在某种意义上也是胡塞尔先验现象学中作为"现象学剩余"的"先验主体"；其次，同一性指的是一种"逻辑普遍性"（logische Allgemeinheit）思想；不仅如此，它还指简单的 A = A 意义上"每一种思想对象的自身等同"；最后，同一性指的是认识论意义上主体与客体无论怎样被中介，二者都"同时发生"（zusammenfallen）。[①]

在阿多诺看来，这种主体与客体的"同一性"（"同时发生"）有可能造成主体（"自我"）对异于自身的"他物"或"他者"的扭曲甚至强暴。我们知道，西方传统形而上学追寻世界的"本原"、探问世界的"是其所是"，也就是力图在一个原点中构筑世界的"逻辑图景"，可以说这就是一种在思想中把握世界的形而上冲动。按此逻辑，变化万千的世界都需要被化约为一个原点或基点，无论它是物质原子还是精神理念。就此而言，西方传统哲学的本体论也就是一种"第一哲学"，这种将物质或精神作为世界与人自身的"第一因"。然而，凡在宣称某种绝对"第一因"（或"第一性"）的地方，总会以次于（或异质于）它的东西（关联物）作为参照，至此，第一哲学便和二元论走到了一起。[②] 然而，如果没有与这种绝对第一性（如"我思"意义上的主体）相对而言的第二性关联物（如"我在"意义上的客体或对象世界），该种傲视"万物"的第一性是否还能成立或者说是否还有意义？在以亚里士多德为重点讲授的"形而上学：概念与问题"讲座中，阿多诺提到了一个对于所有唯心主义都需要处理的问题：

> 心灵或思想或知识真正意味着什么，如果它仅仅思考自身？难道这不会使得思想自身，因而也就是思想假定成为的绝对之物（the absolute）

[①] 参见 T. W. Adorno, *Negative Dialektik*, p. 145。

[②] 参见 T. W. Adorno, *Negative Dialektik*, p. 142。

成为一个单一而巨大的同义反复?①

换言之,如果没有第二性关联物,绝对第一性的一方也只是空洞的概念而已。不仅如此,西方传统哲学大都将这种绝对第一性和第二性关联物进行一种等级制意义上的划分,也就是在灵魂与肉体、主体与客体、精神与物质、自由与必然、目的与手段、人与环境等之间分出高下与主从,一方面使这些两相对待的范畴成为二元对立的关系,另一方面还要想方设法将第二性的"异质之物"(亦即有别于绝对第一性的第二性关联物)同化、吸收乃至吞噬,由此达成一种所谓的"和解"。然而,如果是以一种自我中心化、自我目的化的同一性思维方式将"非概念性"之物(也就是无法用一个概念来穷尽的欠缺概念的具体、特殊之物)完全裹挟或统摄其中,这些异质的"非概念性、个别性和特殊性"——联系到我们在此的分析,也就是无法被还原、归并的生命与死亡体验——将不会再有立锥之地。纯粹的同一性也就是一种绝对的一体化(整合化),奥斯维辛正是统摄一切的被管制社会(verwaltete Welt/administered world)的缩影与标志。且看在奥斯维辛解放之后人们找到的一份"帝国的绝密文件":

> (在毒气车之中)必须要保护好照明设备。在灯泡上有必要加上金属网,以防止其损伤。照明实际上是没有任何用处的装置,可以不用。但是根据观察,在关门的时候,只要一被黑暗笼罩,那些"货物"就马上向门的方向涌过来,挤在门口,这是因为"货物"向光的结果,这样的话门就很难关上。人对黑暗的恐惧会导致在关门的时候不断发出惨叫。因此,在作业前与作业的最初阶段打开电灯是很有效的。②

显然,这种目的与手段一一对应的"作业方式"看似极为合理,只不过使用照明设备是为了不让作为"货物"(集中营囚犯)干扰正常"作业"(屠

---

① T. W. Adorno, *Metaphysics: Concepts and Problems*, p.94.
② 转引自[日]细见和之《阿多诺:非同一性哲学》,谢海静、李浩原译,卞崇道校,河北教育出版社2002年版,第17页。

杀）这一目的，杀人如麻的毒气车却因为符合理性同一性而运转如常：一方面，集中营的纳粹军官作为主体想方设法维护好作为客体的杀人装置；另一方面，作为主体的机械装置严格控制作为客体的囚犯。美国学者史密斯（D. L. Smith）在《非人：为何我们会贬低、奴役、伤害他人》一书中，以丰富翔实的材料揭示了非人化是如何导致道德脱离的："将某人非人化就是否认他具有人类的本质，然而，否认某人是人只是一部分，因为这只关乎他所不是的，而非他所是的。我们也知道，将人非人化的人断言自己加害之人是亚人类，而不仅仅是非人类。对纳粹来说，犹太人并不仅仅是非人，而是有着人形的老鼠。而对卢旺达的种族灭绝者而言，图西人是蟑螂。"①

从这种非人化的思路中，我们也可以认识到，阿多诺对同一性思维方式的批判，不仅仅意在进行一种哲学史批评，更是意在捍卫一种与"同质的普遍性"（如希特勒所宣称的"人类的本质"）相抗衡的"异质的普遍性"（如被视为"有着人形的老鼠"的犹太人）。这种非同一性思维方式启示我们，运用概念进行思考，始终不过是"挂一漏万"，许多无法被同一性概念把握的"非概念之物"（如生命体验）彰显了概念的空疏与干瘪，持有一种非同一性思想就是要保持住那些个别的、差异性的、特殊的"非概念事物"以及关于这些特殊事物的个性化经验。从某种意义上可以说，从同一性概念向异质的非概念性转变是阿多诺念兹在兹的否定辩证法得以可能的关键：这种转变，也就是要挣脱"概念拜物教"，挣脱这种物化了的强制性同一性思维方式，探索并保持差异与多样的异质体验与本真生活。维尔默（A. Wellmer, 1933—）在《论现代和后现代的辩证法——遵循阿多诺的理性批判》一书中遵循阿多诺的理性批判对这种同一性思考进行了深入分析：

> 按照阿多诺的说法，"同一性的表象"存在于概念性的思考之中，这一表象同时也是物体秩序的表象，它产生于概念性思考中秩序的强迫。阿多诺完全采用了心理学的视角来看待秩序的强迫：后者与"自我原则"相呼应，与强迫自己塑造为统一体自我相关联。在秩序强迫的符号下，非

---

① ［美］大卫·利文斯顿·史密斯：《非人：为何我们会贬低、奴役、伤害他人》，冯伟译，重庆出版社2012年版，第190—191页。

同一的、不可通约的、无法除尽的东西似乎都是危险的。如果经历了"非同一的特殊事物",那么最典型的反应就是愤怒和恐惧。必须拒绝"非同一的特殊事物":将其驱逐(例如在社会化的进程之中),将其列为禁忌(例如在原始社会之中),或者最终在肉体上消灭它。对于马克斯·韦伯而言,现代社会的理性化和秩序化进程不仅在认识层面上,而且在行动层面上已经是众所周知的事实了。无论在理论还是实践上,理性和秩序之间都存在着这一关联。阿多诺接受马克斯·韦伯的这一观点,但在某种意义上阿多诺却颠倒了这些征兆:他强调的是秩序强迫中狂妄的一面。……在阿多诺那里,对"同一性思考"的批判变成了对总体化理性的批判,而阿多诺自己的哲学也成为了某种试验:**挣脱概念性思考中的秩序强迫**。①

按照维尔默的分析,阿多诺以一种弗洛伊德精神分析学的方式批判了同一性思维方式,并将其归为一种"概念性思考的秩序强迫",一切与主体("统一体自我"②)相对而言的"对象"("非同一的、不可通约的、无法除尽的"事物)都需要服从"统一体自我"的规范与律令,否则将被剥夺权利、列为禁忌甚至被投入焚尸炉或毒气车之中。正如维尔默所言,阿多诺没有将韦伯合理化的现代社会发展逻辑贯彻到底,③而是力图揭批总体化理性(也就是运用同一性逻辑控制、主宰、操纵外在自然、他人乃至自我的理性强制力)而对绝对同一的被管制社会进行批判。就此而言笔者认为,阿多诺所

---

① [德]阿尔布莱希特·维尔默:《论现代和后现代的辩证法——遵循阿多诺的理性批判》,钦文译,第103页,黑体为引者所加。
② 根据弗洛伊德对"自我"和"本我"的讨论,"自我企图用外部世界的影响对本我和它的趋向施加压力,努力用现实原则代替在本我中自由地占支配地位的快乐原则。知觉在自我中所起的作用,在本我中由本能来承担。自我代表可以称作理性和常识的东西,它们与含有感情的本我形成对比"。参见[奥]弗洛伊德《自我与本我》,林尘、张唤民、陈伟奇译,上海译文出版社2012年版,第213页。
③ 韦伯在《学术与政治》中对理知化(Intellektualisierung, intellectualization)和合理化(Rationalisierung, rationalization)进行了简要概括:"我们知道或者说相信,在原则上,通过计算(Berechnen),我们可以支配(beherrschen)万物。但这一切所指惟一:世界的除魅(Entzauberung, disenchantment)。我们再也不必像相信有神灵存在的野人那样,以魔法支配神灵或向神灵祈求。取而代之的,是技术性的方法与计算。这就是理知化这回事的主要意义。"参见[德]韦伯《学术与政治》,钱永祥等译,广西师范大学出版社2004年版,第168页。

📁 在通向正确生活的途中

要做的"通过概念而超越概念"①（或用维尔默的说法，即"挣脱概念性思考中的秩序强迫"），并非哈贝马斯在《交往行为理论》第一卷中所说的运用理性来批判理性或者依靠理性来预防（一开始就工具化的）理性的"述行矛盾"②，而是试图以个别而独特的方式成为"普遍"，当然，这种"普遍"不是空洞无物的同一性概念，而是尊重或者可以说爱惜异质的、个体化的、欠缺概念的事物——在道德哲学领域，则是以质性生命为基础的正确生活——以此保持住鲜活而又充满歧义的生命体验。

第三节　为生命而活或向死而在

事实上，真正的生命经验实际上也包含着每一个体对自身的死亡预期，有生之年的人时刻行进在走向"终点"的道路上，或许这种死亡预期（姑且称之为"死亡经验"）是一种超越有限生命意义上的终极"盈余"，它意味着人在面对不在场的未来时能够进行自我决定、自我否定和超越；然而，当生命与死亡两不相关时，每一个体的此生意义也将减损殆尽。在绝对同一化的社会境况中，"在今天，死亡由于完全**为社会所决定**的这种**连续的体验衰退**而成为彻底**陌生**的"③，个体对自身的"此生"与"将死"都已经完全"无感"。在布莱恩·奥康纳（Brain O'Connor）看来，阿多诺对经验的分析使其可以解释个体对"社会总体性"（social totality）的非理性接受，这种社会总体性从根本上与每一个体相对抗，④而"样品化"的生命经验与"彻底异化"的死亡经验恰恰有助于个体与总体物化的现实相同一。事实上，个体生命与社会历史状况的复杂关系是阿多诺非同一性哲学思想致力于解决的一个问题。

---

① T. W. Adorno, *Negative Dialektik*, p. 27.

② 哈贝马斯认为，《启蒙辩证法》充满了悖论：它为理性的自我批判指明了道路，但同时又怀疑，在工具理性彻底异化的前提下，是否还能把握住真理，因此，霍克海默和阿多诺陷入了一种"批判的绝境"。参见［德］哈贝马斯《交往行为理论》（第一卷），曹卫东译，上海人民出版社2004年版，第365—366页。

③ T. W. Adorno, *Negative Dialektik*, p. 363, 黑体为引者所加。

④ 参见 Brain O'Connor: "Introduction", in *The Adorno Reader*, edited by Brain O'Conner, Oxford, UK: Blackwell Publishers Ltd, 2000, p. 12。

第二章　现时代的生命律令

我们知道，早在 1931 年于法兰克福大学所作的就职演说《哲学的现实性》中，阿多诺就已经开始质疑单凭思想的力量便试图完全把握住现实总体性的同一性哲学，而以思考"存在"（Sein，Being）著称的海德格尔（M. Heidegger，1889—1976）的"死亡形而上学"（Metaphysik des Todes）也在这一批驳的范围之内①：

> 在海德格尔那里，"被抛"（Geworfenheit）被设定为人的存在最后条件。这个概念表明，生命本身是盲目的、无意义的……思维的总体性要求被抛回思维自身，最终在那里也破灭了。在海德格尔的生存主义范畴，如被抛、畏惧、死亡的困境中，只需要这个洞见，即生命的丰富性不能被祛除。②

按照阿多诺的理解，海德格尔对人的"被抛"、死亡等生存主义的分析与设定都是出于"思维的总体性要求"，亦即思维试图把握存在（现实或人的生命）之总体性的要求。然而阿多诺认为，这种认为"用思想的力量足以把握现实的总体性"的"思维总体性要求""只是服务于现实并使其当代形态永恒化，此外无他"，因此不过是一种"幻想"③；与之相反，真正的哲学任务应该是：

> 哲学不再提出自主性假定，不再相信以理性方式论证现实；而是假定，自主的理性的立法总是为一个（不是被合理地构思为适当的、作为总体性的）存在**所打断**，通往合理前提之路也没有走到底，而是停留在**不可还原的现实**的地方。……那个不可还原性是具体地、历史地发生

---

① 学界一般认为，海德格尔的思想在 20 世纪 30 年代前后发生了一次重要转向，从前期注重从"此在"（Dasein）入手领会"存在"的进路转向借助真理、艺术作品（特别是诗）、语言等问题直接思考并言说"存在"。海德格尔在《致理查森的信》（1962）中，对于"海德格尔Ⅰ"和"海德格尔Ⅱ"这一划分其前后期思想的方式在一定程度上予以认可。参见［德］马丁·海德格尔《同一与差异》，孙周兴、陈小文、余明锋译，商务印书馆 2011 年版，第 139—147 页。另，由于海德格尔的思想转向是一个牵涉很广的论题，我们在此不做过多讨论。
② ［德］西奥多·阿多尔诺：《哲学的现实性》，王凤才译，《国外社会科学》2013 年第 1 期。
③ 参见［德］西奥多·阿多尔诺《哲学的现实性》，王凤才译，《国外社会科学》2013 年第 1 期。

的……**思维创造力能够仅仅在历史的具体性中辩证地得到保证**。①

显然，前文所分析的阿多诺对生命（以及生命体验）之不可化简的论证与此处对现实之不可还原性的强调一脉相承。也就是说，思维必须在"历史的具体性中辩证地得到保证"某种程度上预示阿多诺日后发展出的以非同一性哲学为基础的否定辩证法：思维不能妄图一点不落地将现实收入囊中，它必将为具体的、历史的现实"所打断"。正是在这一意义上，阿多诺认为海德格尔对人（此在）之生命与死亡的生存论存在论分析依然只是"以理性方式论证现实（人之存在）"、只是在合理地**构思**一种总体性的现实，而这不过是一种基于理性同一性的"自主性假定"，它最终将祛除生命的丰富性与不可还原性。

在此，我们有必要看一下海德格尔是如何思考生命，又是如何阐发其"死亡形而上学"的。在其成名之作《存在与时间》（1927）中，海德格尔秉承胡塞尔"面向事情本身"的现象学方法，亦即"让人从显现的东西本身那里如它从其本身所显现的那样来看它"②，而海德格尔所直面的这种如其本身那样显现的东西正是构成存在者之意义与根据的存在。然而，由于存在本身"首先与通常恰恰不显现，同首先与通常显现着的东西相对，它隐藏不露"③，因此海德格尔认为需要借助此在（Dasein）这样一种能够对存在进行非对象化领会的特殊存在者来使"隐藏不露"的存在显现。

在对"在世界中存在"（In-der-Welt-sein）的此在进行存在论的分析时，海德格尔着重发掘了终有一死的此在在"向终结而在"（Zur-Ende-sein）时所显现出的存在（生存）意义：

> 这种最本己的、无所关联的可能性是**无可逾越**的。向这种可能性存在使此在领会到，作为生存之最极端的可能性而悬临在它面前的是：放弃自己本身。但这种先行却不像非本真的向死存在那样闪避这种无可逾

---

① ［德］西奥多·阿多尔诺：《哲学的现实性》，王凤才译，《国外社会科学》2013年第1期，黑体为引者所加。

② ［德］马丁·海德格尔：《存在与时间》（修订译本），陈嘉映、王庆节合译，生活·读书·新知三联书店2006年版，第41页。

③ ［德］马丁·海德格尔：《存在与时间》（修订译本），陈嘉映、王庆节合译，第41—42页。

越之境，而是为这种无可逾越之境而给自身以**自由**。为自己的死而先行着成为自由的，这就把此在从丧失在偶然地拥挤着各种可能性的情况中解放出来，其情形是这样：这才使此在可能本真地领会与选择排列在那无可逾越的可能性之前的诸种实际的可能性。这种先行把放弃自己作为最极端的可能性向生存开展出来，并立即如此粉碎了每一种僵固于已达到的生存之上的情况。①

由于此在的有限性（海德格尔强调时间性是此在的生存视野），只有当它面对这一仅仅与自己相关、别人无法代替的终极生存境域（"生存之最极端可能性"）时，才能"先行着成为自由的"。换言之，作为一种"能在"（Könnensein）的存在者，此在只有在面对这个尚未到来的"无可逾越"之境时才能在自身生存中的无数可能性中做出本真的抉择，亦即"本真地领会与选择排列在那无可逾越的可能性之前的诸种实际的可能性"。值得注意的是，海德格尔认为，此在在"向死"时需要"放弃自己"，由此才能粉碎僵化的（对象化了的）现存状况，进而领会自由的真谛。也正是在这一意义上，海德格尔认为死亡并非虚无（Nichts），而是使此在的自由生存得以可能的契机。

然而，海德格尔的上述"思维创造力"是否能"在历史的具体性中辩证地得到保证"？阿多诺的答案自然是否定的。在后者看来，死亡不能从具体的社会历史状况中剥离，因为"承载着死亡体验的个人本身就是一个历史性范畴"②。海德格尔以"此在"指代人，意在悬搁传统形而上学对人的种种本质主义定义，然而在阿多诺看来，这种生存论存在论的分析依然是一种抽象化的形式主义先验设定。不仅如此，此在面对死亡时的"畏"（Angst）被海德格尔理解为是将"此在带到它的存在的本真状态之前，而这种本真状态乃是此在总已经是的可能性"③；换言之，此在向死时的"畏"使得此在的本真生存意义得以展现，"畏"启示着自由。阿多诺则针锋相对地指出，正是"自奥

---

① ［德］马丁·海德格尔：《存在与时间》（修订译本），陈嘉映、王庆节合译，第303页。
② T. W. Adorno, *Negative Dialektik*, p. 364.
③ ［德］马丁·海德格尔：《存在与时间》（修订译本），陈嘉映、王庆节合译，第217页。

在通向正确生活的途中

斯维辛集中营以来，怕死意味着害怕是比死亡更糟糕的事情"①，而这种"怕"是由"社会决定"的，并非出自思维主体的现象学运作。因此，海德格尔意义上的"向死而在"所显示的此在之生存可能性在那些即将为"社会处死的人"面前都是殊途而同归："不仅他们的身体而且他们的自我——**被规定为人的所有东西**，在没有疾病和暴力干预的情况下崩溃了"，即便是"最后一点对先验性之延续性的信任仿佛消失在尘世生活中"②。海德格尔试图让此在通过"畏死"而"先行着成为自由"、成就本真的自我，或许其对生命的"先验延续性的信心"无可厚非，但阿多诺清醒地认识到，这种生存论分析在现实面前将不堪一击：在历史的具体性中，海德格尔重蹈了先验哲学的覆辙，此在只是一种形式化的抽象"自我"，它具有优先而绝对的创造潜能，而由其"向死而在"后所赢取的自由与本真存在不过是一片神秘化的"虚无"③。此在将自身投向一种无对象、无关系的死亡，在对死亡的"畏"这种现身情态中剥除一切通过社会和公共维度而理解自身的东西，希望以此成为一种"自由的存在"、亦即"先行着成为自由的"，但这种借助向死而成其自身的个体化生存是可疑的。④ 正如阿多诺多次强调的那样，错误的生活无法过得正确，如果不深究"存在"所蕴含的社会历史情境，那么"此在"的"向死"及其本真性存在或许面向的便只能是灾难般的虚无。

无独有偶，与海德格尔一样致力于存在哲学思考的雅斯贝尔斯（K. T. Jaspers，1883—1969），在20世纪60年代批评性地探讨海德格尔时也谈道："对于我们来说（自从《存在与时间》以来），问题总是决断，但是，为何决断？在民族社会主义中，这一空虚得到满足。"雅斯贝尔斯认识到，海德格尔希望通过此在的向死而在来自由地决断自身的生存可能性，但由于

---

① T. W. Adorno, *Negative Dialektik*, p. 364.

② 参见［德］阿多尔诺《否定辩证法》，王凤才译，商务印书馆2019年版，第423页，黑体为引者所加。

③ 参见 Trent Schroyer, "Foreword", in T. W. Adorno, *The Jargon of Authenticity*, translated by Knut Tarnowski and Frederic Will, London and New York: Routledge, 2003, pp. XV-XVI。

④ 张祥龙教授在比较海德格尔和儒家哲理中的"家"时就指出，海德格尔"向死而在"的经验完全可以不限于"最独立的、无关系的"个体化维度，而被家庭和家族这些紧密的社会关联深切体验到。参见张祥龙《家与孝：从中西间视野看》，生活·读书·新知三联书店2017年版，第47—51页。

决断"在内容上""完全不确定"——正如阿多诺所言,海德格尔仅仅将"被抛"思辨地设定为一种人类生存状况,却没有具体而历史地确定"此在"被抛向何处——因此,"海德格尔为了任何一个目标都可以逐字使用这个理念,所以也可以为了民族社会主义的信仰使用这个理念"。①

对于秉承"辩证法是始终如一的对非同一性的意识"的阿多诺而言,海德格尔不过是在试图用形式化的总体性思考将"非概念性、个别而特殊"的生命化简为一种可以彻底把握的思想对象("此在之生存"),因而不过是一种基于思维同一性的"关于本真性的行话"(the jargon of Authenticity)。根据英国思想史家彼得·沃森(Peter Watson)的考察,阿多诺对于海德格尔思想的攻击有一个更广阔的语境。20世纪50年代冷战的发展给前纳粹党人以可乘之机。时任总理的阿登纳渴望彻底消除"政治上毫无瑕疵之人"与"并非毫无瑕疵之人"之间的差别。1951年通过的一项法律允许"受连累"的人重新担任公职,而1953年的《联邦公务员法》则协助确保了一些受纳粹政权迫害之人因为有信仰共产主义的嫌疑而被免除公职。因此,在当时的阿多诺以及霍克海默看来,联邦德国的反犹主义倾向似乎又暗流涌动。②再联系海德格尔在20世纪30年代曾经担任纳粹时期弗莱堡校长的一些作为,阿多诺指出其思想在很大程度上应被视为空无一物的胡言乱语:当人们使用"本真"这样的词汇时,他们让这些词听起来似乎意味着某些比他们实际上所说的"更高端"之物,海德格尔为此特别需要承担责任。

更致命的是,当海德格尔试图将造成个体对自身现实命运无能为力("放弃自己本身")以及身体与精神双重维度虚无化("为自己的死而先行着成为自由的")的特定社会历史状况非历史地本体论化为"人的纯粹本质"(the pure essence of Man)时,也就使得这一特定状况"被确认并被永恒化"了,由此,"本真的行话"(Jargon of Authenticity)转而成为维护社会现存状态的意识形态神话:"痛苦、罪孽与死亡均需予以接受,而非加以改变。"③与此相

---

① 参见[美]洛克莫尔《雅斯贝尔斯与海德格尔:哲学与政治的关系》,金寿铁译,《世界哲学》2013年第4期。

② 参见[英]彼得·沃森《德国天才4:断裂与承续》,王莹、范丁梁、张弢译,商务印书馆2016年版,第237页。

③ 参见 T. W. Adorno, *The Jargon of Authenticity*, p. 65。

在通向正确生活的途中

反,阿多诺坚持对生命的思考必须基于思维与存在、概念与现实非同一性的辩证法,虽然非同一性思考只能"不充足"地反思生命,甚至因思考的概念化而不可避免地对生命有所歪曲乃至戕害(阿多诺称之为"对所思考东西犯的过失"),但唯此思想才能真正地切近所思。就对生命的思考而言,阿多诺点明:

> 概念即便抽象到了接近不变性的程度也证实是**历史性的**。生命的概念就是一例。尽管生命在盛行的不自由条件下要不断地再生产自身,但它的概念据其自身的意义却以尚未被包括进来的万物、尚未被经验到的万物的可能性为前提——而且这种可能性已被大大减少了,以致"生命"这个词现在听起来就像是一种空洞的安慰。……商品生产的无政府状态是社会天然性的表现。这种社会的天然性在"生命"这样一个**本质上是社会性的生物学范畴**中显露出来。①

就此而言,无论是"生命"还是"我思""主体""自我",抑或"此在",这些概念都需要以具体的社会历史条件为前提才能有实质性的内涵,否则都将不过是一种"空洞的安慰";另外,生命内容之所以能够被彻底化简为一种"再生产自身""维持自身"的生物本能,是因为商品生产的无政府状态"自律地"显现为一种"社会天然性",从而使个体在畅行无阻的市场自由中只能将自身的生产能力物化为一种外在资本以便自我保存,也就是说,所有个体都被强制而"天然性"地置于等价交换的中介性联系之中,抽象的生命貌似自由地在劳动力市场上将自己交付出去,并将所有其他生命个体仅仅视为潜在地妨碍其再生产自身的竞争者,甚至将他人视为自我保存的威胁。进而言之,一旦人与人之间的社会关系屈从于商品交换这种中介形式,信任、尊重、爱等道德、情感关系都将为交换关系所化约,每个个体由此在不同程度上被剥夺了信任他人、尊重他人、热爱他人的能力,生命因失去了诸种可能而化简为一种"生物人",而不再是"道德人"或"情感人",因而也习惯于以成功衡量是非、以金钱买卖爱情,这正是前文所谈的生命的彻底物化;然而,即便活生生的、拥有丰富生命体验与特殊生命内容的个体被抽象、被

---

① T. W. Adorno, *Negative Dialektik*, pp. 259-260,黑体为引者所加。

化简为一种思辨的"生物学范畴",生命本身在本质上依然具有社会历史性。正如马克思关于个体与社会关系的分析所言:"产生这种孤立个人的观点的时代,正是具有迄今为止最发达的社会关系(从这种观点看来是一般关系)的时代。"① 因此,我们可以清楚地看到阿多诺的理论旨趣:每一个体生命需要具备关怀、信任、渴望的能力从而与其同伴发展不同种类的可能性关系,这与其所生活于其中的社会制度息息相关,而抽象且形式化的社会生活过程决定了生活无法过得正确。

反观海德格尔,其以《存在与时间》为代表的早期思想,在很大程度上是让人(此在)在面对自我死亡时所体验到的极端畏惧(Angst)中洞察到生命和世界的全部意义,并揭示出人们在日常生活中对死亡的逃避乃至于对存在的遗忘使得日常生活本身成为一种非本真(或非本己)的幻象。② 就此而言,日常生活正确与错误的评判标准完全取决于在世存在的此在本身;但问题是,向死而在的此在在彰显其"能在"本性进而通达本真性的生存时,却有可能因为现实生活的一片狼藉甚至极度扭曲而陷入一种虚无。为此,有学者指出,海德格尔意义上"此在"的"向死而在"使得个体的本真(本己)生存无须在公众或社会领域受到验证,换言之,属于此在的"真理自身成为**一种非公共生存**(non-public existence)的特权"③,而这正是阿多诺批评海德格尔将此在身处其间的现实社会生活与社会关系超验化的矛头所指。当然,如果我们基于海德格尔的"源始伦理学"分析"此在"于"常人"中的"沉沦",会发现海德格尔生存论存在论视野中的"此在与他人,不是具有现成性的自我与他人,而在根本上是此在与自己存在之间的关系",因此,"就此在的存在论而论,无论本己自我还是他人—常人,都是此在的存在方式"。④ 通过类似胡塞

---

① 《马克思恩格斯全集》第30卷,人民出版社1995年版,第25页。
② 在雷蒙德·盖耶斯(Raymond Geuss)看来,对于海德格尔所诊断的"遗忘存在"状态来说,正如他晚年所言,"也只有一个上帝才能拯救我们"。参见 Raymond Geuss, *Outside Ethics*, Princeton and Oxford: Princeton University Press, 2005, pp. 58-59。
③ 参见 Lambert Zuidervaart: "Truth and Authentication: Heidegger and Adorno in Reverse", in *Adorno and Heidegger: Philosophical Questions*, edited by Iain Macdonald and Krzysztof Ziarek, Stanford, California: Stanford University Press, 2008, p. 29, 黑体为引者所加。
④ 参见张志伟《海德格尔哲学的"伦理学问题"——以〈存在与时间〉为中心的辨析》,《哲学研究》2022年第2期。

尔意识现象学的"悬隔",海德格尔将以阿多诺为代表的社会批判理论传统所关注的个体与他人的生存活动、交往活动等加上了"括号",意在"面向"此在的存在"本身"——在笔者看来,这或许正是海德格尔对阿多诺的批评置若罔闻的重要原因。

事实上,阿伦特在《极权主义的起源》中,对于集中营制造的死亡做了经典的总结:"集中营制造匿名的死亡(使人们不可能发现囚徒的死活),使死亡作为完成人生的终结也**被剥夺了意义**。总而言之,他们夺走了个人自己的死亡,证明从此以后一切都不属于他,他也不属于任何人。他的死只对一种事实——他从来未真正存在过——打上了封印。"① 显然,集中营中的囚犯即便从生存论存在论的角度向死而在,他们也因为被强迫放弃了自身生命而丧失掉任何的存在意义。

笔者认为,阿多诺并不试图直接提出一种正确的生活指南或是本真的生命宝典,而是要批判造成生命个体错误生活的整个社会历史情境,以期真正发掘出生命的诸多可能性,并使人与事物、人与人之间发展出非手段—目的论式的、多样而差异性的关系,即一种非同一性的人与自然的关系以及人与人的社会关系,只有这样才能使每一个体真正地为具体而丰富的生命而活。可以说,阿多诺一以贯之的非同一性批判理论"洞悉具体的现存事实,却不是为了认可事实,而是为了克服事实的必然性和事实性",一言以蔽之,这种非同一的"批判性态度旨在改变社会整体"。②

第四节 "奥斯维辛永不重现"

由上可知,阿多诺试图在对生命的理论思考与特定的历史状况、具体的社会制度之间保持一种非同一的辩证张力而非致力于理念与现实的虚假和解,他试图让异质的现实穿透思想,以此确保思想的可信与力度。且看阿多诺为

---

① [美]汉娜·阿伦特:《极权主义的起源》,林骧华译,生活·读书·新知三联书店2008年版,第564页,黑体为引者所加。

② [塞]亚历克斯·德米罗维奇:《极权主义的经验和理性的现实政治》,载《多元视角与社会批判:今日批判理论》(下),第308页。

现时代人类设定的一则生死攸关的绝对律令（KategorischeImperativ）："希特勒把一个**新的绝对律令**强加给不自由的人类：你的思想与行动要如此安排，即奥斯维辛集中营永不重现、类似的事情不再发生。"①

不难发现，阿多诺此处所讲的"新的绝对律令"与康德在《道德形而上学原理》中所谈的绝对律令（定言命令）紧密相关：

> 一般说来，在设想一个假言命令的时候，除非我已知它的条件，事前并不知道它的内容是什么。但是，在我设想一个定言命令的时候，我立刻就知道它的内容是什么。因为命令式除了规律之外，还必然包含着与规律相符合的准则。然而规律中并不包含限制自己的条件，所以除了行为准则应该符合规律的普遍性之外便一无所有，而只有这样的符合性，才使命令式自身当作必然的。
>
> 所以，定言命令只有一条，这就是：**要只按照你同时认为也能成为普遍规律的准则去行动**。②

在康德看来，只要有理性者的道德行为准则自觉地符合"规律的普遍性"，作为绝对律令的定言命令便得以成立，而不必像假言命令那样考虑其条件是否可行，这虽然确保了定言命令的纯粹性，但也抽取掉了特殊而具体的现实内容，因而只能成为一种"悬设"于理性上空的形式化命令或者说一种道德理想（笔者将在下一章集中探讨康德道德哲学的相关思想）。③ 事实上，恩格斯在其晚年所著的《路德维希·费尔巴哈与德国古典哲学的终结》中，

---

① T. W. Adorno, *Negative Dialektik*, p. 358, 黑体为引者所加。
② [德]康德：《道德形而上学原理》，苗力田译，上海人民出版社2002年版，第38—39页。
③ 叶秀山先生在谈到康德对"自由"的理解时，同样阐发了这种作为"目的性"的"自由"："人的自由的理想不会在哪一天完全'实现'，作为'自由'的'目的'（目标），只是悬设的'目的'，而不会是现实的'结果'，因而就是那个'目的'之所以为'目的'的那个东西，是为'目的性'。这个最为根本的'目的性'，因其不会成为'结果'，而永远'悬设'在那里，它是'思想体'noumenon，不会成为'现实体'phenomenon。'思想体'因其'非现实性'而成为'理念'（idea），'物自体'是一个'理念'。'理念'因为没有一个相应的'对象'而永远被'悬设'在那里，因而是'悬念'postulation。"参见叶秀山《启蒙与自由——叶秀山论康德》，江苏人民出版社2013年版，第228页。

在通向正确生活的途中

便指出了康德式绝对律令的问题所在：

> 简单扼要地说，费尔巴哈的道德论是和它的一切前驱者一样的。它**是为一切时代、一切民族、一切情况而设计出来的**；正因为如此，它**在任何时候和任何地方**都是**不适用**的，而在现实世界面前，是和康德的绝对命令一样软弱无力的。实际上，每一个阶级，甚至每一个行业，都各有各的道德，并且，只要它能破坏这种道德而不受惩罚，它就加以破坏。而本应把一切人都联合起来的爱，则表现在战争、争吵、诉讼、家庭纠纷、离婚以及一些人对另一些人的尽可能的剥削中。①

恩格斯批评费尔巴哈抽象的"爱的宗教"，认为它像康德的绝对命令一样对一切人（抽象的、大写的理性人）都有效，却对每一个具体的、现实的人无效。德国学者汉斯·艾伯林（Hans Ebeling）指出："'绝对的'命令应当是这样的命令，它们的贯彻执行应当是无条件的，而不是指望其他那些**可能**是它们的贯彻执行，以及那些临时试验性地假设反对所有或然性的贯彻执行。因为绝对命令应当能够自己具有驱使力：除了它自己提出的目的外没有其他目的。"② 因此，绝对命令关键在于其能否必然且有效地加以贯彻执行。值得注意的是，马克思在《〈黑格尔法哲学批判〉导言》中也提出了一种绝对命令：

> 批判的武器当然不能代替武器的批判，物质力量只能用物质力量来摧毁；但是理论一经掌握群众，也会变成物质力量。理论只要说服人［ad hominem］，就能掌握群众；而理论只要彻底，就能说服人［ad hominem］。所谓彻底，就是抓住事物的根本。但是，人的根本就是人本身。德国理论的彻底性从而其实践能力的明证就是：德国理论是从坚决**积极**

---

① ［德］恩格斯：《路德维希·费尔巴哈和德国古典哲学的终结》，人民出版社2018年版，第35—36页，黑体为引者所加。

② ［德］汉斯·艾伯林：《自由、平等、必死性——海德格尔以后的哲学》，蒋芒、张宪译，华东师范大学出版社2006年版，第96页。

废除宗教出发的。对宗教的批判最后归结为**人是人的最高本质**这样一个学说,从而也归结为这样的**绝对命令:必须推翻**那些使人成为被侮辱、被奴役、被遗弃和被蔑视的东西的**一切关系**,一个法国人对草拟中的养犬税发出的呼声,再恰当不过地刻画了这种关系,他说:"可怜的狗啊!人家要把你们当人看哪!"①

可见,马克思一方面强调从**人本身**出发申明绝对命令,另一方面,马克思绝对命令中的"人"致力于摆脱使人"被侮辱、被奴役、被遗弃和被蔑视"的"一切关系",从而赋予了人挣脱不应当所处的社会历史状态的物质实践活动(革命)一种绝对必然性。应该说,这是对康德对有限的理性存在发出的绝对命令的一种有力的实质性扩展,以此使该种绝对命令真正能够"掌握群众"并成为一种"物质力量"。正如艾伯林所言:"从理想的语境和抢先抓住理想的感性之维来看,马克思的命令只有在康德的条件才能称作是**理性的**命令。即:同康德的命令一样,它也在**任何**情况下为**任何**人阻止不幸福的产生。在这个逻辑前提下,它事实上就成了康德绝对命令的具体化,并且可以摆脱所有类似叔本华反对康德的那些理由。然而,至此它也就不再是马克思的了,而是一条马克思思想化的命令。"② 质而言之,马克思的绝对命令并不只是理性王国中对每一个有理性者颁布的律法,它意在通过现实的人所具有的物质力量"摧毁"一切蔑视、贬损乃至践踏人之为人的社会关系,因此,与康德理性化的绝对命令相对,马克思所提出的是一条现实化的命令。

同样,阿多诺也试图将康德这种形式化的绝对律令置于历史的具体性中。在阿多诺看来,"道德只存活于不加掩饰的**唯物主义动机**之中"③,它绝不能仅凭普遍化的先验思辨假设立足。按照阿多诺的理解,如果奥斯维辛之后生活照旧如常,如果认为消除灾难的最好办法是遗忘并宽恕一切,这些不过是使酿成人类灾难的"绝对同一性"思维方式继续存在并永恒化;换言之,如

---

① 《马克思恩格斯全集》第3卷,人民出版社2002年版,第207—208页。
② [德]汉斯·艾伯林:《自由、平等、必死性——海德格尔以后的哲学》,蒋芒、张宪译,第103页。
③ T. W. Adorno, *Negative Dialektik*, p.358,黑体为引者所加。

果生命个体只有在文化工业或休闲产业等制造出的"虚假幸福"中通过适应现状才能活下去,如果只有放弃生命体验乃至生命本身才能维持自身,那么奥斯维辛必将死灰复燃,正如阿多诺在《清理过去》一文所述,"这种适应的必然性,这种与现存状况、与现存权力自身的同一化创造着极权主义的潜能"。[①] 事实上,阿多诺认为人们对过去的掉头不顾、对自主人格的漠视导致了战后西德民众对民主制度的漠不关心、对权威人格的持续热衷、对集体罪责的缄默不语(海德格尔在"二战"后从未对其曾经向纳粹效忠一事公开道歉即是一例)。由此可见,每一生命个体只有永葆自身清醒而独立的反思批判能力,才能以自身充沛的生命活力真正落实那则付出惨痛代价才得以设定的生命律令,才能真正战胜"死亡的文明化整合"与作为死亡的"纯粹同一性的哲学原理";否则,如若个体蜕变为由渗透一切的文化工业所鼓吹的消费主义、物质主义等意识形态所捆绑的牺牲品[②],如若思想丧失掉其自主性(autonomy),最终将无法相信自身能够自由地理解现实[③],又何谈真正自由地立身与行动?

质而言之,笔者认为阿多诺非同一性哲学语境中的生命辩证法具有双重意蕴:一方面,阿多诺力图在生存与死亡之间发掘一种生命本身的辩证法,即在生存经验与死亡意识之间保持一种非同一的辩证关系,正所谓没死不代表活着,个体的生命经验在现代性的物化成就中早已经干瘪、僵死,死亡因此不再意味着生命的自然终结、死亡经验的物化事实上是最为深重的生命经验物化,而奥斯维辛集中营中生与死的混同为一(虚假的同一化)则证明海德格尔的向死而在无法确保个体为自由而生。在《本真性的行话》一书中,阿多诺直言:"同一性思维是贯穿历史的一种死亡之物,是吞噬一切的死亡之物。同一性总是虚假地企求总体性",而这种"不能忍受任何身外之物的"总

---

① 参见 T. W. Adorno, *Kulturkritik und Gesellschaft*Ⅱ, p. 567; T. W. Adorno, *Critical Models*:*Interventions and Catchwords*, p. 99。

② 如前所述,阿多诺在批判文化工业时曾经直陈,"文化工业的总体结果是一种反启蒙",它阻碍了自主而独立的个体发展。参见 T. W. Adorno, "Culture Industry Reconsidered", in *The Culture Industry*, p. 106。

③ 参见 T. W. Adorno, *Minima Moralia*:*Reflexionenaus den beschädigtenLeben*, p. 224; T. W. Adorno, *Minima Moralia. Reflections from Damaged life*, p. 196。

体性,"在海德格尔那里,往往也在唯心主义之中,被理解为整体之物","这样的同一性之外的最微不足道的踪迹都是难以容忍的,就如法西斯主义者不能容忍那些藏在世界最后的角落里的异类一样"。①

可以说,正是对正确生活的追问促使阿多诺不遗余力地批评海德格尔,他必须密切关注将生存和死亡意识形态化的学说,因为不是玄而又玄的哲学思辨,而是集中营向人们展示了个体自我的毫无价值,换言之,"在错误生活中不存在正确生活"。毕竟,"承受死亡体验的个人完完全全就是历史的范畴。那种认为死亡总是一样的说法既不真实,也很抽象"②;另外,在确认当前社会的存在状况在总体上是虚假的之后③,阿多诺希望进行再次启蒙,召唤独立自主的生命意识与自由精神,并以此为基础在现代社会的总体物化倾向(在奥斯维辛个体生命的死亡中达到顶点)中洞察另一种生活方式的可能、发掘另一种生命形态的潜力。正如张一兵教授所言,"阿多诺哲学思考的独特性,常常在于他对哲学之外生活现实的透视。这可能也是他对马克思精神真传的体认"④。

显然,在阿多诺非同一性哲学思考中,个体生命的自我实现既有赖于个体自身的自我反思与批判能力,更有赖于一个公平正义的世界,即"按人的方式来组织的世界"(马克思),但因后者尚未实现而只能退而求其次,亦即在以奥斯维辛为代表的彻底同一性社会这样一种"事实中的强制"中质问正确生活是否可能以及何以可能。归根到底,阿多诺强调的是个体生命的否定与批判精神。然而,如何在历史具体性中坚守个体的非同一性反思能力?在笔者看来,阿多诺对海德格尔的诘问有必要反过来指向自身,以免"奥斯维辛永不重现"的绝对律令成为一纸空文。

"当你死去的时候,一切就不复存在了。但如果为了人性求索,死亡将难以为继。"(智利作家阿瑞尔·道夫曼语)在下一章中,我们将跟随阿多诺探寻生命的脚步,着重思考其道德哲学的关键问题,即个体生命与道德法则之间的非同一关系。

---

① 参见[德]阿多诺《本真性的行话:论德意志意识形态》,谢永康译,上海人民出版社2021年版,第103—104页。

② T. W. Adorno, *Negative Dialektik*, p. 364.

③ 参见 T. W. Adorno, *Minima Moralia. Reflections from Damaged life*, p. 50。

④ 张一兵:《无调式的辩证想象》,生活·读书·新知三联书店2001年版,第136页。

第三章　个体生命与道德法则的非同一性

格瑞格斯：亲爱的雅尔马，据我看来，你也有几分野鸭气息。

雅尔马：我也有几分野鸭气息？这话什么意思？

格瑞格斯：你也扎到了水底，死啃着海草。

雅尔马：你是不是说打折我们爷儿俩翅膀的那颗几乎致命的子弹？

格瑞格斯：不一定是说那个。我并不是说你的翅膀已经折了。雅尔马，我是说你走了岔道，掉在一个有毒的泥塘里了；你染上了危险的病症，陷落在阴暗的地方等死。

雅尔马：我？在阴暗的地方等死？格瑞格斯，你千万别再这么胡说八道。

格瑞格斯：你放心，我会想办法把你救出来。现在我也有了做人的使命了，这是昨天我才发现的。

——易卜生：《野鸭》（第三幕）[1]

阿多诺于 1963 年 5—7 月系统讲授了题为"道德哲学问题"的课程（一共 17 场），这门课主要围绕康德道德哲学展开，并深入探讨了近现代西方道德哲学的核心问题。在笔者看来，这门课程是阿多诺道德哲学思考过程的"中转站"，它既是对 1951 年出版的《最低限度的道德》一书主题的延展，也体现了阿多诺对自由问题的深入思考，可以看出是在为其几年后出版的《否定的辩证法》"论自由"这一关键章节做准备。正是在这次集中探讨道德哲学基本问题、在很多时候更是在对道德疑难问题进行发问的授课过程中，阿多诺反复提到了挪威剧作家易卜生（Henrik Johan Ibsen，1828—1906）的一部五幕

---

[1]　[挪威] 易卜生：《易卜生戏剧集》第 2 卷，潘家洵译，人民文学出版社 2006 年版，第 338 页。

悲喜剧《野鸭》（1884）。易卜生在这部悲喜剧中讲述了威利和艾克达尔两个家庭及其两代人之间的恩怨纠葛。威利和艾克达尔曾合伙经营一家林业公司，由于非法交易受到政府取缔，为人狡猾的威利推说自己对此一概不知，结果全部罪责全由艾克达尔一人承担，艾克达尔为此还锒铛入狱。出狱后，穷困潦倒的艾克达尔只能靠在威利办公室抄写文件而勉强度日。不仅如此，威利还将自己玩弄过的女仆基纳许配给了艾克达尔的儿子雅尔马，还资助雅尔马开了一家照相馆；威利自己的儿子格瑞格斯理想主义浓厚，对他父亲的为人处世极为不满，因而长期在父亲的一座矿山工作——这就是启幕前两代人之间的"前史"。①

启幕时，格瑞格斯从矿山工厂返回家里，在父亲为他举行的欢迎宴会上见到了年少时的好友雅尔马，他见证了父亲对雅尔马一家虚情假意的卑劣行径，更对雅尔马以及老艾克达尔的"建立在谎言基础上"的"平静生活"忧心忡忡，因而将"揭示真理"、拯救雅尔马一家视为自己的"使命"——在他看来，雅尔马一家的生活就像一只"扎到水底、死啃着海草"的折了翅膀的野鸭。在与父亲的一次激烈争吵过后，格瑞格斯与这个家庭决裂，租借了雅尔马家的一间空房间住下，并决心按照自己主观认定的"理想要求"行事：他向雅尔马揭露了基纳（雅尔马妻子）被老威利玩弄并怀孕后出嫁的丑事。格瑞格斯的本意是希望雅尔马和基纳能够彼此坦率交心，从此过上没有谎言的"正确生活"。但是，事与愿违，雅尔马知道真相后开始疏远妻子，并且日益厌恶名义上的女儿海特维格（实际上是基纳与威利的私生女）；天真烂漫的海特维格明白自己的身世后感到无比的屈辱，最终开枪自杀。

阿多诺在"道德哲学问题"的第十六讲（1963年7月23日）中向他的学生极力推荐易卜生的《野鸭》，在他看来这出戏非常有助于理解普遍和特殊之间联系的"道德辩证法"：

除了易卜生的这些作品以外，你们在任何地方也找不到这样更具

---

① 阿多诺在讲课时谈道，在易卜生的作品中，真正的中心事件总是在前面发生，而剧本本身，即当下发生的事情，在某种意义上只是一个后记。参见［德］T. W. 阿多诺《道德哲学的问题》，谢地坤、王彤译，谢地坤校，第180页。另，阿多诺在《最低限度的道德》中对易卜生戏剧作品多有论述，参见本书附录一"谱系研究"（第56节）。

在通向正确生活的途中

体,而且在思想上更明确的东西了。《野鸭》讨论的问题是,为什么一个人由于他代表道德法则——或者用康德的话来说,他代表纯粹的道德要求——而自己变得不道德了,这就是说,一个最有价值的人是如何从整个周围环境中被清除的……①

那么,对于"奥斯维辛之后是否能够被允许继续生活"这个问题念兹在兹的阿多诺,又是如何在与康德道德哲学的对话中思考正确生活是否可能以及如何可能的呢?

第一节 道德哲学的疑难

阿多诺在《道德哲学的问题》讲座的起始阶段便开宗明义地指出,道德哲学的一个核心问题是处理"特殊的事物、特殊的利益、个人的行为方式和特殊的人与普遍性的相互对立的关系"②,这种对立关系也体现为"我们在把我们自己当作人的规定中不能与我们直接的如此存在(So-Sein)相互融合的因素"③。换言之,在阿多诺看来,道德哲学关键在于如何解决特殊与一般、直接经验存在与抽象人性规定——质言之,个体生命与道德法则之间的内在张力。阿多诺认为,正是康德首先并极其精确地对上述道德哲学的真正难题与矛盾进行了探索。事实上,阿多诺在《道德哲学的问题》讲座中,主要就是通过与康德道德哲学的对话④来阐发自己的理论思考:

> 人的行为中的整体利益和特殊利益的问题就是康德伦理学的基本问题,因为如果在康德那里道德问题始终是围绕经验的、自然的个人与理

---

① [德] T. W. 阿多诺:《道德哲学的问题》,谢地坤、王彤译,谢地坤校,第179页。
② [德] T. W. 阿多诺:《道德哲学的问题》,谢地坤、王彤译,谢地坤校,第21页。
③ [德] T. W. 阿多诺:《道德哲学的问题》,谢地坤、王彤译,谢地坤校,第17页,黑体为引者所加。
④ 在《道德哲学的问题》第二讲中,阿多诺表明,自己"愿意在相当大的程度上以康德为指导,以康德哲学的一些规定为指导"来探讨道德哲学中的诸多疑难问题。参见[德] T. W. 阿多诺《道德哲学的问题》,谢地坤、王彤译,谢地坤校,第23页。

智的人的关系问题,而后者唯独只受自己的理性的规定,理性在本质上又是通过自由来表现其特征的,那么,一般与特殊的关系在这里就已经是问题的核心了。①

按照阿多诺的理解,为了保证道德行为的纯粹性,康德将道德实践行动的源泉归于理性,并且是在"理性的纯粹合乎法则性的基础之上建构自身,它独立于任何直观,独立于任何经验材料,独立于任何从外部去适应理性的东西",从而使得道德行为成为一种纯粹的合乎理性法则的行动。② 在此,我们可以先来看康德对"目的王国"的论述:

> 据我理解,王国就是一个由普遍规律约束起来的、不同的有理性东西的体系。由于目的普遍有效性是由规律来规定的,所以如果抽象掉理性东西的个体差别,又抽象掉个体所私有的目的,人们将有可能设想一个在联系中有系统的、有理性东西的目的,也包括每个人所设定的个人目的。将有可能设想一个,按上述原则可能存在的目的王国。③

由此可见,这种"目的王国"的理念正是由理性根据其自身规律并抽象掉一切特殊且具有质性差异的个体生命建构(或"设想")而成的。值得一提的是,罗尔斯(John Rawls,1921—2002)在阐发康德道德哲学时,也强调了理性通过确立规范而提供方位的"定向能力":"在实践领域,纯粹理性既不是调节性的也不是法令性的,而是指导性的,即它直接地指导着意志(作为选择的能力)。"④ 就阿多诺而言,这种赋予一般意义上具有"定向能力"的理性(理智的人)或纯粹理性的道德法则观念以绝对优先性的道德哲学,必然要独立于一切相对于纯粹理性而言的"外部事物"(所谓"理性东西的个体差别",又或者"个体所私有的目的"),由此也自然会无视甚至贬斥特

---

① [德] T. W. 阿多诺:《道德哲学的问题》,谢地坤、王彤译,谢地坤校,第21页。
② 参见 [德] T. W. 阿多诺《道德哲学的问题》,谢地坤、王彤译,谢地坤校,第30页。
③ [德] 康德:《道德形而上学原理》,苗力田译,第52页,黑体为引者所加。
④ [美] 罗尔斯:《道德哲学史讲义》,张国清译,上海三联书店2003年版,第355—356页。

殊意义上的、具有"经验能力"的"自然的个人"。《野鸭》一剧中的格瑞格斯以揭穿谎言、帮助好友雅尔马一家人重振生活信念为理性的"使命",却无视或没有顾及他周围复杂而微妙的特殊生活情境与人际以及代际关系,从而使其看似建立在理性规律基础上的普遍有效性目的却最终无法圆满实现,反而使雅尔马一家人像那只受伤的野鸭一样"一头扎到水底"。就此而言,格瑞格斯的目的实际上只是一种主观目的,但其心目中的"理想要求"却给予他一种能够推及其他"有理性者"的普遍化假象。

既然阿多诺是在与康德的对话中不断发展自己关于普遍与特殊的非同一性道德哲学的。为此,我们有必要在这里简要回顾一下康德的道德哲学及其人学思想。应该说,如何解决感觉世界(感性人格)和理智世界(理性人格)二者之间的内在冲突,正是康德道德哲学的总问题。

第二节 康德道德哲学的总问题

众所周知,由德国古典哲学奠基人康德(I. Kant,1724—1804)实现的"哥白尼式的革命",不仅是一次认识论意义上的革新,更在西方人性思想史上引发出一场变革。通过划分"现象界"(Erscheinung)与"物自体"(Ding an sich),康德意在限制人的认识能力,从而为践行德性、实现自由开辟道路。[1] 在这位哥尼斯贝格哲人看来,哲学的要义在于探究人的本质、思索人类的命运。在一篇文章中,康德这样概括自己的哲学:"假如还有一种真正为人们所需要的科学的话,那便是我的学说,它教会人们如何在已被安排给他们的天地之间适当地找到位置,以及如何从中学到做人的原则。"[2] 在这一意义上,我们认为,康德终其一生建构的"批判哲学"体系[3],其实质就是回答

---

[1] 参见[德]伊曼努尔·康德《纯粹理性批判》第二版"序言"(1787),李秋零译,中国人民大学出版社2004年版,第17—18页(BXIX-BXXIII)。

[2] 转引自[德]卡西尔《卢梭·康德·歌德》,刘东译,生活·读书·新知三联书店2002年版,第27—28页。

[3] 在《纯粹理性批判》第二部分"先验方法论"中,康德将自己"理性的全部旨趣(既有思辨的旨趣,也有实践的旨趣)汇合为以下三个问题:1. 我能够知道什么?2. 我应当做什么?3. 我可以希望什么?"参见[德]伊曼努尔·康德《纯粹理性批判》,李秋零译,第593—594页(B832-B834)。

"人是什么"这一终极问题，从而为天地之间的人探寻安身立命之本。

毫无疑问，康德对当时流行的幸福伦理学大不以为然。在他看来，人不仅仅是求生欲望的载体，人们应该拥有比追求幸福更高的理想，它就是道德（德性）。作为一个有限的理性存在，人之为人正在于切身实践自身的道德使命、追求内在于人的自由。如果说，人在命悬一线时，生命的力量会瞬间爆发、势不可当，那么，75岁的康德在《道德形而上学》（1797）中，则自信地宣称："德性意味着意志的一种道德力量。"① 不仅如此，康德特意区分了"神圣的（超人的）存在者"和"有限的存在者（人）"，前者的行动自发而必然地遵循自身意志的法则，因此其行为并不具有德性，或者说无所谓是否道德；与此相反，康德认为，"德性是一个**人**在遵从其**义务**时意志的道德力量"②。

换言之，人虽限于时空、限于生死，但是，只要人能够自觉地遵从其义务，就自会有一股力量充沛于天地之间——这就是德性的力量！不仅如此，在康德看来，德性的力量是一种强制的力量，凭借着这种力量——康德也称之为"道德勇气"（fortitudo moralis），有理性者按照自己实践理性订立的法则（义务）行动，由此自立于世界，成为"自由的国王"。③ 所以，就康德人学而言，德性就是力量，它在道德实践的意义上实现了人的自由，从而"构成了人最大的、惟一的、真实的战斗荣誉"，因而是一种"真正的实践**智慧**"。④

依照康德的思路，德性是有理性者自身所蕴含的一种强制性力量，因此，有德（性）之人必然品质坚强。只有如此，它才能克服花样繁多的欲望，扼制住一切非理性的冲动，正所谓"无欲则刚"。康德将这种不为"外物"所动、不被感官所蒙蔽的精神状态称为"无情"（Apathie）⑤。我们知道，在古希腊语中，pathoe是指"某人被感动，以致于害病"的意思。康德认为，道德生活中的"无情"恰恰是一种健康的状态：

---

① 李秋零主编：《康德著作全集》第6卷，中国人民大学出版社2007年版，第417页。
② 李秋零主编：《康德著作全集》第6卷，第417页。
③ 参见李秋零主编：《康德著作全集》第6卷，第417—418页。
④ 参见李秋零主编：《康德著作全集》第6卷，第418页。
⑤ 苗力田先生将Apathie译为"无情"，李秋零先生则译为"不动情"，笔者在此依照苗先生的译法。参见苗力田"德性就是力量——从自主到自律"，［德］康德《道德形而上学原理》，苗力田译，上海人民出版社2002年版，第5页（代序）。

在通向正确生活的途中

> 德性的真正力量就是**平静中的心灵**及其一种深思熟虑的和果断的决定，即实施德性的法则。这就是道德生活中的**健康**状况。①

康德之所以要强调道德生活中的"无情"，是为了确保人在贯彻实施"德性的法则"时坦荡而行、畅通无阻。换言之，在康德看来，凡道德行动必定出于内心的道德法则、必然遵从主体的自由意志，因此，一个道德行动必然是遵从普遍道德义务的行动，其动机自然是诚实而正直的。

实际上，康德早在其"前批判时期"写下的《论优美感和崇高感》（1763）一文中，就已将源于崇高义务的"冷酷"和出于自然本性的"同情"区分开来。康德承认，"温情好意"或者说"善意的同情"也能够引发某些善行。但是，他又明确指出，这种"同情"总是软弱而盲目，经不起考验——就像许多上班族劳累一天之后，在公交汽车与地铁里，会很轻易地将"尊老爱幼、主动让座"这一"道德法则（义务）"抛掷脑后一样。与之相反，

> 当对全人类的普遍的友善成为了你的原则，而你又总是以自己的行为遵从着它的话，那时侯，对困苦者的爱始终都存在着。可是它却是被置于对自己的全盘义务的真正关系这一更高的立场之上的……一旦这种感觉上升到它所应有的普遍性，那么它就是崇高的，但也是更冷酷的。②

此处的"普遍的友善"并非有感于此情此景而油然而生的同情之爱，而是不问时间地点、无论种族肤色的理性之爱。换言之，它是出于"我们**应该**（sollen）爱困苦者"这一普遍必然的道德义务。换言之，在康德看来，道德义务体现出的冷酷与威严与人们在日常生活中追逐的享乐与舒适毫无关系，因为出于道德法则的义务必然使人这一有限的理性存在超出其生死爱欲的感性领域。也正是在这一意义上，康德将人的现实生活一分为二：自然生活与道德生活二者彼此互不相干，甚至势如水火。③

---

① ［德］李秋零主编：《康德著作全集》第 6 卷，第 421 页。
② ［德］康德：《论优美感和崇高感》，何兆武译，商务印书馆 2001 年版，第 12—13 页。
③ 参见李秋零主编：《康德著作全集》第 5 卷，中国人民大学出版社 2007 年版，第 94—95 页。

第三章　个体生命与道德法则的非同一性

在《道德形而上学原理》(1785)这本"真正伟大的小书"(H. J. Paton)中,康德秉承其《纯粹理性批判》(1781/1787)中的"划界"方法,对人(人性)进行了划分:

> 就感觉的感受性而言,人属于**感觉世界**;就不经过感觉直接达到意识,就他的纯粹能动性而言,人属于**理智世界**。①

不仅如此,在区分感觉世界和理智世界的基础上②,康德进一步确定了两种人格,亦即感性的人格和理性的人格:

> 一个有理性的东西,就从两个角度来观察自己和认识自身力量运用的规律,认识他的全部行为。**第一**,他是感觉世界的成员,服从自然规律,是他律的;**第二**,他是理智世界的成员,只服从理性规律,而不受自然和经验的影响。③

在某种程度上,我们也可以将以上两种人格视为特殊人格和一般人格,而在康德看来,后者承载着人格的本质。换言之,只有出自实践理性的一般人格才会无视特殊偶然的外在自然意志而坚定地遵循普遍必然的内在自由意志。

由此可见,作为感觉世界的一员,人是自然因果链条中的一个环节,他食人间烟火,有七情六欲,乃血肉之躯。所以,饥而欲食、寒而欲暖,劳而

---

① [德]康德:《道德形而上学原理》,苗力田译,第75页。
② 康德思想研究专家阿利森教授(H. E. Allison)认为,应该从"两个方面"(two aspects)而不是"两个世界"(two worlds)的角度来理解康德的"划界"工作。在阿里森教授看来,现象界和物自体是相对于对主体的显现来区分的,这是一种先验的区分,而不是一种经验的区分。它是指我们的经验对象在哲学反思中被"思考"的两种不同方式:现象界是对主体呈现的方式,而物自身则意味着"是其自身的方式"。笔者赞同阿里森教授的这一观点。参见 H. E. Allison, *Kant's Transcendental Idealism*, the 2ndedition, New Haven and London:Yale University Press, 2004,特别是其中的第 2 章(Transcendental Realism and Transcendental Idealism)和第 3 章(The Thing in Itself and the Problem of Affection)。
③ [德]康德:《道德形而上学原理》,苗力田译,第76页。

欲休，所有这些都是有限之人不得不遵从的自然法则。毋庸置疑，拥有特殊的感性人格之人必须服从这些外在的、异己的、不可抗拒的法则，在这个意义上，他毫无自由可言；不仅如此，就其服从自然法则这一行动而言，也毫无德性可言。因此，康德认为，感觉世界中的人，是他律性的（Heteronomie）。

另一方面，作为理智世界的一员，人同时还拥有着一般的理性人格，因而是自身道德法则的订立者；与此同时，人也恪守着自己的道德义务，在这个意义上，人是自律的（Autonomie）存在。我们知道，"自律"这一概念由两个古希腊词组成："**autos**"（自己的）和"**nomcos**"（规则）——自己制定法则，无须对君主或者神明的指令（训诫）俯首帖耳，也不必对大众的舆论亦步亦趋；不仅如此，有理性者服从这一自我颁布的律令（Imperativ），并不是出于其他的或者更高的目的，相反，其目的极为纯粹，仅仅是为了遵循道德律令而笃行之。在这一意义上，我们可以认为，一般性的理性人格正是一种承载着善良意志的**道德人格**，其根本之处就是遵循有理性者自身本己可能性而自主、自决地去行动。

于是，康德认为，只有理智世界的成员、一个具有道德人格的有理性者才能获得真正意义上的自由——"自由就是理性在任何时候都不为感觉世界的原因所决定"。① 在康德看来，"自由"与"灵魂"和"上帝"是人类理性（Vernunft）的三种理念（Idee），它们无法在现象界（感觉世界）找到自己的认识对象，因为感官无法为其提供经验材料。这三种理念如果强行越界，只能会造成荒谬可笑的"幻象"（Schein）。因此，"自由"与"必然"这一组力学意义上的"二律背反"（Antinomie），只能在物自体（理智世界、道德王国）中得以有效解决。在康德看来，自由、灵魂、上帝在现象界（感觉世界）中只不过是一些空洞的理念，它们只能在实践的道德领域中、在道德（目的）王国中，才能将其先验的观念性（transcendental ideality）落到"实处"，使有理性者能够切实加以把握。在张志伟先生看来，"如果说在世界观上，古希腊人主要是自然主义的，中世纪哲学是超自然主义的，近代哲学则彷徨于两者之间，那么我们可以说，康德坚持把这两个方面统一于人之中：人既是自然的存在，亦是超自然的存在，而这种超自

---

① ［德］康德：《道德形而上学原理》，苗力田译，第 76 页。

然的属性不是天国、上帝的神性，恰恰**是人的理性**，换言之，人在其自身中就赋有神性"①。

就此而言，一个自律的理性存在者并非在理智世界的先验性层面，而是在感觉世界的经验事实层面获得了一种紧迫的道德经验，这一事实性经验也就是"自我应当去道德地行动"。换言之，道德主体不是先验地设定自由，从而将其认作一个虚无缥缈的形而上理念，道德主体在实践自身订立的法则时，就已经实现了自由。正是在这一意义上，阿多诺指出，"在康德哲学中，**实践优先于理论**"。②

事实上，康德在其晚年的道德哲学代表作《道德形而上学》一书中，已开始着手探讨实践理性绝对命令的现实化这一更为重要的问题。在谈到一个行为的正当性标准时，康德指出："任何一个行动，如果它，或者按照其准则每一个人的任性的自由，都能够与任何人根据一个普遍法则的自由共存，就**是正当的**。"③ 显然，此时的康德更为注重自由的现实有效性或者说德行的合理性问题，不仅如此，我们可以发现，在纯粹的实践理性中也蕴含着人与人之间的社会关系（康德所谓"共存"）。毕竟，自由的实现、德性的实践仍然需要"有人身的"个体及其所组成的现实社会。

由此可见，内在自由与道德自律二者在康德的道德哲学思想中相辅相成、密不可分。康德在理智世界（道德王国）中为有限的理性存在者（人）加冕，为的是让先验、绝对的自由因④能够通过实践理性最终现实化，而这种现实化的前提正在于有理性者具有主宰自己行动的能力。因此，如果我们按照阿利森（H. E. Allison）教授"一体两面（two aspects）"的阐释路向来理解康德的人性"划界"，那么，人就是**一身二任**的⑤，它既是他律性的感性自然

---

① 张志伟：《康德的道德世界观》，中国人民大学出版社1995年版，第48页，黑体为引者所加。

② 参见［德］T. W. 阿多诺《道德哲学的问题》，谢地坤、王彤译，谢地坤校，第74页，黑体为引者所加。

③ 李秋零主编：《康德著作全集》第6卷，第238页。

④ 在分析自由与必然这一组二律背反时，康德谈到这种先验的自由因（自由的先验理念），它"是原因的一种**绝对的自发性**，即自行开始一个按照自然规律进行的显象（即本文中的'现象'——笔者）序列"。参见［德］伊曼努尔·康德《纯粹理性批判》，李秋零译，第378—383页（B472-480）。

⑤ 在笔者看来，这一"一体两面"的阐释路向显然更有利于解决感性品格与理性品格二者之间的相容性问题。参见［美］阿利森《康德的自由理论》，陈虎平译，辽宁教育出版社2001年版，特别是第二章。

在通向正确生活的途中

之人，又是自律性的理智自由之人。一方面，正因为人是有限的（最根本的有限性即人的有死性），生命与自由二者往往无法兼得；但是，另一方面，又因为人是一种有理性的存在者，因此，他懂得按照自己订立的道德实践法则去抉择与坚守。在《判断力批判》（1790）中，康德明确指出："对于作为一种依据自由概念的高级欲求能力来说，惟有理性（**自由概念唯有在理性中才成立**）才是先天地立法的。"① 因此，"（实践）理性"之所以能够"先天地"为有理性者奠立（道德）法则，正是因为每一个过着内在德性生活的有理性者都是自由之身。

然而，如前所述，一身二任的人不仅仅是自然人，他还作为理智世界中的立法者立身于天地之间。所以，一个自律的理性存在自在而绝对地就是自身的目的，不仅如此，它应该将全部有理者都视为自身的目的——这就是康德提出的"人是目的，不仅仅是手段"这一道德实践律令：

> 你的行动，要把你自己人身中的人性，和其他人身中的人性，在任何时候都同样看作是目的，永远不能只看作是手段。②

换言之，康德认为，人的价值是自足的、绝对的，它不依赖于任何外在偶然的经验条件与后天情境。人的意志（Willen）若不想沦为"空忙"或"任性"，就必须设定一个绝对目的，而在康德看来，人自身就是有理性者的终极目的。正因为人自在而绝对地作为目的而存在，所以每一个有理性者将他人同样视为目的这一行动遵从的就是"意志的**客观**原则"，或者说"客观目的"，而非那些一时冲动、任意而为的"主观目的"。因此，"将人性视为目的"这一德行与各种千差万别的特殊欲求毫无关系，这一"客观目的"的指

---

① 参见李秋零主编：《康德著作全集》第5卷，中国人民大学出版社2007年版，第188页。
② ［德］康德：《道德形而上学原理》，苗力田译，第47页。事实上，康德在《道德形而上学原理》中一共提出了三条无条件的、普遍必然的"绝对律令"，其中一条我们在第二章已经谈到过，即"**要只按照你同时认为也能成为普遍规律的准则去行动**"（中译本第38—39页）；另一条绝对律令则是："你行动所依从的准则，要能同时使其自身成为像自然普遍规律那样的对象。"（中译本第56页）在康德看来，三条绝对律令"归根到底，是同一规律的不同公式，其中每一个又包含着其他两者"（中译本第55页），黑体为引者所加。

第三章　个体生命与道德法则的非同一性

向明确而唯一：人本身。也只有如此，它才能够成为一条普遍必然的道德实践法则为每一个自律的有理性者身体力行之。在海勒·克勒梅（H. Klemme）看来，康德将理性和意志之间的关系视为"规范性的"，"并且被表述为一种先天综合原则"，康德称之为绝对律令，而"约束性的基础和来源是纯粹理性"，纯粹理性则提供了"自由意志的法则"。[①] 问题在于，如果进而把人的人格性理解为一种理性控制感性冲动的能力，那么康德"越是强调抽象的人格性，就越离不开与人格性相反的东西"[②]。换言之，如果没有感性冲动，自我立法的理性就显示不出其强大的自律性力量。

诚如康德所言，自律性主体一以贯之的道德实践律令并非"质料性"的主观经验准则，而是"应该"意义上的"绝对律令"（kategorischer Imperativ）。为了保证"以人性为目的"这一道德实践律令的纯粹性和绝对性，康德有意忽视了这一律令中提及之"人"的现实内容或者说经验性因素，从而使其成为一条纯形式的定言命令。换言之，有理性者关注的只是从现实人身中高度抽象而成的"人性"，而这一作为绝对目的的"人性"，正是德性至上的道德实践律令。遗憾的是，这样一种形式化的实践律令在瞬息万变的社会生活面前终究会显得脆弱不堪甚至苍白无力，因为它无法承受具体社会生活的检验。正如赫尔菲尔德（C. Hearfield）所言，在无条件服从于客观而又异己的社会规范（social norms）又或者是将这些外在规范内化为良知（conscience）时，自由意志的自律性特征蒸发得无影无踪。[③]

当然，我们不能简单地认为康德这种德性至上的人学思想仅仅是一种空洞的形式原则，又或者不过是一套没有内容的道德说教。这是因为，康德所谈的道德律令与内在自由，其最终实现都以有理性者为依托，在康德人学的意义上，作为有限的理性存在，人的能动性或者说主体性正体现在道德自律

[①] 参见［德］H. F. 克勒梅《康德的实践哲学：作为理性存在者的自我保存》，钱康、杨丽、李彬译，东方出版中心2022年版，第43—44页。

[②] 参见王晓升《康德自由概念中的自然要素——阿多诺的分析及其启示》，《马克思主义与现实》2022年第6期。

[③] 参见 Colin Hearfield: *Adorno and the Modern Ethos of Freedom*, Ashgate Publishing Limited, 2004, p. 23。

与意志自由之中。就此而论，康德的道德哲学思想，其出发点与落脚点都是"具有道德能动性的（理性）存在者"①。

第三节　个体生命的优先性

毫无疑问，康德生活的启蒙时代，正是人类理性勃兴之时。为此，笔者同意布尔（M. Buhr）的论断，康德哲学的基本问题就是力图说明人如何才能**理性地**统治自然和社会（以及社会中的自我与他人）②。然而，与康德不同，生活在"奥斯维辛之后"的阿多诺痛切地认识到，道德问题或者道德困境不能独立于现实生活，遵从或违背道德法则、从事道德实践的乃是具体的、历史的个体人类存在。一方面，如果一般意义上的道德法则或人性规定不接受特殊的现实个体及其鲜活的生命经验、不公正地对待特殊，那么它仅仅是一种自上而下强加于个体的"强权"，而非个体由内而外地自觉遵循，因此，"对人本身而言，根本不具有实体性"③；另一方面，如果仅仅固执于特殊的生活经验、成长背景或个性特征，那么个人只是凭借一种非反思的自发决断来立身处世，道德法则、行为规范将被瓦解殆尽，正如阿多诺所言，"在一般与特殊的对立方面，假如人们一开始就把人的行为方式中的恶推给普遍，而把善归功于个人，那么，这样的想法就太简单了"④。

由此可见，阿多诺在探讨道德哲学时，极为关注普遍和特殊之间的非同一性关系。事实上，在早于"道德哲学问题"讲座的一篇重要论文《主体与客体》（1961）中，阿多诺便从非同一性哲学出发，提出以"客体优先性"（Vorrang des Objekts, the primacy of the object）来处理作为西方传统哲学核心问题的主体—客体关系问题。当然，此处的"客体"，既可以在认识对象的层面上理解，实际上也意味着特殊的、质性的、无法被先验概念统摄的"非概

---

① 参见[美]涛慕思·博格《康德、罗尔斯与全球正义》，刘莘、徐向东等译，上海译文出版社2010年版，第30页。

② 参见[德]布尔《理性的历史——德国古典哲学关于历史的思考》，王步涛译，社会科学文献出版社1992年版，第41页。

③ 参见[德]T. W. 阿多诺《道德哲学的问题》，谢地坤、王彤译，谢地坤校，第22页。

④ [德]T. W. 阿多诺：《道德哲学的问题》，谢地坤、王彤译，谢地坤校，第22页。

念物";所谓的"优先性",指的并不是客体构造或决定主体意义上的绝对第一性,而是说客体并非与主体抽象对立,客体的优先性恰恰需要主体和主体性反思,因为客体只有具有反思而成的规定性,才能真正成为具体而现实的"某物"(也就是概念无法穷尽、无法还原的"非概念物")[①];而阿多诺之所以赋予这种"客体"以优先性,正是因为主体在反思客体时,会自觉不自觉地与客体保持距离乃至"吞噬"客体,却浑然忘记"自己依然是客体"[②],因此,只有坚持客体相对于主体的优先性,才能如上文所说的那样,使思想摆脱概念(主体)的强制,在趋向一种"非概念物"(客体)时获得真正的自由。就此而言,客体与主体是相互中介与构成的,二者的关系应是一种"平和"状态,"是一种**没有统治的差异化状态**(the state of differentiation without domination),双方相互差异性地彼此参与"[③]。在笔者看来,这种"没有统治的差异化状态"正是阿多诺所推崇的一种非同一性状态,或者说,是一种"星丛"状态。

我们知道,"星丛"(Konstellation, Constellation)这一概念或不如说意象由本雅明提出。在其代表作《德意志悲苦剧的起源》(1928)一书的代序"认识论批判"中,本雅明将理念与物、普遍之物与经验之物的关系刻画为一种"星丛与群星之间的关系":

> 用一个比喻也许能表达理念的意义。理念与物的关系就如同星丛与群星之间的关系。这首先意味着:理念既不是物的概念也不是物的法则。它不是用来认识现象的,这也绝不会成为对理念是否存在的判断标准。毋宁说,现象对于理念的意义仅仅限于作为理念的概念元素。诸现象以其存在、其共同点、其差异来决定那些涵盖诸现象的概念的范围和内容,而对于理念来说,这一关系颠倒过来,是理念作为对诸现象的客观化阐释(更确切地说是对现象元素的阐释)来决定诸现象的彼此相连的。理

---

① 参见 T. W. Adorno, "On Subject and Object", in *Critical Models: Interventions and Catchwords*, pp. 245-258,特别是第 250 页。

② 参见 T. W. Adorno, "On Subject and Object", p. 246。

③ T. W. Adorno, "On Subject and Object", p. 247,黑体为引者所加。

在通向正确生活的途中

念是永恒的聚阵结构,包含着作为这样一个结构之连接点的现象元素,由此现象既被分解又得到了拯救。①

按照本雅明的理解,作为"普遍之物"的理念是一种"永恒的聚阵结构",它像星丛一样连接着一个一个特殊的、彼此差异而又具有共同之处的群星般的"现象"(或所谓的"物")。此处的关键在于,星丛一样的理念"既不是物的概念也不是物的法则",换言之,理念不是同一化的概念,能够纲举目张地将诸多现象(个别之"物")收入自己的网格之中,甚至将其化约为一个个证明概念合法性的特例;事实上,在这种"聚阵结构"中,各个现象(个别之"物")都各自完好无损地保持着自身的特殊性,它们的"彼此相连"使得"聚阵结构"得以可能。因此,从作为星丛的一般理念角度看,理念只是对诸现象(现象元素)进行由外而内的"客观化阐释"而非自上而下的同一化归并;而从作为群星的特殊现象角度看,它们在被星丛式结构连接或理念的客观阐释的过程中经受着"分解",但也因星丛(理念)的连接(阐释)而获得了**更多**的意义,使这些诸多彼此分立的现象能够走出自身,在保持各自差异的基础上结合在一起,由此得到拯救,因为星丛般的理念赋予每一个特殊现象以新的意义与生机。

在笔者看来,虽然星丛和群星之间与客体和主体之间的关系并不一致,但此处所说的星丛与群星之间的关系,与上文提及的那种"平和"的"没有统治的差异化"状态却有相通之处——为了破除同一性思想体系的一致性与封闭性,在"星丛"的体系中,差异性的逻辑占据了优势地位②;不仅如此,这种星丛与群星之间的关系,也有助于我们理解阿多诺对普遍法则与特殊个体的思考。正如阿多诺在《否定的辩证法》一书第二部分"否定的辩证法:概念和范畴"中的"星丛"一节所言:试图把握特殊对象的一般概念进入了一个星丛,而"星丛只是从外部再现被概念从内部切除掉了的事物,也就是

---

① [德]瓦尔特·本雅明:《德意志悲苦剧的起源》,李双志、苏伟译,北京师范大学出版社2013年版,第11页。

② 参见郑伟《经验范式的辩证法解读:阿多诺"否定的辩证法"研究》,北京师范大学出版社2015年版,第93页。

这个'更多'（das Mehr），概念非常想成为它但却无法做到"[1]。这种概念试图成为的"更多"，也就是我们在第二章中提到的无法用同一性概念所穷尽的"非概念性、个别性和独特性"。在阿多诺看来，否定的辩证法的关键在于使概念摆脱其意欲构造、归类，甚至控制"非概念物"的强制性同一特征，转而趋向一种"非同一性"。如果说哲学的目标是表达不可表达的事物，那么这种内在于概念之中，并使概念得以可能的"非概念物"正是阿多诺试图超越概念化同一性思维（与表达）方式去"强说"的事物。奥康纳（Brian O'Connor）认为，客体或对象的"非概念性维度"（non-conceptual dimension）正是阿多诺谈到概念和客体（对象）的非同一性时所思考的事情。[2] 而阿多诺对于客体（"非概念物"）优先性的强调，正如仰海峰教授所言，"并不是为了将客体当作一个不可靠近的自在之物，而是为了强调主体并不能吞噬客体"[3]。事实上，这种非同一性哲学思考方式贯穿于阿多诺对道德哲学问题的探讨。

值得注意的是，阿多诺还通过辨析个体主体（individual subject）与先验主体（transcendental subject）来阐释客体优先性问题。在厘清康德以来的主体哲学后，阿多诺指出，构造出全部经验内容的先验主体"转而从鲜活的个体人类存在（living individual human being）中抽身而出"，然而这种先验主体的抽象概念或者说思维形式实际上早已预设了它所承诺构造的事物，即现实的、活生生的个体。[4] 不仅如此，阿多诺更进一步强调，由于先验主体缺乏个体主体的**经验能力**（capacity for experience），前者不过是"个体经验的前批判式实体化抽象"，就此而言，个体主体相对于先验主体来说更具有构成性。

---

[1] T. W. Adorno, *Negative Dialektik*, p. 164.

[2] 奥康纳还指出，阿多诺并没有发展出一种体系化的非同一性理论，非概念性问题也尚未涵盖非同一这一术语的全部。她从《否定的辩证法》出发，概括了非同一性的几种主要含义：（1）一个判断中不可化约的物质性"某物"（irreducible material "something"）；（2）概念和特殊事务或者主体和客体之间的不适合（non-fit）；（3）矛盾的另一个名称；（4）一种不得不在社会总体性的束缚中生活的经验；（5）对自由的冲动（the impulse for freedom）；（6）通过内在批判揭示出的矛盾。参见 Brain O'connor, *Adorno*, London and New York: Rutledge, 2013, pp. 80-81。

[3] 仰海峰：《总体性、总体化与否定的辩证法——20世纪中叶国外马克思主义的总体性思想》，《北京师范大学学报》（社会科学版）2023年第3期。

[4] 参见 T. W. Adorno, "On Subject and Object", p. 247。

📁 **在通向正确生活的途中**

当然，先验主体这种同一性、概念化思维方式的载体并非空穴来风，它提醒着我们，"思想因其内在的普遍化要素，总是想超越自身无法被异化的个别性（inalienable individuation）"。① 正因为此，无法被先验主体所异化的个别主体被赋予了优先性，与此同时，两者又缺一不可，不是非此即彼的抽象对立，而是摆脱单方统治的彼此平和（或和解）。

事实上，在思考道德哲学问题时，阿多诺依然坚持了这种客体优先性或"鲜活的个体人类存在"优先性的思路。从"主体与客体"这篇文章中，我们发现阿多诺已在其中简明扼要地提出了解决特殊与一般问题的方法论路径。正如客体优先于主体，但同时却也离不开主体一样：

> 一般事物与特殊事物之间的对立，既是必要的又具有欺骗性。如果没有其中一方，另一方便无法存在：特殊事物只能作为被规定的事物而存在，因而具有一般性；一般事物只能作为对一个特殊事物的规定而存在，因此自身也是特殊的。二者既是又不是（Both of them are and are not）。这正是一种**非唯心主义辩证法**的最强烈主旨之一。②

一般事物与特殊事物之间的对立或矛盾，有认识论意义上的必要，否则人们将无法思考与表达一个特殊事物，也无法赋予一个一般规定以具体内容；但是，这种对立并不是本体论意义上的截然相反，它们各自在对方中得以可能，内在于对方却并不被对方同化。显然，这种"既是又不是"的"非唯心主义的辩证法"正是始终如一地从非同一性角度理解并把握"非概念物"——无法被一般规定所穷尽的特殊事物（"更多"）——的星丛式的否定辩证法。

就阿多诺的非同一性道德哲学而言，具体而特殊的个体生命与具有普遍有效性的道德法则同样属于这种"既是又不是"的辩证关系：现实的、活生生的个体需要道德法则的引导与规约，从而才有可能从"现实的人"（受到诸多限制的"所是"）向"理想的人"（不断通达自由的"应是"）迈进，由

---

① 参见 T. W. Adorno, "On Subject and Object", p. 257。
② T. W. Adorno, "On Subject and Object", p. 257，黑体为引者所加。

第三章 个体生命与道德法则的非同一性

此使普遍人性化为具体人身，并使个体生命"具有了一般性"。换言之，现实生存的人并非孤立的个体，而是处身于包括道德与伦理关系在内的多重普遍而客观的社会关系与历史条件之中。因此，"对辩证法来说，**直接性**并不保持它的直接展现。它成为一个**要素**（Moment）**而非基础**（Grund）"①，就此而言，每一个特殊的个体人类存在不是绝对第一性的"基础"，而是作为一个优先性的"要素"融入一定历史时期普遍有效的道德法则之中。与此同时，道德法则更不能脱离个体人类存在及其鲜活的生命经验，只有通过个体人类存在自身多向度的实践活动，才能使价值原则和道德理念得到落实，并通过实践主体自身的作用，赋予一般意义上的原则与理念以现实的生命；由此建构而成的道德法则与伦理规范才成为一种"特殊的"、切合实际的律令，也才会掷地有声而非绵软无力地悬浮在空中甚或成为反人类罪行的帮凶。

如前所述，康德在《道德形而上学原理》中向所有的有理性者提出了一条绝对律令："**要只按照你同时认为也能成为普遍规律的准则去行动**。"② 然而，如果这种行为准则是一种自上而下的"强加"，其中抽象掉了经验的、自然的个人的个体差别与其特殊的生命经验，那么，纯粹理性主体（理智的人）与其说是自律地遵循普遍规律，不如说是被动地服从一纸命令。有多少普通的德国民众在坚守岗位、服从职责的过程中充当了纳粹屠犹的刽子手？毫无疑问，一旦道德律令脱离特殊事物，只能是一种纯粹形式化的空洞说教。如我们在上一章所言，正是为了避免道德律令的蜕化，阿多诺才为历经战争磨难的人类设定了一则生死攸关的绝对律令："奥斯维辛集中营永不重现、类似的事情不再发生。"

不难发现，相对于康德那条纯粹理性存在者所遵从的绝对命令来说，阿多诺所提出的这条绝对律令直接指向"奥斯维辛之后"的具体个人，他们不是纯粹的理智的人，而是生活于特定历史阶段、成长经历各异的经验的、自然的个人，对人类历史上的浩劫有着直接或间接的经验——事实上，如果我们将其中的"奥斯维辛集中营"换为"南京大屠杀"，这则道德律令同样绝对有效。阿多诺着眼于特殊的个体人类存在而将一则历史事件置于一般的道德法

---

① T. W. Adorno, *Negative Dialektik*, p. 50, 黑体为引者所加。
② ［德］康德：《道德形而上学原理》，苗力田译，第38—39页。

在通向正确生活的途中

则之中，这并未损害道德法则的普遍适用性，反而使其因包含明确的内容而具有切实的可行性；虽然是一种否定性的道德法则（"类似事情**不再**发生"），但相对于康德的理性绝对律令（"按照……去行动"）而言，反而具备了积极的实践内容。如果社会总体状况是虚假的、不自由的①，每个个体必须首先要求自身不去做符合虚假整体利益的事情，因为"在错误的生活中不存在正确的生活"，这种最低限度的道德法则正是个体生命存在走向自由之境的奠基石。

正如富瑞耶哈根（Fabian Freyenhagen）所言，阿多诺之所以怀疑一种建基于至高原则的伦理学，正是因为它对于指导每个人在特定情境中的行动与生活来说太抽象、太一般化了。② 要知道，"存在于主体之中的普遍事物只能在个别人类意识的运动中才能被把握。如果个别主体仅仅被命令废除，不会出现清除掉偶然性杂质的更高级主体，留下的只是一个无意识遵循命令的主体"③，那些所谓的"更高级主体"（无论是纯粹我思的反思主体还是为自身立法的理性主体）都无法使"奥斯维辛集中营万劫不复"，只会在同一性思维的"清除"过程中不断束缚与压制个体，也就是清除掉上文所说的那些无法被概念把握的"更多"。相反，恰恰是那些带有"偶然性杂质"的、不被同一性的先验人性设定或纯粹理性法则所统摄的活生生的个人（亦即"非概念化的人"）从事着现实的改变世界的实践活动。为此，我们有理由将阿多诺的非同一性道德哲学称为一种**否定主义道德哲学**，当然，此处的否定并非绝对否定，而是一种确定的（或规定了的）否定，是有内容的否定："我们可能不知道，什么是绝对的善，什么是绝对的规范，甚至不知道什么是人、人性和人道主义，但我们却非常清楚，什么是**非人性**的。我想说，人们今天更应该在对**非人性事物的具体谴责**中，而不是在人的存在的没有约束的、抽象的定位中寻找道德哲学。"④ 由此可见，阿多诺所要否定的是纯粹一般意义上的

---

① 阿多诺在《最低限度的道德》一书中指出，"总体是虚假的"（The whole is the false）。参见 T. W. Adorno, *Minima Moralia: Reflections from damaged life*, p. 50。

② 参见 Fabian Freyenhagen, *Adorno's Practical Philosophy*, Cambridge: Cambridge University Press, 2013, p. 151。

③ T. W. Adorno, *Negative Dialektik*, p. 56.

④ ［德］T. W. 阿多诺：《道德哲学的问题》，谢地坤、王彤译，谢地坤校，第 198 页，黑体为引者所加。

第三章　个体生命与道德法则的非同一性

人性设定与"高高在上的"绝对律令，他坚持的则是一种最低限度的道德，也就是从特定情境中的个体生命被损害、被压迫的"非人性"事实出发，通过"具体谴责"来构建道德法则。换言之，这种否定主义道德哲学力图在特殊与一般之间保持一种非同一性关系。

让我们以阿多诺在《最低限度的道德》[①] 第66节（标题为"Mélange"，意为"混合物"）为例，看一下他是如何在非同一性（否定主义）道德哲学的意义上论述待人宽容与人人平等这些道德准则的：

> 人们熟知一种关于宽容的论据，即所有人和所有种族都平等，该论据只会事与愿违。它为如下情况敞开了大门，一方面是感觉的简单驳斥，另一方面，在极权者相当了解他们的生杀予夺对象究竟是谁之后，在一场大屠杀中犹太人不是一个人种这种最不可抗拒的人类学证据。如果"所有具备人形的人都是平等的"这一点作为一种**理想**而非一种**事实**被要求，那么它将不会有太大帮助。**抽象的乌托邦**与社会最阴险的倾向相容无间。所有人都一样正是社会愿意听到的。它将现实的或想象中的差异视为耻辱，这表明社会做得还不够，仍有一些事物外在于其机制，没有完全被其**总体性**所决定。集中营的技术就是使囚犯像他们的守卫，被屠戮者与刽子手相当。种族差异被抬高到绝对的地位，致使它能够被绝对地消灭，只要没有任何差异之物存留。一个**获得解放的社会**并不是一种**单一状态**，而是**在差异和解中普遍性的实现**（die Verwirklichung des Allgemeinen in der Versöhnung der Differenzen; the realization of universality in the reconciliation of differences）。因此，仍然严肃关切这种社会的政治家不应该再提议甚至作为一种理想的人类抽象平等。相反，他们应该指明当今糟糕的平等，电影与军火利益的同一化，

[①]　《最低限度的道德》一书按照写作年代分为三部分，每部分都由长短不一的箴言组成。这些断章似的箴言主题各异，且彼此独立，但阿多诺在该书的"致辞"中谈到，这种不连续的、未被整合为一的形式就是要谴责成体系的理论，部分绝非仅仅满足整体的需要才获得自身的意义。可以说，这种文体形式与《否定的辩证法》如出一辙，阿多诺在此赋予了部分相对于整体的优先性。参见 T. W. Adorno, *Minima Moralia: Reflexioneneaus den beschädigtenLeben*, p. 17; T. W. Adorno, *Minima Moralia: Reflections from damaged life*, p. 18。

在通向正确生活的途中

并将更好的状态理解为人们在其中**保持差异而不会恐惧**。将一个黑人确认为与白人一样（显然他并非如此），只不过是秘密地使其更加错误地生活。①

由此可见，待人宽容并非将每一个特殊的生命个体同化为一（如泯灭掉黑人与白人的具体差异），这种同化背后其实是社会的总体性控制；而如果将人人平等提升为一种绝对的道德律令，该律令也不过是一种空洞无物的"绝对的善"或"绝对的规范"。在阿多诺看来，人类社会的理想形态是每个人"保持差异而不会恐惧"，在此，他没有试图描述每个保持差异的人是什么样的、能够过上什么样的生活，而是以否定性的"不会恐惧"作为正确生活的最低限度保障，这正是要在理想的人性设定中赋予非同一的生命个体以优先性。显然，无论是此处的"在差异和解中普遍性的实现"还是前文论及的"没有统治的差异化状态"，都是一种摆脱"单一状态"的非同一性状态，这种非同一状态不是先验的"抽象的乌托邦"，而是能够服从个体生命表现自身进而自我实现的迫切要求。在阿多诺看来，在一个类似奥斯维辛集中营那样总体化控制的社会中，"**让苦难发声的需要是一切真理的条件**"——注意，不是让自上而下的道德律令发声，因为，在阿多诺看来，"苦难是一种压在主体心头的客观性；对这种被体验为最主观的事物加以表达，则是被客观地中介了的"。② 换言之，意识到客观的苦难状况正是个体的正确生活得以可能的条件，而只有将这种急迫的个体发声需要而非遵循看似对一切有理性者都有效的道德律令视为优先，才不会仅仅将苦难当作"压在主体心头"的一种纯粹主观的状态，因为一旦"发声"，就会造成一种客观的影响乃至激发出改变苦难的实践活动。这既遵循了主体与客体"非唯心主义辩证法"，更体现了阿多诺对于个体生命经验的强调：在一个理想的社会（"一个获得解放的社会"）中，无论保持差异还是表达苦难，都是以个体为导向的一种和解状态，只有

---

① T. W. Adorno, *Minima Moralia: Reflexionenaus den beschädigtenLeben*, pp. 115-116; T. W. Adorno, *Minima Moralia: Reflections from damaged life*, pp. 102-103, 黑体为引者所加。这一节的完整译文见本书附录一。

② T. W. Adorno, *Negative Dialektik*, p. 29.

这样才能实现在差异中和解的普遍道德规范，否则的话，将一个黑人抽象地等同为一个白人与不把犹太人视之为人一样殊途同归，它们的终点都将是"将现实的或想象中的差异视为耻辱"的奥斯维辛集中营。在笔者看来，这种最低限度（让困境中的苦难发声或者"不因差异而恐惧"）的非同一性（否定主义）道德哲学正是一种以个人存在及其生命经验为导向的唯物主义理论，① 它与阿多诺对抽象同一的社会现状及总体化控制的社会秩序的批判紧密相关。

第四节 作为一种"否定指南"的道德哲学

在《道德哲学的问题》最后一讲中，阿多诺总结道："道德哲学必然是一门关于私人伦理学的学说，它所能够上升的最高点就是因果性与自由的二律背反。"② 所谓"私人伦理学"，不是说道德哲学只是事关个人的"私德"，而是说道德哲学应以个体生命为基础；"因果性与自由的二律背反"，也就是一般意义上的道德法则及其所体现的社会关系与历史条件和身处其中的特殊个体之间的矛盾关系。阿多诺认为，康德并没有解决这一"二律背反"，关键是因为他将"经验的、自然的个人"和"理智的人"绝对区分开来，并且没有认识到属于"人的自然联系的东西，同时也是人的社会联系"，而"在我们所处的广泛依赖性之中，是不存在自由的；因而在这个被统治的世界中也没有伦理学"③，为此，单纯从纯粹理性或理智的人出发探寻一种自律意义上的自由无异于缘木求鱼。

如前所述，阿多诺试图以一种否定的辩证法来解决特殊与一般、客体与主体以及个体与社会之间对立关系。这种否定的辩证法之所以是"非唯心主义的"，就在于它赋予了特殊、客体、个体这些"非概念物"以优先性，一

---

① 西蒙·贾维斯（Simon Jarvis）认为，阿多诺的唯物主义基于一种道德冲动，即对不受欺骗的幸福的乌托邦愿望和一种终止苦难的愿望。参见 Simon Jarvis, "Adorno, Marx, Materialism", in *The Cambridge Companion to Adorno*, edited by Tom Huhn, Cambridge：Cambridge University Press, 2004, p. 80。
② ［德］T. W. 阿多诺：《道德哲学的问题》，谢地坤、王彤译，谢地坤校，第 198 页。
③ 参见［德］T. W. 阿多诺《道德哲学的问题》，谢地坤、王彤译，谢地坤校，第 199 页。

般、主体以及被商品等价交换逻辑所统治的总体化社会①只有以"鲜活的人类个体存在"为基底，才能获得自身的实体性。在笔者看来，这一思路应该说与马克思恩格斯"每个人的自由发展是一切人的自由发展的条件"②的思想是相通的。与此同时，个体生命是一种历史化、社会化的存在，为道德法则及其背后的社会总体所中介，社会总体如果是不自由的，个体生命的正确生活也将无从谈起，因此，个体生命绝不可能独善其身，道德哲学的前提必然"是对被统治的世界进行批判"③，也就是对那种将"抽象的乌托邦"视为普遍必然的社会发展总体化趋向（亦即消灭差异的"单一状态"）。换言之，只要道德哲学不对普遍道德观念所赖以形成的物质条件与社会秩序进行批判，便摆脱不了"抽象的乌托邦"这一"幽灵"的缠绕。

不仅如此，阿多诺在《否定的辩证法》中进一步强调了具体而异质化的个体生命经验与抽象且同一化的社会秩序之间的对立："体验的衰退、贫瘠（die Verarmung der Erfahrung）通过辩证法证实，它在一个被管制的世界中与其抽象的单调重复相适宜。"④ 不难看出，与个体生命经验的"衰退"互为表里的既是我们在第一章中着重分析的伪个性（见"文化工业"一文），也是被"抽象的乌托邦"消灭掉自身差异的普遍法则。毫无疑问，真正的个体生命必然带有鲜明的自身特质与鲜活的生命体验，它绝不能被化约为"永恒同一"的等价交换、权力运行、抽象人权等普遍法则与意识形态。因此，如果想要破除由单一化的"被管制世界"制造的种种虚假幻象，首先需要重新塑造个体的生命经验，使其保持住自身的特殊质性——使其能够表达切身的苦难——而不被任何种类的同一化机制所化约。就此而言，真正意义上的文化就有了其用武之地。

---

① 事实上，阿多诺不仅仅是在形而上学批判层面反思西方传统哲学中的同一性思维原则，同样在商品等价交换这一社会生活层面对其加以分析："在（商品）交换时，这个原则（同一性原则——引者注）有其社会模型，而且没有这个原则就不是交换。正是通过交换，非同一的单个人的存在和绩效变成可通约的，即同一的。这个原则的扩展将**整个世界视为同一的、视为总体性**。"［德］阿多尔诺：《否定辩证法》，王凤才译，商务印书馆2019年版，第167页，黑体为引者所加。

② 《马克思恩格斯选集》第1卷，人民出版社2012年版，第422页。

③ ［德］T. W. 阿多诺：《道德哲学的问题》，谢地坤、王彤译，谢地坤校，第199页。

④ T. W. Adorno, *Negative Dialektik*, p. 18.

第三章　个体生命与道德法则的非同一性

不仅如此，在第一章着重引述的"文化工业再思考"一文中，阿多诺写道：

> 真正意义上的文化**并非仅仅适应人类**，它总是自发地向人们生存于其中令人恐慌的关系（the petrified relations）**提出抗议**，并以此**尊重**人类。①

由此可见，阿多诺并没有断然否认文化的肯定性功用，亦即适应人较高层次的精神需求，丰富其内心世界进而提升其生命质感。然而，"适应"并非盲目顺从，更非有意欺骗。文化工业的虚假特性正在于它貌似"无害"，实际上这种无矛盾、非超越的"快乐"只是尽其所能地使个体服从于一个在精神上不断退化、内容上日趋空泛的社会生活。因此，真正意义上的文化必须对表面真理实则谎言的②"令人恐慌的"人与人之间、人与自然之间的多重关系"提出抗议"。

毋庸置疑，人类个体的完整性在很大程度上是以其利用、改造自然以及创造、阐释文化相互中介的历史性实践活动为前提的，正如马克思所言，"**工业的**历史和工业的业已生成的**对象性的**存在，是一本**打开了的关于人的本质力量**的书，是感性地摆在我们面前的人的**心理学**"③，改造自然与创造文化都一体两面地建基于"人的本质力量"。因此，人在某种意义上是在文化中并通过文化来定义自身，所以，只有能够帮助人战胜恐惧的文化，才是一种**尊重人**、以人为目的升华性创造，而非将人视为谋取利益、维护统治的工具或手段的压抑性"狡计"，后者不仅扭曲了文化，更亵渎了人自身。正如前文所述，文化工业所创造出的对幸福与自由的虚假承诺隐瞒了人们应当反抗的物质条件，使人在"令人恐慌的关系中"反而感到宽慰、昏昏欲睡，从

---

① T. W. Adorno, *The Culture Industry*, p. 100，黑体为引者所加。

② 阿多诺指出，文化工业取得了"双重胜利"，一方面从外部祛除了真理，另一方面又在内部用谎言把真理重建起来，当然，这种被重建的"真理"体现的是资本的绝对权力。参见［德］马克斯·霍克海默、西奥多·阿道尔诺《启蒙辩证法——哲学断片》，渠敬东、曹卫东译，上海人民出版社2006年版，第121—122页。

③ ［德］马克思：《1844年经济学哲学手稿》，第88页。

在通向正确生活的途中

而使现存的经济决定条件得以存活,就此而言,文化工业所制造出的只是一种谎言。[1]

如上所述,作为一种"瓦解的逻辑"(Logik des Zerfalls)[2],遵循非同一性思想的否定的辩证法一方面试图消解掉还原论遗留下的逻辑"硬核",亦即无论是思辨唯心主义还是直观唯物主义学说得以立足"主体"、"精神"抑或"存在"、"物质"等抽象普遍的同一性概念;另一方面,它力图弥合主体与客体、个体与社会、生活与艺术、特殊与普遍等由二元论制造而成的天堑鸿沟。事实上,还原论与二元论不过是对同一性思维方式的不同表述而已。因此,在认识论层面,非同一性哲学指出,"同一性是不真实的,被概念化之物无法完全为概念所穷尽(des Aufgehens des Begriffenen im Begriff)"[3],换言之,"对象不可能一点不落地化为关于它的概念"[4];不仅如此,精神或主体一旦完全摆脱物质或客体(对象)而独立自足,便预示着控制与征服的意识形态悄然登场,"主体吞没了客体(对象,the object),忘记它自身恰恰亦是一种客体(对象)"。[5] 在社会批判层面,正如我们在第二章所分析的那样,非同一性哲学表明"种族灭绝就是绝对的整合划一(Integration)",奥斯维辛集中营证实"纯粹同一性的哲学命题就是死亡",作为"样本"的个体甚至被剥夺了最为切身、最为特殊的死亡体验(Erfahrung),在此意义上,贯彻普遍绝对的同一性原则的"被管制的社会"将个体的独特本质涤荡殆尽,只剩虚无。[6] 相应地,在文化批判层面上,阿多诺同样秉承了这种坚持非同一物(无概念物、个别之物、特殊之物)优先于同一性原则的思路,在他看来,"艺术作品的伟大之处仅仅在于其有能力让那些为意识形态所掩盖的事物发出声音"[7]。就此而言,与虚假文化相对而言的本真艺术是一种真正个性化的、尊重个性生命

---

[1] 参见张亮《"崩溃的逻辑"的历史建构:阿多诺早中期哲学思想的文本学解读》,中央编译出版社2003年版,第116—117页。

[2] 参见 T. W. Adorno, *Negative Dialektik*, p. 148。

[3] T. W. Adorno, *Negative Dialektik*, p. 17.

[4] T. W. Adorno, *Negative Dialektik*, p. 17.

[5] 参见 T. W. Adorno, "On Subject and Object", p. 246。

[6] 参见 T. W. Adorno, *Negative Dialektik*, p. 355。

[7] T. W. Adorno, "Lyric Poetry and Society", from *The Adorno Reader*, edited by Brian O'Connor, Oxford: Blackwell Publishers, 2000, p. 214.

经验的艺术创作，创作者只有将自身不可替代、无法被归类的个性化体验、对现实进行的不可通约的反思与批判融入艺术作品之中，才能够揭穿文化工业的意识形态特征，在一片热闹喧腾的快乐假象中直击其社会总体操纵的用心，最终让人们认识到，"笑着点头称是"绝非未被损害的、有尊严的正确生活——这又与其非同一性的道德哲学遥相呼应。

阿多诺在对抒情诗这种艺术形式进行分析时，同样基于非同一的特殊（个性）与普遍（抽象一般）的关系来思考真正意义上的文化（与艺术）对于独特且鲜活的生命经验的意义：

> 由于抒情诗揭示了**未扭曲的、未被把握的、尚未被归类的**事物，下降到**个性**之中将其提升到一般性的领域——因此，抒情诗以一种抽象的方式**预期**一种状况，在其中各种一般性（generalities）（亦即各种极端的特殊性，extreme particularities）不再能够束缚、锁闭住**人之所是**（that which is human）。①

显然，"未扭曲的事物"也就是尚未被同一性意识形态（将"各种一般性"绝对律令化，也就成为各种极端的"特殊性"，如德国纳粹将犹太人归入牲畜）归并、整合的非同一之物，然而，个性化的特殊能够"上升"到一般性的普遍难道不是体现了同一性原则？

需要特别注意的是，以否定的辩证法为核心的非同一性哲学不仅仅是一种彻底的"瓦解的逻辑"，因为如果一味"解构"，很容易堕入另一种"虚无"。在阿多诺看来，"辩证法服务于和解（Versönung）"，"和解给予非同一之物以自由，使之摆脱精神性的压抑，从而敞开不同事物的多样性"。② 如上所述，非同一性哲学既非还原论又非二元论，因而在主体与客体、特殊与普遍、个性与一般、个体与社会以及艺术与现实之间，阿多诺的立场既不是让其中一方"吞并"另一方，也不是抽象地坚持双方的分离与对立，而是在双方遥相呼应的关联中保持各自的独立，由此构建一种彼此相异而又相依的差

---

① T. W. Adorno, "Lyric Poetry and Society", from *The Adorno Reader*, p. 213, 黑体为引者所加。
② 参见 T. W. Adorno, *Negative Dialektik*, p. 18。

📁 **在通向正确生活的途中**

异性平等关系，它正是我们在上文中所分析的"星丛（Konstellation）关系"。当然，在这种差异性平等的"星丛"关系中，鲜活的人类个体存在及其特殊的生命体验又具有一种非同一的优先性。正是在非同一性哲学的"和解"意义上，表达诗人个性化情感的抒情诗（本真的异质之物）才能够"预见到"一种一般意义上的符合人性的理想生存状况；而揭露现实生活的不合理状态、让困难者发声、表达被压迫者的反抗意愿、抵抗同一化的"被管制世界"并满怀希望地预见未受损害的生活，这些无不体现着本真的文化艺术与现实人生的"和解"，换言之，本真的文化艺术既不能为文化工业制造的虚假文化所同化，也不能脱离具体的现实环境、纯粹"为艺术而艺术"——仅就诗而言，"抒情诗内容的一般性本质上是社会性的"[①]。

然而，正如阿多诺所言，"我们只能看穿同一性原则，却无法抛弃它从事思考"，事实上，任何理性思考与定义都是一种"同一化"（Identifikation）[②]。因此，借助概念来开启、揭示、通达非概念之物（非同一之物），而不是将概念与非概念之物绝对同等地加以对待，这在阿多诺看来无异于一种"认识的乌托邦"[③]。相应地，在《美学理论》中，阿多诺也谈到了一种"艺术的乌托邦"："存在状态（the existing）与非存在状态（nonexisting）的星丛是艺术的乌托邦形象。"[④] 就此而言，非同一性哲学自身似乎面临着被瓦解的危险：如果星丛式和解仅仅是一种乌托邦，那么无论是哲学还是艺术，它们的批判与解放力量都将大打折扣。但在笔者看来，"非存在"并非"虚无"，毋宁说它是一种"尚未存在"，人类在文化、艺术、思想的创造过程中如果缺失了否定性与超越性的向度，必将只能邯郸学步抑或原地踏步。因此，阿多诺所谈的认识抑或艺术的乌托邦，并非着眼于未来，它所针对的恰恰是被全面管制的现在，这就是说，在保持理念与现实之间差异性关联的基础上，通过理念（如"关于正确生活的理念"）而超越其单纯的理念形态，在具体的、个性化的哲学思考与文艺创作等人类精神与物质劳作中击穿僵化的、被整合为一

---

① 参见 T. W. Adorno, "Lyric Poetry and Society", from *The Adorno Reader*, p. 213。
② 参见 T. W. Adorno, *Negative Dialektik*, p. 152。
③ 参见 T. W. Adorno, *Negative Dialektik*, p. 21。
④ T. W. Adorno, *Aesthetic Theory*, translated by Robert Hullot-Kentor, London: The Athlone Press, 1997, p. 233.

的既定状态（商品拜物教的畅通无阻），敞开现实的多种可能性，并在这一过程中不断地丰富该理念的内涵，最终得以成为"人之所是"。

进而言之，"正确生活"只能由特殊且独立的个体而非被阿多诺身处其中的发达资本主义社会这种现状所奴役、所整合的"样本"来实现，而真正意义上的文化艺术在表达现实生活中的苦难与矛盾时能够始终把握住关于正确生活的理念，而不是满足于纯粹地再现错误的、受损害的生活，甚至于将其扭曲为一种正确的、有尊严的生活。事实上，在思考道德哲学问题时，阿多诺并不试图提出一套看似放之四海而皆准的方法论图式，由此指导甚或裁夺不断变化的现实生活。他告诫我们："人们尤其不能许诺的是，这些思考，如在道德哲学范围内可能提出的这些思想，将会设计一种正确生活的准则。"①可见，在内容与方法的非同一关系中，阿多诺同样坚持内容的优先性，否定的辩证法"倾向于开放性的内容，而非被预先决定的框架"②。就道德哲学而言，他则坚持个体生命实践的第一性，而非让同一化思想或"抽象的乌托邦"式的道德法则以权威的姿态凌驾于生活之上，或者使普遍的道德法则抽象地同化乃至压迫个体。"或许人们唯一可以讲的是，正确的生活在今天就存在于对某种错误生活的诸形式的**反抗形态**之中"，而"除了这种**否定的**指南以外，确实**不能**提出其他东西"。③ 我们之所以说阿多诺的非同一性道德哲学是一种**否定主义道德哲学**，就在于它否定预先决定的先验道德法则，并试图接近（而非统摄）个体生命充满变化的可能性生活，而正确生活只有在对错误生活的具体否定并在彰显独特个性经验的生命活动中才有可能通达。

不得不说，《野鸭》中的格瑞格斯自认为所秉持的"做人的使命"，究其实质也属于一种"抽象的乌托邦"，他不顾雅尔马一家竭力摆脱生活困境而做出的种种努力，偏要将自己的准则强加给他人并且认为是在帮助对方祛除"毒气"，而不曾想到让雅尔马和他的妻子以及父亲说出自己的苦痛经历——易卜生借医生凌瑞之口讥讽格瑞格斯患上了一种"很厉害的正直病"，应该说

---

① ［德］T. W. 阿多诺：《道德哲学的问题》，谢地坤、王彤译，谢地坤校，第189页。
② T. W. Adorno, *Negative Dialektik*, p. 66.
③ 参见［德］T. W. 阿多诺《道德哲学的问题》，谢地坤、王彤译，谢地坤校，第189—190页，黑体为引者所加。

是把准了脉。阿多诺《道德哲学问题》就此总结道："我在这些讲课中向你们提到的矛盾，即**道德行为的局限性与道德范畴、道德范畴的客体性、约束性之间的矛盾**，在这一非常具体的个体形象（《野鸭》中的格瑞格斯——引者注）上得到了表现。他所代表的理念——如果你们愿意，可以说，这也是康德的理念——就是关于真理的理念，人们还可以说，这是**抽象理性的理念**；此外，这个理念在易卜生那里已经过渡到同时代的存在主义表象中，因为这个抽象真理的道德严肃论在这里表明的无非就是，人应该与自身相同一。在易卜生那里，真理就意味着：不要生活的谎言，站在和承认自己所是的那一方，与自身相同一。"① 在下一章中，我们将结合阿多诺对萨特存在主义自由观和康德抽象理性自由观的批判，进一步思考在具体道德行为与普遍道德范畴这种矛盾中展现出的自由的辩证法。

---

① ［德］T. W. 阿多诺：《道德哲学的问题》，谢地坤、王彤译，谢地坤校，第 182—183 页，黑体为引者所加。

第四章　否定的自由观

> 作为这样一个人,我知道自己在我自身中是自由的,而且能从一切中抽象出来的,因为在我的面前除了纯人格以外什么都不存在。然而作为这样一个人,我完全是被规定了的东西,例如我有这点年龄,身材这样高大,在这个地点,以及其他一切可以视为特异性的东西。所以人既是高贵的东西同时又是完全低微的东西。他包含着无限的东西和完全有限的东西的统一、一定界限和完全无界限的统一。人的高贵处就在于能保持这种矛盾,而这种矛盾是任何自然东西在自身中所没有的也不是它所能忍受的。
>
> ——黑格尔:《法哲学原理》(第35节)[①]

毫无疑问,自由是西方思想史的核心问题,更是道德哲学的关键论域——生于天地之间、食人间烟火、有七情六欲的人是一种有限的或者说受限存在(具有黑格尔所说的"特异性");正因为这种有限性,使得人不断探寻自由的可能甚至期望能够通达自由,亦即实现"包含着无限的东西和完全有限的东西的统一"——以受限之身追寻自由之境,既体现了人在思考与追求自由时的两难处境,却也因保持这种关于自由的辩证法(矛盾)而展现了"人的高贵之处"。

在其哲学代表作《否定的辩证法》一书的第三部分"模式"(Modelle)中,阿多诺批判性地分析了康德与萨特的自由观,并由此出发阐发了自由的意义。在阿多诺看来,"自由与决定论的矛盾并非如理性批判的自我理解所愿望的那样是独断论与怀疑论两种理论立场之间的矛盾,而是**一种主体的自我**

[①] [德]黑格尔:《法哲学原理》,范扬、张企泰译,商务印书馆2007年版,第46页。

体验（einer der Selbsterfahrung der Subjekte），有时是自由的，有时则是不自由的"①。如前所述，在"奥斯维辛集中营"这一道德灾难之后，人类如何生存、如何才能过上一种"正确生活"是阿多诺极为关注的主题。在他看来，现代资本主义社会及其意识形态为奥斯威辛集中营的出现创造了"客观条件"，如果不对它们加以克服，如果不让遭受苦难的主体发声，那么相同的灾难或许还将持续发生。不仅如此，对自由的哲学思辨如果不考虑失去或赢取自由的现实个体的生命体验（阿多诺所说的"主体的自我体验"），必将使所谓的"自由与决定论的矛盾"或者自由与必然的二律背反等论争变得空洞无物。② 艾利克斯·托姆森（Alex Thomson）认为，阿多诺一生著作的核心就是"一种对当代世界种自由可能性的深刻的矛盾感（a profound sense of ambivalence）"，为此，阿多诺深入考察了自康德以来西方思想史上对自由的承诺：自由是否有赖于确认个体是自律的？自由是否需要个体反抗社会规范？自由是否来源于审美体验？还是说自由就在于遵循道德法则？③ 就此而言，阿多诺对自由的思考并未延续西方思想史上关于自由意志问题的理论争执，他的自由之思与其整个道德哲学一样，都有一个明确的历史语境，这就是：**奥斯维辛之后**，人类自由是否以及如何可能。如果说"错误生活中不存在正确生活"，那么，在彻底被决定的错误生活（如奥斯维辛）中同样也没有自由的容身之所；换言之，"正确生活"只能由真正获得自由的、未被发达资本主义社会制度所奴役与整合的个体来实现，即便阿多诺无意为正确生活之"所是"提供更多的描述。

第一节　阿多诺对康德与萨特自由观的批评

与阿多诺一样，20世纪法国思想家让-保尔·萨特（J-P. Sartre，1905—1980）同样对"二战"给人类造成的灾难进行了深刻的反思。在"二战"结束后不久，萨特作了题为"存在主义是一种人道主义"的著名演讲，希望借助

---

① T. W. Adorno, *Negative Dialektik*, p. 294，黑体为引者所加。

② 参见 Andrew Bowie, *Adorno and the Ends of Philosophy*, Cambridge: Polity Press, 2013, p. 97。

③ 参见 Alex Thomson, *Adorno: A Guide for the Perplexed*, London and New York: Continuum, p. 2。

第四章 否定的自由观

存在主义思想来慰藉历尽劫波的心灵。在萨特看来，有生命的个人不同于现成物件（如石头或花椰菜）之处就在于，"人除了自己认为的那样以外，什么都不是"①，也就是说，人是自己造就自己的，"他通过自己的道德选择造就自己"——这也就是著名的"存在先于本质"的含义；另外，每个人身陷其中的"处境"则是一种"自由选择的处境"（例如，法国亡国之后，巴黎市民如何在不沦为"法奸"的处境下继续生活）；而一个人之所以能够不断选择自己之"所是"、不断超越自身的当下实存状态，就在于他"把自由作为一切价值的基础"。② 这也就是萨特基于个体的意识主观性或者说主体能动性而提出的存在主义自由观——人命定是自由的，并且要为这种先在的绝对自由承担责任：

> 因为如果存在确是先于本质，人就永远不能参照一个已知的或特定的人性来解释自己的行动，换言之，决定论是没有的——人是自由的，人**就是**自由。另一方面，如果上帝不存在，也就没有人能够提供价值或者命令，使我们的行为成为合法化。这样一来，我不论在过去或者未来，都不是处在一个有价值照耀的光明世界里，都找不到任何为自己辩解或者推卸责任的办法。我们只是孤零零一个人，无法自解。当我说人是被逼得自由的，我的意思就是这样。人的确是被逼处此的，因为人并没有创造自己，然而仍旧自由自在，并且从他被投进这个世界的那一刻起，就要对自己的一切行为负责。③

我们知道，在其最早的哲学著作《自我的超越性——一种现象学描述初探》中，萨特通过现象学方法分析自我意识结构时指出："先验的意识是无人格的自发性。意识命定要每时每刻实存，人们不能在意识的实存之前设想任何东西。这样，我们的意识生活的每一刻都向我们揭示从虚无开始的创

---

① ［法］萨特：《存在主义是一种人道主义》，周煦良、汤永宽译，上海译文出版社2005年版，第6页。

② 参见［法］萨特《存在主义是一种人道主义》，周煦良、汤永宽译，第26—27页。

③ ［法］萨特：《存在主义是一种人道主义》，周煦良、汤永宽译，第11页。

造。……因此，'我'（Moi）对这种自发性一筹莫展，因为**意志是为着并凭借这种自发性而构成的对象**。……意识惧怕自身固有的自发性，因为意识感到自发性**远离自由**。"[1] 在此时的萨特看来，自由属于先验的自发性领域，类似于一般的自我和心理属于无人称的先验意识。而在其存在主义代表作《存在与虚无》之中，萨特更为突出了自由的伦理性质："就是人，由于命定是自由，把整个世界的重量担在肩上：他对作为存在方式的世界和他本身是有责任的。"[2]

"二战"之后，萨特逐渐向马克思主义靠拢。在 1960 年出版的自称为马克思主义著作的《辩证理性批判》中，他着重探讨了个体实践、实践—惰性、社会集团、处境中的自由等问题，设法用存在主义、人道主义来填补马克思主义的人学空场。虽然萨特基于个体实践的人类学辩证法在一定程度上刻意避免唯我论的倾向，但它实际上仍然延续了一种"我思"式的哲学。[3] 由于没有从社会生产关系的角度出发思考人与人之间的关系，萨特对人在历史与现实中的自由的理解并未超出其前期思想中人（意识者）通过不断超越自身之外而获得自己生存的绝对自由观。

不仅如此，在阿多诺看来，给定处境中的二者并没有体现出个体的自主性或者说康德意义上的自律性（Autonomie）。在他看来，萨特列举的许多处境都不过是从法西斯主义这一特定环境（处境）中衍生出来的，这些看似不得不进行选择的处境充其量只是对法西斯主义的控告，而并非真正的"人类境况"（condition humaine）。[4] 因此，阿多诺认为，萨特所谓的"自由即选择"或者说"自由即责任"实际上隐含着一个必须正视的前提，亦即在进行选择之前，个人早已被迫接受了他身处其中的这个整体的社会"处境"。按照阿多诺的理解，萨特绝对的选择自由的观念与笛卡尔"我思"、康德"先验自我"以及费希特知识学中的"自我设定非我"等近代主体性哲学中的绝对自

---

[1] ［法］萨特：《自我的超越性———一种现象学描述初探》，杜小真译，商务印书馆 2001 年版，第 42 页。

[2] ［法］萨特：《存在与虚无》，陈宣良等译，杜小真校，生活·读书·新知三联书店 2007 年版，第 671 页。

[3] 参见莫伟民、姜宇辉《战后法国哲学与马克思思想的当代意义》，上海人民出版社 2014 年版，第 42 页。

[4] 参见 T. W. Adorno, *Negative Dialektik*, p. 225。

第四章 否定的自由观

我观念一样，都带有虚幻性："对存在主义而言，就像对费希特一样，任何客观性都无关痛痒。"① 在题为"自由与组织化的社会"（Freiheit und organisierte Gesellshaft）这一小节中，阿多诺更为明确地指出："社会决定了个人成为什么样子"，在这一根本境况中，个人的自由或不自由也就显得无关紧要了。② 换言之，在一个错误的社会中，主体的自决与自由不过是一种意识形态的矫饰，即便自由地做出选择，但实际上行为主体是无法承担这一道德责任的，因而他的生活仍然无法过得"正确"。

如果说阿多诺对以萨特为代表的存在主义自由观的批评仅是浅尝辄止的话③，那么他对康德自由观的批判性分析则相当深入。我们在前一章已经指出，康德包括自由观在内的道德哲学思想建立在其人性划界的基础之上：作为感觉世界的一员，人是自然因果链条中的一个环节，既然食人间烟火，便会有七情六欲——毋庸置疑，拥有特殊性与经验性的感性人格之人必须服从这些外在的、异己的、不可抗拒的自然法则，在这个意义上，他毫无自由可言；另一方面，作为理智世界的一员，人同时还拥有着一般意义上的理性人格，因而是自身道德法则（道德义务）的订立者，也正是在这个意义上，康德说人是一种自律性存在。换言之，只有理智世界的成员、一个具有道德人格的有理性者才能获得真正意义上的自由——"自由就是理性在任何时候都不为感觉世界的原因所决定"④。

然而，在阿多诺看来，康德诉之于普遍必然的道德律令（纯粹义务）

---

① T. W. Adorno, *Negative Dialektik*, p. 59. 我们知道，费希特在"实践知识学"部分写道："一切现实的最终根据，对自我而言，乃是自我同它之外的某种东西之间的一种原始交互作用。"在费希特看来，这种出离于自我，却又与自我截然对立的非我作为"这样一种最初的推动者"，使得自我成为一种有所行动的"现实存在"；然而，这个起推动作用的非我"毕竟是由它自己（自我——引者注）所设定的"。参见［德］费希特《全部知识学的基础》，王玖兴译，商务印书馆 1997 年版，第 203—204 页。显然，费希特大费周章地论证自我与非我在观念性与实在性上的原始交互关系，目的在于确证绝对自我的先验统一性。

② 参见 T. W. Adorno, *Negative Dialektik*, Frankfurt am Main: Suhrkmp, p. 218。

③ 在戴维·谢尔曼（David Sherman）看来，阿多诺在《否定辩证法》中对萨特思想的批评，不过是重申了其早年间对克尔凯郭尔的诘难，甚至很多用词都与《克尔凯郭尔：审美对象的建构》如出一辙。参见 David Sherman, *Sartre and Adorno: The Dialectics of Subjectivity*, New Yoyk: State University of New York Press, 2007, pp. 75-78。

④ ［德］康德：《道德形而上学原理》，苗力田译，第 76 页。

在通向正确生活的途中

来确保主体的自由（所谓自由即自律）也不过是一种掩耳盗铃。因为资本主义社会的成员根本无力与已经获得独立性的、作为"第二自然"而存在的社会相对抗，不仅如此，以等价交换原则作为金科玉律的泛商品化生活实践也从未，也不可能赋予社会成员以"全面的自律"（die ungeschmälerte Autonomie）。[1]

事实上，康德在其晚年的道德哲学代表作《道德形而上学》一书中，已开始着手探讨道德律令的现实化这一更为紧迫的问题。在谈到一个行为的正当性标准时，康德指出："任何一个行动，如果它，或者按照其准则每一个人的任性的自由，都能够与任何人根据一个普遍法则的自由共存，就是**正当的**。"[2] 显然，此时的康德更为注重自由的现实有效性或者说德行的合理性问题，不仅如此，我们可以发现，在纯粹的实践理性中也蕴含着人与人之间的社会关系（康德所谓"共存"）。毕竟，自由的实现、德性的实践仍然需要"有人身的"个体及其所组成的现实社会。正如黑格尔在《法哲学原理》第 136 节所言，现代社会中对个体自由绝对化的强调，会使得个体及其良心因缺少对立面或规定性而无法在现代社会中立足："良心是自己同自己相处的这种最深奥的内部孤独，在其中一切外在的东西和限制都消失了，它彻头彻尾地隐遁在自身之中。人作为良心，已不再受特殊性的目的的束缚，所以这是更高的观点，是首次达到这种意识、这种在自身中深入的近代世界的观点。……良心知道它本身就是思维，知道我的这种思维是唯一对我有约束力的东西。"[3] 一方面，道德的领域只有通过内向的观察才得以可能，因此，我们也必须把自由理解为自我关联的一种特殊形式：只有当主体反思地证明他是如何做的时候，我们才能真正地谈论自由[4]；然而，另一方面，自由的实现需要从自我反思中"走出"，需要摆脱那种"最深奥的内部孤独"。因此，康德终究还是在物自体（理智世界）意义上来谈道德实践的，因此，自由等理念的实在性归根结底仍是先验的，无法落到"实处"。阿多诺对此持批判态

---

[1] 参见 T. W. Adorno, *Negative Dialektik*, p. 220。
[2] 李秋零主编：《康德著作全集》第 6 卷，第 238 页。
[3] ［德］黑格尔：《法哲学原理》，范扬、张企泰译，第 139 页。
[4] 参见［德］霍耐特《不确定性之痛：黑格尔法哲学的再现实化》，王晓升译，华东师范大学出版社 2016 年版，第 62 页。

第四章 否定的自由观

度。在他看来，康德思想中的自由与压制（主要是对自然冲动的压制，也就是对爱好、兴趣、同情心的压制）是一体两面的统一体①。与此相反，阿多诺认为，"自我应当使自己不依赖于那些与自我的自由原则、与自我自己的理性原则不相融洽的东西"②。在某种意义上，无论是自由即自律，还是自由即选择，都含有一种主体回归自身的倾向，这种回归既是对外部世界的超强作用的一种反抗方式，但又从另一方面吹响了主体撤退的"归营号"③：

> 无论如何，人们在康德那里不会感受到，个人的道德行为可以对外在的真实起作用。个体在面对**外在真实**时的真正的**无能为力**的因素，在**内在的条件**下肯定对康德的纯粹的内在性建构具有本质意义。**道德主体**的观点从一开始就决不可能成为**世界之形成**的观点，因为它不管怎样都不会对世界发生影响，尽管也有对世界形成的极为抽象的思考，但道德主体与具体的、历史的力量的关系却根本就未进入这种思考之中，因此，道德就必然变成一种**观念的东西**，从根本上讲变为这种**行动的形式**，它沉默而又事先确信，它的行动不可能直接地、立竿见影地对世界进程作出任何改变。在整个德意志唯心主义的道德哲学中，人们都可以感受这种**无能为力**。④

应该说，阿多诺批评以康德为代表的理性自由观和以萨特为代表的选择自由观，实际上都着眼于资本主义的社会现实（由"具体的、历史的力量"所造成的"外在真实"）。实际上，无论是强调理性与德性的古典人道主义还是立足于种种非理性情绪的 20 世纪的新人道主义，它们都遵循着康德所谓"人是目的"这一宗旨或者说价值取向。有意思的是，当人道主义同盟邀请阿多诺参加他们的组织时，阿多诺曾对这个组织的创立者说："如果你们的俱乐

---

① 在《道德形而上学》中，康德谈到了内在自由的两点要求：在一个给定的情况下**控制**自己和做自己的**主人**，亦即驯服激情、驾驭情欲。参见李秋零主编：《康德著作全集》第 6 卷，第 420 页。
② ［德］T. W. 阿多诺：《道德哲学的问题》，谢地坤、王彤译，谢地坤校，第 80 页。
③ 参见［德］T. W. 阿多诺《道德哲学的问题》，谢地坤、王彤译，谢地坤校，第 174 页。
④ ［德］T. W. 阿多诺：《道德哲学的问题》，谢地坤、王彤译，谢地坤校，第 175—176 页，黑体为引者所加。

部叫做非人道同盟，我也许还愿意加入，我不能加入一个自称是人道主义的同盟。"① 在阿多诺看来，"人性"这个范畴容易使人们将其作为一种固定而僵化的同一性概念，当人们把人性或者人道主义轻松地挂在嘴边时，或许已经扭曲甚至消弭对现实的反思与批判："人们今天更应该在对**非人性事物的具体谴责**中，而不是在人的存在的没有约束的、抽象的定位中寻找道德哲学。"② 为此，阿多诺试图对抽象的道德法则釜底抽薪，以一种非同一的否定辩证法祛除这一"目的"的自足与虚妄——"这是批判这样一种社会的激情。在这个社会中一切都是手段，一切都不是目的，但另一方面，这种思想是对下面这点的辩证补充，即道德意识、为自己立法的理性相反地使自身成为自己的目的，并因而成为偶像，因为理性实际上是在怀疑，在它自身**之外**任何目的是否能够在现实中得到实现"③。为了解决这种"双重冲突"或者两难，阿多诺从自由的辩证法或道德主体与外部世界的辩证法的角度出发，以非同一的道德哲学或否定主义道德哲学为人类的"正确生活"指明方向。

第二节 "奥斯维辛之后的"自由何以可能

在《道德哲学的问题》第十五讲中，阿多诺集中探讨了康德的自由学说。首先，他肯定了自由之于道德哲学的重要性，即"没有自由，没有引入自由的理念，道德哲学这类东西就毫无意义"④，因为在完全的决定论或彻底的因果必然性中，善恶标准没有意义，个人的选择与责任也无从谈起。阿多诺在回顾了从亚里士多德到斯多噶派的自由观念后，指出康德将传统道德哲学摆脱欲望冲动以及情绪的动机发挥到极致：

---

① ［德］T.W. 阿多诺：《道德哲学的问题》，谢地坤、王彤译，谢地坤校，第191页，黑体为引者所加。

② ［德］T.W. 阿多诺：《道德哲学的问题》，谢地坤、王彤译，谢地坤校，第198页，黑体为引者所加。

③ ［德］T.W. 阿多诺：《道德哲学的问题》，谢地坤、王彤译，谢地坤校，第176页，黑体为引者所加。

④ ［德］T.W. 阿多诺：《道德哲学的问题》，谢地坤、王彤译，谢地坤校，第166—167页。

第四章 否定的自由观

在康德那里，这个动机达到了极致，因为自由这个概念最后被看做是某种不再受限制的原因。康德的道德哲学在本质上将自己称为一种**观念伦理学**，因为自由被规定为一种**完全形式的东西**，如果你们愿意，还可以说，它被规定为认识论，所以，不仅所有的具体依赖性被取消，而且任何与事实（可能对伦理学本身产生影响的事实）的关系也被取消。①

尽管康德将这种极端的观念伦理学视为一种功绩，因为他将道德完全纳入主体的内在性之中，不给他律或者外界特定条件及其具体规定留下任何余地，但这种内在的自律所造成的只是一种完全形式化的自由，因为"内在性其实无非就是理性本身的抽象联系点"②，由此出发理解的自由也就只能是纯然与外界事实无关的抽象自由。

从阿多诺的运思轨迹可以看出，自由问题贯穿在其撰写《否定辩证法》的过程之中。他在1963年春季学期集中阐发道德哲学之后，又于1964—1965学年开设了"历史与自由"系列讲座，它分为三个部分：（1）历史；（2）进步；（3）自由。就在分析自由问题的开篇，阿多诺同样以一种否定主义的方式讲道：

> 我们或许可以说，没有一种作为肯定规定性（positive determination）的自由；不存在一种简明形式的自由。我们只能说，自由是必须被创造或创造自身的事物。正如你们所知，康德自由学说提出的困难与它从未真正逃避开的一种二律背反相关联。这些困难源于如下事实，即康德认为或暗示，一方面自由是人性唯一可能的确定特征，然而另一方面，自由不能被视为某种作为事实的当下之物。但是，如果自由仅仅停留在**观念领域**（the realm of ideas），不具备成为现实的任何可预见或可确定前景，它将退化为某种模糊的和无实质意义的事物。……没有这种自由概念，我们就无法设想一种人们在一起和平相处的局面，但即便如此，这

---

① ［德］T.W.阿多诺：《道德哲学的问题》，谢地坤、王彤译，谢地坤校，第167页，黑体为引者所加。

② ［德］T.W.阿多诺：《道德哲学的问题》，谢地坤、王彤译，谢地坤校，第167页。

种自由在**事实性的现实领域**(the realm of factual reality)中却难觅踪迹。康德极为坚持其从每种经验污点中**纯化**自由的努力,以此作为伦理学的基础,然而如果我们悖谬地想要揭示其经验的事实性根基,它将引我们到一片空虚之地——也就是说,到达如下经验,即自由从未在我们所知的整个历史和自然经验领域中成为现实。[1]

阿多诺认为,需要寻找某种"中介联系"(mediating link)来破解康德所提出的自由与必然的二律背反,从而解决自由在观念领域与事实性的现实领域中的两难处境:在观念领域的应然存在与事实性现实领域的尚未存在。在笔者看来,阿多诺借助非同一哲学,试图将个体置于"整个历史和自然经验领域"之中,由此使自由对于个人而言真正具有现实性。就此而言,自由绝非出于单个有理性者的纯思,即便对它的思考与追求有赖于每一个人;恰恰相反,"我们需要意识到,作为某种纯粹个体性的自由观念自身是一种抽象,它从我们作为**活生生的社会个体性存在**(living, social individual being)生存于其间的情境(contexts)之中抽身而出;而缺失了这些情境,自由将毫无意义"[2]。显然,阿多诺将人们生存于其中的"情境"视为一种作为观念的自由和作为现实的自由这种自由辩证法的"中介联系",这也体现出阿多诺道德哲学思想中的某种历史唯物主义因素。

更进一步来看,在《否定辩证法》的那条批评萨特自由观的注释中,阿多诺直接道出了他对"自由"的理解:

> 自由的人首先必须不屈从于任何选择,而自由的征兆之一(eine Spur von Freiheit)便是在现存状态中拒绝做出选择。自由意味着批判并变革处境(Situationen),而非在这种处境的强制性结构(Zwangsgefüges)中通过选择来对其加以确认。[3]

---

[1] T. W. Adorno, *History and Freedom*, edited by R. Tiedemann, translated by R. Livingstone, Cambridge: Polity Press, 2006, pp. 177-178,黑体为引者所加。

[2] T. W. Adorno, *History and Freedom*, p. 178,黑体为引者所加。

[3] T. W. Adorno, *Negative Dialektik*, pp. 225-226.

第四章　否定的自由观

　　显然，阿多诺所说的这种"强制性结构"就是他身处其中的资本主义社会结构。在这种强制性社会结构中，市场交换所遵循的等价交换原则进一步抽象化为人们之间赤裸裸的金钱关系，福特主义的流水线生产模式（产品按照标准化组件进行生产）则普遍化为一种看似运行合理的社会组织机制，个体就像生产线上的劳动力一样必须服从这一早已自成一体的齐同均一法则。正如我们在第一章所言，阿多诺在收录于《启蒙辩证法》的"文化工业：作为大众欺骗的启蒙"中对这种强制性结构给予了深刻的剖析：促进生产社会化的技术合理已经变成了**支配合理性**本身，具有了社会异化于自身的**强制本性**。一旦资本主义社会制度成为独立于个体的一台自我维持、自我延续、铁板一块的自动机器，那么，社会成员的自由与独立充其量不过是纸上谈兵，无主体的客观社会结构将人贬低成为它的附属物，最终扭曲了自我完善与发展这一内在于自身的自由本性，这种悖谬的自由辩证法也就是阿多诺所说的"错误生活"。

　　因此，阿多诺认为，在这种一体化的强制性社会处境中，个体成员自由选择自己的"所是"，或者说作为社会主体而自由地为自己订立道德法则，都不过是一种虚妄、臆想。换言之，康德或者萨特所宣称的这种"肯定性自由"（positive Freiheit, positive freedom）最终会陷入悖谬，过分强调主体（道德王国成员）的自由而忽略社会条件的限制，使得康德或者萨特成为社会现状不自觉的辩护者，自律的人为自身的行为准则立法、自由选择自己的命运，即使是在一种恐怖处境中（例如，在奥斯威辛集中营中的犹太人或许只能"自由地"去选择以何种方式被屠戮）也要承担自己的责任和义务，这种依赖于理性或非理性主体自身的肯定性自由确实有些荒诞不经。在阿多诺看来，康德之所以未能解决因果性与自由的二律背反，在于"被康德看做人的**自然联系**的东西，同时也是人的**社会联系**。因为在**第二自然**中，即在我们所处的广泛依赖性之中，是不存在自由的；因而在这个被统治的世界中也没有伦理学"①。正是在这一意义上，阿多诺明确提出自由就是对这一不透明的"强制性结构"进行彻底的"批判"、"拒绝"乃至于"变革"，换言之，"伦理学的

---

① ［德］T.W. 阿多诺：《道德哲学的问题》，谢地坤、王彤译，谢地坤校，第199页，黑体为引者所加。

前提就是对被统治的世界进行批判"①，只有这样，生活于这种社会处境或情境之中的"活生生的社会个体性存在"才能真正通达自由之境，彼此也才能真正"和平共处"。

有鉴于"肯定性自由"看似树立了主体的权威，但实际上却印证了个人的不自由，阿多诺针锋相对地提出了一种"否定性自由"（negative Freiheit, negative freedom）：

> 自由只能在**特定的（限定的）否定**这一意义上（in bstimmter Nagation）被把握，以此与不自由的具体构型（der Konkreten Gestalt von Unfreiheit）相对应。②

按照阿多诺研究专家施威蓬豪依塞尔（G. Schweppenhäuser）的理解，"特定的（限定的）否定"是阿多诺哲学思想——特别是其否定辩证法——的一个关键性出发点。③ 毋庸置疑，辩证法大师黑格尔对"特定的否定"极为重视。在《精神现象学》题为"论科学知识"的序言中，黑格尔特意强调了知性思维与概念（辩证）思维在否定观上的区别：前者只是一种驳斥和消灭内容的"空洞的**否定**"，它本身是一种"极限"，因而无法超越自身"而达到一种新内容"；后者则不然，它否定性地关联着作为大全的真理整体，"否定本身就是内容的一部分"，因而"否定也就是**肯定**"。换言之，"特定的（限定的）否定"是一种有内容的、特定的而非形式化的、空泛的否定。④

事实上，阿多诺正是借助这一"特定的否定"来思考"否定性自由"，进而反思"正确生活"的可能性。首先，阿多诺借助"特定的否定"或"限

---

① ［德］T. W. 阿多诺：《道德哲学的问题》，谢地坤、王彤译，谢地坤校，第199页。
② T. W. Adorno, *Negative Dialektik*, p. 230，黑体为引者所加。
③ 参见［德］格尔哈特·施威蓬豪依塞尔《阿多诺》，鲁路译，中国人民大学出版社2008年版，第32—40页。不仅如此，日本学者细见和之也认为，"限定的否定"是理解阿多诺"非同一性"思想的关键。参见［日］细见和之《阿多诺：非同一性哲学》，谢海静、李浩原译，卞崇道校，河北教育出版社2002年版，第156—158页。
④ 参见［德］黑格尔《精神现象学》（上卷），贺麟、王玖兴译，商务印书馆1997年版，第40页。

第四章 否定的自由观

定的否定"观来把握试图摆脱同一性概念拜物教的非概念性事物（个体生命及其个性化体验），可以说是将哲学分析导向特殊性与客观性（正如我们在上一章所论，由此承认个体生命的优先性），导向对强加于非同一性事物之上的概念化强制力量的清除。① 更重要的是，借助特定的否定观，阿多诺洞察到主体与客体、个体与社会的非同一性关系正是对于社会整体的经验："辩证矛盾在对社会的体验中被体验到。"② 既然资本主义社会整体已经确立了将诸多特殊个体裹挟其中的主客同一的统治关系，已然成为一种不自由的强制结构，那么一味地伸张个体自由根本无济于事；相反，必须以内在的、从根本上否定这一特定社会实存处境（"强制性结构"）为前提，才能洞察到"不自由的具体构型"：与康德的见解相反，阿多诺认为在组织化、官僚化的现代社会中，个体并不是一种自律的、自我决定的理性存在，它们至多只能对加诸自身的外部管理机制、社会体系做出反应。个体由此所得到的自由感不过是一种对抗外在世界以及他人的挣脱感，不过是一种个体化原则（Prinzip der Individuation）的翻版。然而，在资本主义社会中，这种自由感与个体化原则一样，不过是种"幻象"。③ 正如马克思指出的那样，"被斯密和李嘉图当做出发点的单个的孤立的猎人和渔夫"，不过是"迄今为止最发达的社会关系（从这种观点看是一般关系）的时代"的一种历史性建构，④ 这种所谓的"一般关系"实际上不过是摆脱了个人而自然化、客观化的资本主义"强制性结构"而已。或者也可以这样说，这一资本主义现代化进程中的主体构成过程"涉及支配，涉及对强制性规范的屈服"⑤。

不仅如此，深入把握阿多诺"否定性自由"观，还需联系其否定的辩证法观点。阿多诺认为黑格尔的否定观是不彻底的，它最终仍然复归于肯定（在历史与自然、思维与存在之间达到和解），这实际上仍然是对现存事物的认可：

---

① 参见 T. W. Adorno, *Hegel: Three Studies*, translated by Shierry Weber Nicholsen, Cambridge, MA. And London, England: The MIT Press, 1993, p. 80。

② T. W. Adorno, *Hegel: Three Studies*, p. 78.

③ 参见 T. W. Adorno, *Negative Dialektik*, pp. 258-259。

④ 参见《马克思恩格斯选集》第 2 卷，第 683—684 页。

⑤ [美] 安东尼·J. 卡斯卡迪：《启蒙的结果》，严忠志译，商务印书馆 2006 年版，第 29 页。

在通向正确生活的途中

虽然他（黑格尔——引者注）的经验实际上确定了资本主义社会的局限，这些局限包含在其自身的倾向之中，然而作为一位资产阶级的唯心主义者，他止步于该界限之处，因为他看不到存在于**该界限另一边**的真实历史力量。他无法解决他的辩证法与其经验之间的矛盾：正是这个原因迫使黑格尔的批判保持**肯定性**。[1]

为此，阿多诺指出辩证法的力量在于批判这种黑格尔式的肯定性否定（positive Negation），在于"他者对同一性的抵制"，以此获取"非同一物"（Nichtidentische）、异质之物[2]：相比于西方文明，东方文明就是一种非同一性的"他者"；相比于日耳曼人，犹太人也是一个"他者"；相比于人类，自然以及其他物种同样是一种"他者"。如果遵循同一性的思维方式，那么，当面对着立身于前的这个异质的"非同一之物"（他者）时，以主体（主人）自居者必然先是恐惧，进而除之（征服、控制）而后快。如前所述，维尔默（A. Wellmer）就指出，"阿多诺在哲学体系中发现了狂妄的、**强迫性**的元素。在阿多诺那里，对'同一性思考'的批判变成了对**总体化理性**的批判，而阿多诺自己的哲学也成为了某种试验：挣脱概念性思考中的**秩序强迫**"[3]。事实上，所谓"总体化理性"的"秩序强迫"，也就是运用同一性思维逻辑控制、主宰诸多构型的"非同一物"。由此，看似无所不为（在康德的意义上，即不仅能够为自然立法，甚至可以为自身立法）的（肯定性）自由个体反而被强制性的社会整体吞噬。在这种社会处境中，"正确地生活"只能是黄粱一梦。

---

[1] T. W. Adorno, *Hegel: Three Studies*, p. 80，黑体为引者所加。在"理论与实践的旁注"一文中，阿多诺也谈道："康德的道德哲学和黑格尔的法哲学代表了资产阶级实践自我意识（the bourgeois self-consciousness of praxis）的两个辩证阶段。按照将这种意识撕扯开的特殊与普遍的二元论，各执一端的两位哲人都是错误的。只要一种更高的实践形式尚未在现实中揭示自身，他们每个人就都只能反对对方而证明自身。"参见 T. W. Adorno, "Marginalia to Theory and Praxis", in *Critical Models: Interventions and Catchwords*, p. 264。

[2] 参见 T. W. Adorno, *Negative Dialektik*, pp. 161-163。

[3] [德] 阿尔布莱希特·维尔默：《论现代和后现代的辩证法——遵循阿多诺的理性批判》，钦文译，第103页，黑体为引者所加。

第四章 否定的自由观

在笔者看来,从肯定性自由与否定性自由的辩证法出发,我们或许能够真正领会阿多诺所说的"错误的生活无法过得正确"的深意所在。这就是说,如果人们问起在发达资本主义社会中怎样才能"正确地生活"这样一个问题,阿多诺根本不会给出任何肯定性或者说建设性的回答(比如设计一些正确生活的准则)。因为,生活及其所赖以可能的生存情境本身已经被扭曲,"或许人们唯一可以讲的是,正确的生活在今天就存在于对某种错误生活的诸形式的**反抗形态**之中",换言之,"除了这种**否定的指南**以外,确实不能提出其它东西"了。① 因此,只有在否定并反抗作为一种特定处境的发达资本主义强制性社会结构及其规范的基础上,每一个人类个体才能够真正自由而自主地审视正确生活的可能性。就此而言,阿多诺明确指出,我们根本无法想象一种"孤立的、没有整个社会自由的自由"②。进而言之,"被管制社会"对社会生活的彻底整合乃至于入侵足以使得生活于其间的个体的自由决定沦为一种假象,不过是永恒重复着这个"被管制社会"的所爱或所恨——这也正是阿多诺批评海德格尔生存论存在论和萨特存在主义时的矛头所指。

应该说,阿多诺的这种否定性自由观隐含着马克思和恩格斯在《德意志意识形态》中"使现存世界革命化,实际地反对并改变现存的事物"③ 这种实践向度——正如阿多诺在《理论与实践的旁注》(*Marginalia to Theory and Praxis*)一文中所言:"一种对情境的分析并不等同于符合于该种情境在反思情境时,分析强调了那些有可能**超越**(lead beyond)情境所蕴含的既定束缚的方面。这就是理论与实践关系不可估量的相关性。"④ 当然,阿多诺更多的是将实践限制在对种种令人发指的"非人性"的规范与处境进行的反思与批判之中,而没有像历史唯物主义创始人那样进一步考察社会变革与人类解放的现实路径。

确如阿拉斯塔尔·摩根(Alastair Morgan)所言,阿多诺在构建其非同一性哲学时,主要借助了一种黑格尔式的辩证经验概念和一种修正了的马克思主义

---

① 参见 [德] T. W. 阿多诺《道德哲学的问题》,谢地坤、王彤译,谢地坤校,第 189—190 页,黑体为引者所加。
② [德] T. W. 阿多诺:《道德哲学的问题》,谢地坤、王彤译,谢地坤校,第 199 页。
③ 《马克思恩格斯选集》第 1 卷,第 155 页。
④ T. W. Adorno, "Marginalia to Theory and Praxis", in *Critical Models: Interventions and Catchwords*, p. 264.

唯物主义概念。① 在下一节中，我们就来集中探讨马克思唯物史观视域中的人学思考，以此为考察阿多诺自由学说及其非同一性道德哲学提供一种批判性参照。

第三节　自由的双重意蕴

当代加拿大政治哲学家查尔斯·泰勒（C. Taylor）在《承认的政治》中指出：

> 在 18 世纪以前，从来没有人认为人与人之间的差异具有这种道德上的含义。存在着某种特定的作为人的方式，那是"我的方式"。我内心发出的召唤要求，我按照这种方式生活，而不是模仿别人的生活。这个观念使忠实于自己具有一种前所未有的重要性。如果我不这样做，我的生活就会失去意义；我所失去的正是对于我来说人之所以为人的东西。②

应该说，泰勒的论述与马克思的分析思路是一致的。在马克思看来，人类历史的第一个活动就是从事满足自身生存资料的生产活动，这也使得人成为一种名副其实的社会动物。"我们越往前追溯历史，个人，从而也是进行生产的个人，就越表现为不独立，从属于一个较大的整体：最初还是十分自然地在家庭和扩大成为氏族的家庭中。"③ 显然，在自给自足式的自然经济占主导地位的农耕文明时代，人的生产能力只是在狭小的范围内和孤立的地点上发展着，人与人之间的交往也极为狭窄（体现为人身依附关系），人的社会化程度还相对较低："［劳动者］对生产条件的所有制表现为同共同体的狭隘的、一定的形式相一致，因而同个人的狭隘的、一定的形式相一致，这种个人具有为组成这种共同体所需的特性，即狭隘性和自己的生产力的狭隘发展。"因此，虽然共同体内部的个人之间彼此联系紧密，但其中的每

---

① 参见 A. Morgan, *Adorno's Concept of Life*, New York: Continuum International Publishing Group, 2007, p. 51。

② ［加］泰勒：《承认的政治》，载汪晖、陈燕谷编《文化与公共性》，生活·读书·新知三联书店 2005 年版，第 294—295 页。

③ 《马克思恩格斯选集》第 2 卷，第 684 页。

一个个体都不能也无力代表自身,他们只是共同体目的的"活的承担者"。①就此而言,在前现代社会,贵族总是贵族,平民总是平民,他们的个性就寓于其社会规定性之中。换言之,在前现代社会,没有生来就有的这种社会联系(先天规定性),人们就无法辨识他自己,处于同一共同体中的个人之间没有质的差别。

由西方率先开启的工业文明时代,使得人的自我意识日益凸显、个体的权利意识日渐鲜明:"只有到18世纪,在'市民社会'中,社会联系的各种形式,对个人来说,才表现为只是达到他私人目的的手段,才表现为外在的必然性。"②毋庸置疑,18世纪以来的启蒙时代是一个理性的时代,政治上人们呼唤平等、经济上人们要求保护自己的财产、思想上人们有勇气运用自己的理智反思自我、反思社会,由此,个体获得了属于自己的特定社会身份。然而,马克思敏锐地指出,通过人与人的物质生产活动结合而成的社会联系,在资本主义社会中通过等价交换的原则,却已异化为物与物的关系,从根本意义上讲,"我"和"你"之间只有赤裸裸的金钱关系,也就是一种"发达的货币关系";由此,社会联系与个人彼此外化了,个人把社会关系当作一种外在的手段、当作一种工具来利用,用它来追逐自己的私人目的、追逐个人利益:

> 但是,产生这种孤立个人的观点的时代,正是具有迄今为止最发达的社会关系(从这种观点看来是一般关系)的时代。人是最名副其实的政治动物,不仅是一种合群的动物,而且是只有在社会中才能独立的动物。孤立的个人在社会之外进行生产——这是罕见的事……③

另一方面,马克思所分析的"最发达的社会关系"是资本主义生产、交换、分配和消费所导致的一个作为"第二自然"的"商品世界",这种"第二自然"一旦形成就具有自己独特的运行规律。不仅如此,正如西方马克思

---

① 《马克思恩格斯全集》第30卷,第540页。
② 《马克思恩格斯选集》第2卷,第684页。
③ 《马克思恩格斯选集》第2卷,第684页。

> 在通向正确生活的途中

主义开创者卢卡奇的物化理论所言,"人自己的活动,人自己的劳动,作为某种客观的东西,某种不依赖于人的东西,某种通过异于人的自律性来控制人的东西,同人相对立"①。在自我意识凸显、个体利益伸张的同时,同样独立的他人也走进了"我"的视野,当然,是以一种彼此冷漠而疏离的原子化方式。如果说在前现代的共同体中,自我与他人在某种意义上确实亲密无间,不分彼此,那么在这种彻底物化的现代社会,他人不再匿名,每一个独立的自我都需要一个或多个作为工具、手段的他人来满足自身的需要。从根本上说,自我与他人在这种发达的货币关系中是互为手段、截然对立的,"各个人**看起来似乎**独立地(这种独立一般只不过是错觉,确切些说,可叫作——在彼此关系冷漠的意义上——彼此漠不关心)自由地互相接触并在这种自由中互相交换",然而,"只有在那些不考虑个人互相接触的**条件**即**生存条件**的人看来",每个人才显得是独立自主。②

正是因为没有立足人的历史性实践活动考察人的生存状况和人与人之间的社会关系,费尔巴哈虽然以人本学唯物主义激烈地批判了黑格尔的理性神秘论,但终究没有解决自然与历史的"二律背反"。在《德意志意识形态》第一卷第一章中,马克思与恩格斯将"连续不断的感性劳动和创造、这种生产"(也就是我们在上文中论述的人作用于世界的对象性活动)视为"整个现存的感性世界的基础"③,由此出发着力批判了这种抽象的人学观点:

> 费尔巴哈设定的是"人",而不是"现实的历史的人"。"一般人"实际上是"德国人"。……他没有看到,他周围的感性世界决不是某种开天辟地以来就直接存在的、始终如一的东西,而是工业和社会状况的产物,是历史的产物,是世世代代活动的结果……他还从来没有看到现实存在着的、活动的人,而是停留于抽象的"人",并且仅仅限于在感情范围内承认"现实的、单个的、肉体的人",也就是说,除了爱与友情,而且是理想化了的爱与友情以外,他不知道"人与人之间"还有什么其他

---

① [匈]卢卡奇:《历史与阶级意识——关于马克思主义辩证法的研究》,杜章智等译,第150页。
② 《马克思恩格斯全集》第30卷,第113页。
③ 《马克思恩格斯选集》第1卷,第157页。

的"人的关系"。……可见,他从来没有把感性世界理解为构成这一世界的个人的全部活生生的感性**活动**……①

因此,一旦站在历史的视野之外,在一般意义上研究人("一般人")以及人与人的关系("理想化了的爱与友情")时,就会陷入历史唯心主义的泥淖。如果说在写作《1844年经济学哲学手稿》时期的马克思对人的对象性存在方式还带有一定的抽象色彩或者说更多的是从哲学思辨出发考察人的类特性,那么,在其理论思考进展至唯物史观阶段,亦即从"现实的人"出发考察人自身及其历史命运的时候,"看到改造工业和社会结构的必要性和条件"② 便是顺理成章的事了。需要注意的是,生长在"周围感性世界"中的"现实的人"同样是"历史的产物",因为"生产物质生活本身"这一为"现实的人"所特有的对象性活动——马克思和恩格斯称之为人的"第一个历史活动"③ ——不能随心所欲,"不是在他们自己选定的条件下创造,而是在直接碰到的、既定的、从过去承继下来的条件下创造"④。事实上,人(自我)与人(他人)之间的社会性关系同样"不是某种开天辟地以来就直接存在的、始终如一的东西",西方启蒙运动思想家宣扬的平等、自由与博爱,仅仅是一种价值悬设,在赤裸裸的个人利益面前,却往往不堪一击,个体的自由全面发展必须要在历史深处寻找答案。无怪乎列宁曾经特别指出,马克思和恩格斯共同创立的历史唯物主义"特别坚持的是**历史**唯物主义,而不是历史唯物主义"。⑤

显然,马克思在历史与现实的双重维度中批判"以物的依赖性为基础的人的独立性"这种人类历史发展的"第二大形式",揭示出其在历史主体(劳动者)与历史客体(生产关系)上的双重异化。与此同时,人的自由个性与全面发展正是建立在上述这种还受到抽象统治的阶段之上,因为,"全面发展的个人……不是自然的产物,而是历史的产物",自由个性正是以"建立

---

① 《马克思恩格斯选集》第1卷,第155—158页。
② 《马克思恩格斯选集》第1卷,第158页。
③ 《马克思恩格斯选集》第1卷,第158页。
④ 《马克思恩格斯选集》第1卷,第669页。
⑤ 《列宁选集》第2卷,人民出版社1995年版,第225页。

在交换价值基础上的生产为前提的,这种生产才在生产出个人同自己和同别人相异化的普遍性的同时,也产生出个人关系和个人能力的普遍性和全面性"。① 质而言之,马克思没有简单地从先验原则出发思考立身于世的人,也没有机械地从直观态度出发考察人立身于其中的世界(以及他人),作为从事历史性对象化活动的人,其向自由个性的发展不是一蹴而就的,关键在于,"他把自己的历史作为**过程**来理解"②。

我们有理由认为,从马克思早期作品中对"抽象公民"和"真正的人"的区分③到马克思和恩格斯对于"抽象的人"的历史唯物主义批判,以及现实的个人的自由全面发展基于其客观生存条件与社会历史发展等经典马克思主义人学思想,对理解阿多诺的道德哲学思想至关重要。正如他在《否定的辩证法》中论及生命时所谈的那样,"概念即便抽象到了接近不变性的程度也证实是**历史性的**。生命的概念就是一例。尽管生命在盛行的**不自由条件**下要不断地再生产自身,但它的概念据其自身的意义却以尚未被包括进来的万物、尚未被经验到的万物的可能性为前提——而且这种可能性已被大大减少了,以致'生命'这个词现在听起来就像是一种空洞的安慰"④。换言之,如果人类要实现真正的自由(超越看似铁板一块的不自由现状),如果生命不仅仅是空洞的慰藉而是获得真实的内容(体验到未被当下社会同一性整体所包括的事物),首先需要对这种"盛行的不自由条件"进行批判——实际上,这也是解决自由意志与决定论二律背反(康德)以及无限与有限之间矛盾(黑格尔)的关键,毕竟,"只有在一个自由的社会中,个体才能获得自由"⑤。

按照雷蒙德·盖耶斯(Raymond Geuss)的考察,自由概念在西方思想史

---

① 《马克思恩格斯全集》第30卷,第112页。
② 《马克思恩格斯全集》第30卷,第541页。
③ 英国学者大卫·利奥波德(David Leopold)认为,马克思在《论犹太人问题》等早期著作中"关于人类解放的部分主要是分析什么样的社会才可以使个体能充分发展和发挥能力"。参见〔英〕大卫·利奥波德《青年马克思——德国哲学、当代政治与人类繁荣》,刘同舫、万小磊译,中山大学出版社2017年版,第182页。
④ T. W. Adorno, *Negative Dialektik*, p. 259,黑体为引者所加。
⑤ T. W. Adorno, *Negative Dialektik*, p. 261.

上大体有四层含义：作为自律的自由，以权能（power）为中心的自由，作为欲求之真实性（authenticity of desire）的自由，作为自我实现的自由。① 应该说，马克思与阿多诺都是在自我实现的意义上理解自由的，这种自我实现不是依靠纯粹有理性者的"立法"，只不过前者强调物质生产实践的前提性作用，而后者则更多寄托于彻底的自我反思与批判。换言之，对于阿多诺来说，自由"源于对既定社会构造和冲突的一种反应"，它作为一种批判的激情展现出来。②

事实上，根据阿多诺的非同一性哲学，这种批判的激情不仅能够使人通达自由之境，也是通向正确生活的重要途径，我们将在下一章中探讨这个问题。

---

① 参见 Raymond Geuss, *Outside Ethics*, p.71。
② 参见 Espen Hammer, *Adorno and the Political*, London and New York: Routledge, 2006, p.121。

第五章　从思之道德到正确生活

> 他（阿多诺——引者注）是个令人生畏却又极具魅力的人物，对我来说，他是20世纪中叶具有主宰地位的知识分子的良心，终其一生都在与各种危险周旋、奋战……阿多诺所表现出的悖论、反讽、痛恨所有的系统——不管是我们这一边的系统，或是他们那一边的系统。对他而言，人生最虚假的莫过于集体——他又一次说，整体是虚假的——他接着说，这种情况更增加了下列事物的重要性：主观、个人意识、在全面受到掌理的社会中无法严密管制的事物。
>
> ——爱德华·W·萨义德：《知识分子论》（第3章）[1]

在被誉为"当今美国最杰出的文化批评家"的爱德华·萨义德（Edward W. Said, 1935—2003）看来，阿多诺在流亡美国时写下的片断式省思录《最低限度的道德》（笔者在前几章中多次引用其中的相关段落并加以分析）虽然是一本伟大杰作，但却"古怪得几近神秘，既不是前后连续的自传，也不是主题式的沉思，甚至也不是有系统的铺陈作者的世界观"，这种写作方式使萨义德联想到俄国作家屠格涅夫长篇小说《父与子》中所呈现的巴扎洛夫这一形象，并由此推断，"知识分子由于按照不同的准则生活，所以并没有故事，有的只是一种**招致不安稳的效应**（destabilizing effect）；他撼天动地，震撼人们，却无法以他的背景或交友来完全解释清楚"[2]。笔者认为，这种阿多诺所招致的"不安稳的效应"在很大程度上源于其运用概念而又超越概念、坚守

---

[1] 参见[美]爱德华·W·萨义德《知识分子论》，单德兴译，陆建德校，生活·读书·新知三联书店2002年版，第49—51页。

[2] 参见[美]爱德华·W·萨义德《知识分子论》，单德兴译，陆建德校，第51页。

第五章　从思之道德到正确生活

个体生命及其体验优先性的非同一性道德哲学思想。

《最低限度的道德》第46节题为"论思想的道德"（Zur Moral der Denkens/On the morality of thinking），阿多诺在其中便运用其特有的非同一性思维方式探讨了他对知识分子道德责任乃至于"思之道德"的理解：

> 天真与精明是无尽纠缠在一起的两个概念，没有其中的一方另一方就无法充分发挥。对天真的捍卫，正如非理性主义者和所有吞食智识的人都是有失体面的。偏袒天真的反思对准了自身：狡猾与蒙昧主义总是它们之所是。间接地肯定直接性而不是将其理解为在自身中加以中介（in sich vermittelte/mediated within itself），这样做使思想扭曲为一种对其矛盾的辩解，扭曲为一种直接的谎言。这种扭曲迎合了所有不良的目的，从私人性的"现实就是这样"这种顽固不化到将社会的不正义作为自然状况来证明。然而，希望将这一对立作为原则并呼吁哲学——正如我曾经所作的那样——承担起成为精明的约束性义务（die bündige Verpflichtung zur Unnaivetät/the binding obligation to be sophisticated），也好不到哪里去。……甚至当精明是在理论上可接受的意义上被理解时，即当它扩展视域、超越孤立现象、考虑整体时，天空中仍有浮云停留。正是这种继续行进和无法停留，这种对**普遍性高于特殊性的无声承认**，不仅在假设概念具有实在性时构成了唯心主义欺骗，而且也构成了其非人性（Unmenschlichkeit/inhumanity）的一面，一旦把握住特殊性便将其在一种总体情况中加以化约，最终只是为了一种仅仅发生于反思中的和解而迅速地补偿苦难和死亡……①

应该说，这一段话既是阿多诺的自我批评，也体现了他对思想，特别是哲学反思之功用的独到理解：哲学反思并不是与天真无邪甚至非理性主义这些拒绝思想中介作用的立场截然相反的精明乃至狡诈，因为一旦摆脱现实或

---

① T. W. Adorno, *Minima Moralia*: *Reflexionenaus den beschädigtenLeben*, pp. 82 - 83; T. W. Adorno, *MinimaMoralia*: *Reflections from Damaged life*, pp. 73-74, 黑体为引者所加。这一节的完整译文见本书附录一。

在通向正确生活的途中

直接性,就很有可能忍受乃至无视现实中的"苦难与死亡"而认为"现实或者生活就是这样"——就像阿伦特对艾希曼的观察那样,这个执行纳粹屠杀犹太人的"最终解决方案"的主要负责人阿道夫·艾希曼看起来十分平庸,与常人无异,他为自己的辩解就是"一切都是奉命行事",因为现实(职责)就是这样(见导论);当然,仅仅在思想中与现实和解是一种愉悦的思辨体验,但这恰恰是"非人性的",事实上,正是"对普遍性高于特殊性的无声承认"使得苦难无法发声,思想的道德也就无从谈起——"辩证的中介并不是向更抽象的一方求援,而是具体事物自身的一种解决过程"。[①] 质而言之,思之道德便是忠实于具体、特殊的非同一之物,忠实于人类生活中的苦难与死亡。根据我们在前文中深入探讨的阿多诺非同一性哲学观,这种忠实,既不是直接地复制或者服从于看似"第二自然"的现实,也不是仅仅在思辨玄想中达成抽象的和解。

因此,对于"在错误生活中不存在正确生活"这一道德哲学箴言,我们首先要注意的是其出发点正是个体生命与社会整体之间的"辩证中介"(非同一关系),在一个苦难与死亡随时随地都在发生的非人社会中,个体的正确生活只能是看起来很美的乌托邦。需要指出的是,"正确生活"与传统意义上的"良好生活"(das gute Leben, good life)不尽相同。[②] "正确"既包括了规范性意义上的"正当",从而与"错误(不当)"相对应(比如,在图书馆大声喧哗是不当之举);与此同时,它也包含了事实性意义上的"真确",以此与"虚妄(不实)"相对应(比如,白日梦中的幸福是虚妄的)。反观"良好生活",则更多体现了古希腊伦理学以来的"善良意志"(good will)及德性(virtue)传统,但却无法将认知(事实)层面的"活得实在"与伦理(规范)层面的"过正当的生活"二者有机统一在一起。[③] 因此,阿多诺的"错误的生活无法过得正确"这一箴言提示我们,一方面,在当前处境中,由

[①] T. W. Adorno, *Minima Moralia: Reflexionenaus den beschädigtenLeben*, p. 83; T. W. Adorno, *Minima Moralia: Reflections from Damaged life*, p. 74.

[②] 就此而言,笔者认为《道德哲学的问题》的英译者罗德尼·里文斯通(Rodney Livingstone)将 richtig Leben 统一翻译为 good life 并不恰当。

[③] 参见 Fabian Freyenhagen, "Moral Philosophy", *Theodor Adorno: Key Concepts*, edited by Deborah Cook, Stocksfield Hall: Acumen, 2008, pp. 100-104。

第五章　从思之道德到正确生活

于个体还沉浸在肯定性自由的虚幻梦境中，因此"正确地生活"还不具备可能性；另一方面，由于发达资本主义社会及其道德、文化的强制性规范，更使得"正当的生活"没有立足之地。

有鉴于此，阿多诺提出了通向正确生活的两条路径，它们之间相辅相成、各有侧重，但却又紧密相关，互为表里。首先，通向正确生活的一条路径就是每个人都需要对他所过的生活、所处的社会进行反思与批判。在阿多诺看来，"反思是今天能够代表一种正确生活的事物的条件"。因此，只有真正扪心自问、自我省视，并坚持对看似正确或错误的规范、机制乃至于整个社会处境提出批评，才能使自身的生活重新为一种"反思的人性内容"所充实，亦即"对所信仰事物的一种矢志不移和坚持不懈"，而在反思的基础上，进一步批判那些"想在我们身上扎根的僵化和强硬"的规范及体制。① 在 1968 年所作的一篇题为"顺从"（Resignation）的广播讲稿中，阿多诺着力批判了当时联邦德国在冷战背景下以国家安全为由牺牲独立思考的做法：

> 不妥协的批判性思想者既不签发他的意识，也不让自己被胁迫行动（be terrorized into action），事实上他就是一个**不屈服的人**。思考绝不是对既成事实的智识性再造。只要它不停止，思考就稳固地确保了**可能性**。它的无法满足，它对快速而轻易的满足的厌恶，拒绝顺从这种愚蠢的智慧。思想越不将自己客观化为一种乌托邦因而蓄意破坏其实现，思考中的**乌托邦因素**就越会变得强烈。开放的思想超越了自身。②

正如阿多诺反复强调的那样，对错误生活进行毫不留情的彻底反思与批判，而不是沉浸在对正确生活美好蓝图的勾画之中，否则就有可能沦为一种抽象的乌托邦，而思想的道德或者说责任恰恰在反思与批判之中开启新的可能，一种超越自身进而超越既成事实的可能性。在《否定辩证法》导论的最后写道："想要内容的认知就是想要乌托邦。正是这种认知、即对可能性的意

---

① 参见［德］T. W. 阿多诺《道德哲学的问题》，谢地坤、王彤译，谢地坤校，第 191 页。
② T. W. Adorno, "Resignation", in *Critical Models: Interventions and Catchwords*, pp. 292-293, 黑体为引者所加。

识（das Bewusstsein der Möglichkeit）持守着作为未被扭曲之物的具体事物（Konkreten als dem Unentstellten）。"① 如前所述，在认识论的意义上，阿多诺强调对非概念之物（异质、特殊、个别之物）的非同一性把握，这种把握是以内容为优先性，而欠缺概念的事物也就是未被同一性概念束缚、同化的具体事物，也就是未被确定（未下定义）的可能性事物，它没有被同一性的概念图式所扭曲。也正是在这一意义上，阿多诺认为始终持有乌托邦因素而非让其直接"坐实"的批判比直接照搬理论或单纯顺应现实的实践**更接近一种"变革实践"**（transformative praxis）——质而言之，**思想就是一种"抵抗力量"**（force of resistance）。② 诚如谢永康教授所言，为阿多诺所坚持的否定的辩证法所指向的前景正是"真正的乌托邦，因为它仅仅代表着一种希望的姿态"③。事实上，笔者认为这种坚持"不将自己客观化为一种乌托邦"的批判性思考，也体现了我们在前文所谈的存在于阿多诺道德哲学之中的一种否定主义向度：

> 我今天对道德哲学的可能性问题首先只谈论一点，即**全部道德哲学的总概念**就在这个尝试之中：将这些思考本身——我为此曾经试图为你们至少构造一个模式——**提升为意识**，也就是把对道德哲学的批判、把对其可能性的批判和把对其二律背反的意识**吸纳到意识之中**。我相信，谨慎地讲，人们不可能再许诺其他东西了。
>
> 人们**尤其不能**许诺的是，这些思考，如在道德哲学范围可能提出的这些思想，将会设计一种正确生活的准则……④

显然，阿多诺同样是在非同一性哲学的视域中思考理论与实践的关系：道德哲学的关键不在于提出某种绝对律令或者论证某些世俗规范（详见第二

---

① T. W. Adorno, *Negative Dialektik*, p. 66.

② 参见 T. W. Adorno, "Resignation", in *Critical Models: Interventions and Catchwords*, p. 293。

③ 谢永康：《形而上学的批判与拯救：阿多诺否定辩证法的逻辑和影响》，江苏人民出版社2008年版，第255页。

④ 参见［德］T. W. 阿多诺《道德哲学的问题》，谢地坤、王彤译，谢地坤校，第189页，黑体为引者所加。

章),而在于将个体生命与道德法则(详见第三章)、自由与必然(详见第四章)等二律背反"提升为意识""吸纳到意识之中"。就此而言,"或许人们唯一可讲的是,正确的生活在今天就存在于对某种错误生活的诸形式的**反抗形态**之中,这些形式已经被**进步意识**看穿,并遭到批判的解体"①。这里所说的"进步意识",也就是上文提到的那种作为抵抗力量的不妥协的批判(阿多诺对于错误生活的揭批,详见第一章)。就此而言,这种否定主义向度也可以理解为一种最低限度,它不许诺任何正确生活准则,而是将个体的道德体验中的矛盾或二律背反吸纳到意识之中,以此来反抗被损害的错误生活并保持对另一种不同的正确生活的开放性——所有这一切都是从对微小事物(比如个体对苦难的生命体验)的拯救开始,而非借助概念构建一种恢宏的道德哲学体系。②

更进一步而言,阿多诺认为民主制度的创建与保持亟须批判与反思。"民主制度不仅仅需要批判的自由并需要批判的冲动(critical impulses)。民主制度正是为批判所定义";就此而言,"批判和民主制度的先决条件,即政治上的成熟(politically maturity)相互归属"。③ 如果说在启蒙时代的康德看来,一个人的成熟与否取决于他是否有勇气运用自己的理智去认识,那么对于奥斯维辛之后的阿多诺而言,个体的成熟,特别是其政治上的成熟指的是个体能够"为自己发声,因为他有自己的思考,而不仅仅是在重复他人"④。无疑,如果每一个参与者都不加思考、不辨是非、"奉命行事",他们实际上是在为扭曲了的错误生活推波助澜。阿多诺在广播讲稿"意见欺骗社会"(Opinion

---

① 参见 [德] T. W. 阿多诺《道德哲学的问题》,谢地坤、王彤译,谢地坤校,第 189—190 页,黑体为引者所加。

② 事实上,阿多诺的《最低限度的道德》(Minima Moralia)也可以翻译为《最小的道德》。阿多诺在该书致辞中写道:"社会分析能够从个体体验(individuellen Erfahrung)中学到比黑格尔所承认的多得多的东西,与此相反,宏大的历史范畴在由它们引发了一切之后,不再能够逃脱欺骗的怀疑。" T. W. Adorno, *Minima Moralia: Reflexionenaus den beschädigtenLeben*, p. 16; T. W. Adorno, *MinimaMoralia: Reflections from Damaged life*, p. 17. 事实上,本雅明在《拱廊计划》中已经提出了这种"最小的"方法:"这个项目的第一步就是把蒙太奇的原则搬进历史,即,用小的、精确的结构因素来构造出大的结构。也即是,在分析小的、个别的因素时,发现总体事件的结晶。"[德]本雅明:《作为生产者的作者》,王炳钧等译,第 118 页。

③ 参见 T. W. Adorno, "Critique", in *Critical Models: Interventions and Catchwords*, p. 281。

④ 参见 T. W. Adorno, "Critique", in *Critical Models: Interventions and Catchwords*, p. 281。

在通向正确生活的途中

Delusion Society）中谈道，"如果在错误生活中根本不存在正确生活的话，那么也在其中也不会存在正确的意识"①。因此，思想只有保持其批判性要素，才能不与错误生活以及流俗意见同流合污——当然，置身于特定时代与社会之中的思想不可能完全不受错误生活以及为其代言的观念意见的影响，正因为如此，阿多诺着重强调了思想的本质特征，即在**否定**自身存在的种种错误倾向与意见时**忠于自身**而不是迎合既定的现实状态，"这就是思想的批判性形式（critical form of thought）。只有批判性思想，而非与其自身洋洋自得的一致，才能够带来改变"②。质而言之，思想对自身毫不留情地进行批判，正是思之道德的体现。

就此而言，对于奥斯维辛之后的人类而言，启蒙的任务远未结束。阿多诺认为，再启蒙的一个关键要点就是教育。在《清理过去》这篇广播讲稿的最后（详见导论），阿多诺谈道："被理解为启蒙的清理过去本质上是一种**朝向主体的转变**（Wendung aufs Sunjekt/a turn toward the subject），是对个体自我意识及其自我的一种强化。"而且，阿多诺明确指出，这种主体启蒙只能依靠教师和教育学者的集体努力。③ 事实上，教育也正是通向正确生活的另一条必经之途。如果说反思与批判可以为一种正确生活提供方向，从而激发人们的批判与道德冲动来确切地体察在自己的生活中什么是真、什么是假，那么，思考奥斯维辛之后**如何教育**就是阿多诺为通向正确生活所做的更深远的努力。阿多诺清醒地认识到，仅仅诉诸个体自身的反思仍然是在可能性的意义上追求一种正确生活，如何使其落到实处而不流于乌托邦则是一个负责任的与不妥协的思想者必须面对的问题。在《道德哲学的问题》（1963）讲座最后，阿多诺带有前瞻性地总结道："在今天也许还能叫道德的东西已经过渡到有关**世界建构**的问题"，因此，"有关正确生活的问题将是有关**正确政治**的问题"。④

---

① T. W. Adorno："Opinion Delusion Society", in *Critical Models：Interventions and Catchwords*, p. 120.

② 参见 T. W. Adorno, "Opinion Delusion Society", in *Critical Models：Interventions and Catchwords*, p. 122。

③ T. W. Adorno, *Kulturkritik und Gesellschaft*Ⅱ, p. 571；T. W. Adorno, *Critical Models：Interventions and Catchwords*, p. 102, 黑体为引者所加。

④ 参见［德］T. W. 阿多诺《道德哲学的问题》，谢地坤、王彤译，谢地坤校，第199页，黑体为引者所加。

然而，在阿多诺（以及霍克海默）眼中，资产阶级的民主制度并未像它宣称的那样赋予个人以真正的自由，恰恰相反，它极易被特殊利益集团笼络从而使大多数人被自由地奴役。在一篇写于"二战"之后、题为"民主领导与大众操纵"（Democratic Leadership and Mass Manipulation）的文章中，阿多诺与霍克海默直击了这一民主制度的要害：如果仅仅以一种形式主义的方式（in a merely formalistic way）运用民主理念，如果仅仅接受大众自身的意愿（the will of the majority per se），而不考虑民主决策的**内容**（content），那么民主将颠倒自身，并最终自我废弃。换言之，仅仅将民主视为一种社会组织形式极易使其蜕化、变质，然而，鼓励每个社会成员批判性地反思民主决策进程的"内容"却殊为不易，在这两位批判理论的代表看来，最大的障碍就是大众的冷漠与无动于衷，认为政治不过是少数政治家的技术性操作而已。[1]

为此，阿多诺认为，"二战"之后百废待兴的德国必须从教育开始其重建的进程。在一篇题为"奥斯维辛之后的教育"（Education after Auschwitz）的广播讲座中，阿多诺明确指出，当代教育的唯一理想就是"让奥斯威辛永不重现"（never again Auschwitz）[2]。显然，阿多诺意识到教育对培养批判性人格、对培育反思的人性所具有的不可替代的作用，简言之，教育必须"朝向主体"（the turn to the subject），促使每一个个体能够真切认识到促使法西斯种种暴行得以产生的社会处境及其强制性规范——正是基于此种考虑，阿多诺强调，"唯一有意义的教育就是一种朝向批判性自我反思的教育（an education toward critical self-reflection）"。[3] 只有通过这种注重自我反思性的教育，才能让人类免于遗忘、知耻而后勇，向一种正确生活艰难而又坚定地迈步前行。本雅明在《作为生产者的作者》一文中引用了德国首位格言作家里希滕贝格（Georg C. Lichtenberg, 1742—1799）的名言，即重要的不是一个人有什么看法，而是这些看法把他塑造成一个什么样的人。在引用之后，本雅明还

---

[1] 参见 Marianne Tettlebaum, "Political Philosophy", *Theodor Adorno: Key Concepts*, edited by Deborah Cook, Stocksfield Hall: Acumen, 2008, p. 138。

[2] T. W. Adorno, "Education after Auschwitz", in *Critical Models: Interventions and Catchwords*, p. 191.

[3] 参见 T. W. Adorno, "Education after Auschwitz", in *Critical Models: Interventions and Catchwords*, p. 193。

> 在通向正确生活的途中

补充道:"而看法还是相当重要的,但即便是最好的看法,如果它不能把持有这些看法的人塑造成有用的人,那么它也是没用的。"①

按照阿多诺的设想,奥斯维辛之后的再教育正是要致力于以批判性自我反思为武器,塑造有用的人。不仅如此,阿多诺明确指出:"批判对一切民主制都是本质性的。民主制不仅要求批判的自由,还需要批判加以促进。它简直就是由批判来定义的。"② 实际上,"奥斯维辛之后"回到祖国的阿多诺,确已成为当时德国政治思想中的主导力量。③ 就此而言,正如亨利·皮克福德(Henry W. Pickford)所言,阿多诺在20世纪五六十年代热衷于通过广播这种大众传媒发声,并非向文化工业示好甚至投诚,而是意在"通过使自我意识到物化意识(by bringing reified consciousness to self-awareness)而提升政治成熟"④。因此,虽然阿多诺因反对20世纪60年代联邦德国风起云涌的学生运动而遭受到激烈的批评与抵制,但实际上他在"二战"结束返回欧洲的20多年里一直支持特定的政治介入(上面提到通过广播向大众发声便是一种有效的方式),并身体力行。换言之,阿多诺反对的是一种服务于现状再生产的"无效实践",亦可称为一种"伪实践",这种"伪实践"标志着"借助严肃性和重要性的狡黠记号把能量引导到**无意义的行动**"之中⑤,就此而言,我们也可将其归为阿多诺在"自由时间"讲座中着重分析的"虚假活动"(Pseudoaktivität)⑥——毫无疑问,无论是"伪实践"还是"虚假活动",都是我们在第一章中集中探讨的为阿多诺所揭批的"错误生活"之一种。

值得一提的是,已成为法兰克福学派第四代领军人物的罗萨,在一篇访

---

① [德]本雅明:《作为生产者的作者》,王炳钧等译,第25页。
② [德]阿多诺:《批判模式》,林南译,上海人民出版社2023年版,第303页。
③ 参见[英]彼得·沃森《德国天才4:断裂与承续》,王莹、范丁梁、张弢译,第231页。在依斯潘·哈默(Espen Hammer)看来,阿多诺的否定辩证法就是一种政治哲学,只不过是以一种加密了的高度中介化的形式出现,但其具有实践和政治目的,即通过批判理性的同一化形式进而批判总体同一化的物化现实。参见 Espen Hammer, *Adorno and the Political*, p. 98。
④ Henry W. Pickford, "Preface", in *Critical Models: Interventions and Catchwords*, p. vii.
⑤ 参见[英]马蒂亚斯·本泽尔《阿多诺的社会学》,孙斌译,北京师范大学出版社2020年版,第170页,黑体为引者所加。
⑥ "自由时间"演讲稿译文参见本书附录二。

谈中坦诚他自己"更靠近批判理论的旧有传统，比如阿多诺或马尔库塞"①。罗萨认为，如果仅仅止步于对当下社会的激烈批判，绝非社会批判理论的初衷，批判理论传统要做的事情比单纯批评或者愤世嫉俗更多："从马克思到本雅明，从阿多诺到霍克海默，从弗洛伊德到马尔库塞，批判的理论家们已经确信，一种**不同的存在模式**在社会上是可行的。他们最大的恐惧莫过于我们丧失了对**不同的生命形式和更好的世界**的真正可能性的渴望，即变成单向度的男人和女人。"② 依笔者之见，这种对"不同的存在模式"和"不同的生命形式和更好世界"之可能性的揭示与追求，正是阿多诺非同一性道德哲学的理论目标；所谓"正确生活"，则是致力于实现上述这一"不同的"可能性。当然，对于阿多诺否定主义（最低限度）立场而言，我们无法准确说出另一种"不同的存在模式"或"不同的生命形式"是什么，因而确实无法从哲学上明确"正确地生活"的道德标准究竟何在，这不得不视为其非同一性哲学将否定进行到底后将要面临的困境。

---

① ［德］哈特穆特·罗萨、［德］比约恩·西尔玛：《罗萨访谈：共鸣是一种遭遇世界的方式》，陈远方译，载陆兴华、张生主编《法国理论》（第 8 卷），上海文化出版社 2022 年版，第 147 页。

② ［德］哈特穆特·罗萨、［德］比约恩·西尔玛：《罗萨访谈：共鸣是一种遭遇世界的方式》，陆远方译，第 157 页，黑体为引者所加。

结　　语

　　行文至此，我们有理由认为霍耐特对阿多诺社会理论的整体把握是有道理的。在霍耐特看来，阿多诺对"二战"之后资本主义社会的批判性分析"并不是说明性的理论，而是关于一种错误的生活形式的解释学"①。事实上，如果我们回顾一下阿多诺的"战友"、法兰克福学派的实际创立者霍克海默（事实上，阿多诺《最低限度的道德》一书就是题献给他的）在《传统理论与批判理论》一文的"跋"中写下的一段话，就会发现法兰克福学派第一代学者所从事的社会批判理论研究有着强烈的实践旨趣（或者说实践向度）：

　　　　在我们的社会中，传统意义上的理论研究被看作是脱离其他科学和非科学的活动，它无需了解它实际上置身其中的那些历史目标和趋向。然而，批判理论无论在其概念的形成还是发展的任何阶段上，都极为清醒地使自己把对人类活动的合理组织，看作是应以展开和使其具有合法地位的任务。因为这种理论并不仅仅关注现存的生活方式已经制定的目标，而且还关注人类及其所有潜能。……（批判）理论的目的绝非仅仅是增长知识本身。它的目标在于**把人从奴役中解放出来**。②

　　毫无疑问，在面对法西斯主义的涂炭以及现代资本主义社会中种种错误

---

① ［德］阿克塞尔·霍耐特：《理性的病理学：批判理论的历史与当前》，谢永康、金翱等译，第61页。
② ［联邦德国］马克斯·霍克海默：《批判理论》，李小兵等译，重庆出版社1989年版，第231—232页，黑体为引者所加。

结　语

生活时，阿多诺运用非同一性哲学冷眼看世界，反思正确生活的可能性这一时代问题，自觉地实践人类自由和解放这一社会批判理论的终极使命。在笔者看来，即便诉诸反思以及教育并非直接改变现存状态，但仍不啻为一种有效且可行的抵抗形式。在这一意义上，我们有理由认为，阿多诺的道德哲学思想内在地具有独特的指向现实社会、理想人生的实践意向（practical intent）。因此，在笔者看来，以阿多诺等人为代表的法兰克福学派社会批判理论并非如一些学者所言是一种纯粹的悲观主义，或者说是脱离革命实践的学院派理论。[①] 或许，我们更应该反思，时代与社会的变化发展是否已然为革命与实践提出了新的要求。当然，谋求人类的自由与解放是马克思主义永恒的信念，就此而言，阿多诺对正确生活何以可能的思考依然是一种具有解放意义的洞见（an emancipatory vision）。另外，同样需要注意的是，阿多诺在奥斯维辛之后的追问，弥赛亚主义的救赎色彩日益明显。在《最低限度的道德》最后一节"终结"（zum Ende/Finale）中，阿多诺写道：

> 在面对绝望时，唯一能够担负起责任的哲学就是如下尝试，即像它们从拯救立场（vom Standpunkt der Erlösung/from the standpoint of redemption）展现自身那样观察所有事物。知识只有通过**拯救**才能照亮世界：其余的一切都只是再造（Nachkonstruktion/reconstruction），只是一种技术而已。必须如此确立观点，即带着明显的裂痕与裂隙移置并疏离这个世界，就像它将会在某一天从**弥赛亚之光**中显得贫瘠与扭曲一样。不带任性或暴力、完全从与对象的感受（aus Fühlung mit den Gegenstände/from felt contact with its objects）出发获得这些观点，这就是思想的唯一任务。[②]

[①] 自 20 世纪 80 年代以来，许多西方学者在审视法兰克福学派社会批判理论（主要针对霍克海默、阿多诺、马尔库塞以及哈贝马斯等理论家）时，都在不同程度上批评其丧失了马克思主义的革命性与实践性，认为将资本主义社会视为一个彻底整合、操纵的社会（a totally dominated society）势必否认斗争与冲突的可能性以及否认革命主体（revolutionary agent）的有效性。参见 Helmut Dubiel, *Theory and Politics: Studies in the Development of Critical Theory*, trans. Bemjamin Gregg, Cambridge, MA: MIT Press, 1985, p. 4. 相似论述还可参见 Paul Connerton, *The Tragedy of the Enlightenment: An Essay on the Frankfurt School*, Cambridge: CambridgeUniversity Press, 1980。

[②] T. W. Adorno, *Minima Moralia: Reflexionenaus den beschädigtenLeben*, S. 283; T. W. Adorno, *Minima Moralia: Reflections from Damaged life*, p. 247，黑体为引者所加。这一节的完整译文见本书附录一。

在通向正确生活的途中

阿多诺的思之任务是虔诚的,但也是两难的。因为错误生活的世界没有正确生活的存在可能,所以只能借助"弥赛亚之光"——正如我们在导论中探讨的本雅明在《论历史概念》中寄希望的"微弱的弥赛亚之光"——来拯救包括人在内的万物;另外,拯救的立场又需要思想尽可能地贴近而非收纳、同化它的"对象",也就是靠近特殊而鲜活的个体生命及其体验。在笔者看来,阿多诺的拯救观就像其试图通过概念而超越概念来"强说"或"强思"一样,既持守希望的乌托邦或超越的可能性,又不能对现实世界及其中充斥着的各种"被损害生活"彻底地掉头不顾,毕竟"弥赛亚之光"需要有所附着。就此而言,笔者认为阿多诺所思考的正确生活图景与本雅明经常提及的辩证意象①有相通之处,当坚持彻底批判精神的思想者在面对错误生活产生震惊进而将其悬置的那一刻,在积极从事批判性思考的过程中,确保像奥斯维辛这样的人类灾难永不重现,并由此开启通向正确生活的可能性。换言之,如果不在现实中变革社会制度,或许只能在思想中"将时间终止、时代中断"(阿甘本语)、让苦难呈现并发声,从而坚守一份知识分子的良心。②

在笔者看来,如果要从肯定的角度来谈阿多诺所理解的正确生活,它应是自由而自主的个体所拥有的具有实质内容、拥有人格尊严、生命体验充沛的个性生活。即便这种有意义且有尊严的生活尚未成为现实,还仅仅是不妥协的批判理论家心中的"理念",但正如阿多诺所言,"在思想者眼中徐徐展现的幸福是人性的幸福(happiness of humanity)"③,这种属于人类的幸福(或者说正确生活)正是源于永不停止地对现状(错误生活)及其流行观念展开反思,并由此出发通过教育塑造独立人格、培养批判精神。

---

① 按照本雅明的理解,"思想在充盈的星丛的张力中停顿下来之际,便出现了辩证的意象。这是思想运动的停顿,而这种停顿自然不是随意性的",它要在"辩证性对立面之间的张力中最为尖锐的地方去寻找。因此,唯物主义历史观中建构起来的对象本身就是辩证的意象。它同历史对象相同一,为自身突破历史之连续性提供着依据"。转引自〔德〕斯文·克拉默《本雅明》,鲁路译,中国人民大学出版社 2008 年版,第 157—158 页。

② 阿多诺在 1935 年 8 月 2—4 日致本雅明的一封信中写道:"作为模式(models)的辩证意象不是社会产品,而是社会情势表征自身的客观性星丛。因此,**不要期待**辩证意象能得到意识形态的或社会的'**实现**'。"转引自〔德〕本雅明《作为生产者的作者》,第 218 页,王炳钧等译,黑体为引者所加。

③ T. W. Adorno, "Resignation", in *Critical Models: Interventions and Catchwords*, p. 293.

结　语

也正是在这个意义上，我们或许才能理解，阿多诺为何要与海德格尔进行长达半个多世纪的思想交锋。在阿多诺看来，无论怎样乔装打扮，海德格尔在《存在与时间》等生存论存在论著作中所运用的行话所反映或所把握的并非现实总体，而仅仅是镶着"用思想的力量足以把握现实的总体性"金边的思想幻想——阿多诺在《否定辩证法》中，将这种行话式的幻想称为"概念拜物教"，而他所进行的德意志意识形态批判（对海德格尔思想进行集中批评的《本真性的行话》一书，副标题是"论德意志意识形态"），意在进行一种"概念的祛魅"，从而为人们过上正确生活扫清前行的障碍。

在主体与客体、概念与非概念物（无法为概念所统摄的"概念剩余"）的非同一性哲学视域中，阿多诺坚持客体（非概念物）优先性。我们知道，马克思和恩格斯在《德意志意识形态》特别是第一卷第一章"费尔巴哈"章中，反复强调历史唯物主义的出发点："我们开始要谈的前提不是任意提出的，不是教条，而是一些只有在臆想中才能撇开的现实前提。这是一些现实的个人，是他们的活动和他们的物质生活条件，包括他们已有的和由他们自己的活动创造出来的物质生活条件。"① 不仅如此，"**现实中的**个人，也就是说，这些个人是从事活动的，进行物质生产的，因而是在一定的物质的、不受他们任意支配的界限、前提和条件下活动着的"②。以笔者之见，这种从"现实的人"出发思考人与历史、人与社会现实关系的观点也是阿多诺对以海德格尔生存论存在论思想为代表的现代德意志意识形态进行批判的出发点。

如果说马克思恩格斯所批判的青年黑格尔派将理论批判视为变革社会的力量，从而带有一种内在的回避（乃至逃避）现实的因素，那么阿多诺所批判的现代德意志意识形态，其根本问题在于，在对"存在"的反思与追问中使得思想完全等同于存在。亦即，人的生存和实践活动所取决于的物质生活条件被视为"如此存在这般"，被抽象为一种"空洞的形式原则"，最终沦为一种"对存在的虔诚"，在这种德意志意识形态的行话中，那些错误生活的表现形式与问题根源，都悄然地被精神化或者说超验化了。质而言之，本应反思并超越人类生存困境的存在哲学，只不过是一种"故意地将它的日常生活

---

① 《马克思恩格斯选集》第 1 卷，第 146 页。
② 《马克思恩格斯选集》第 1 卷，第 151 页。

📁 在通向正确生活的途中

神圣化"的本真性行话，因而不过是一种与现实生存状况别无二致的空洞幻想。就此而言，阿多诺对20世纪哲学特别是马克思主义哲学的一大贡献便是"在破旧中立新，对从黑格尔到海德格尔的近现代德国资产阶级哲学主流发出了马克思主义的批判强声"[1]。

为此，我们有理由认为，以"正确生活"为基点的道德哲学在这位思想家逝世半个世纪之后，仍然有其理论与现实意义。正如阿多诺在《否定的辩证法》的开篇所言："因其实现的时机被错过，曾经看起来过时的哲学仍然鲜活。"[2] 按照萨义德的说法，"知识分子有如遭遇海难的人，学着如何**与土地生活**，而不是**靠**土地生活；不像鲁滨逊那样把殖民自己所在的小岛当成目标，而像马可·波罗那样一直怀有惊奇感，一直是个旅行者、过客，而不是寄生者、征服者或掠夺者"[3]。确实，阿多诺就是这样一位萨义德意义上"学着如何与土地生活"的学人，他的道德哲学思考无意试图强加于人，也绝非要寄生于现状，而是始终在探寻奥斯维辛之后人类正确生活的可能性，使现实的人在摆脱同一性思维"魔咒"束缚的基础上，将"奥斯维辛之后是否能够被允许继续生活"这个时代问题铭记在心。正是在这个意义上，我们或许能更好体会阿多诺生前留下的最后一篇文字《关于社会批判理论的说明》中对理论与实践关系的思考："批判理论的推动力是对一个人类享有尊严的社会的旨趣。但是不能把有待验证的实践作为批判理论的检验标准；批判理论对真理的客观性、理性的客观性负责。"[4] 就此而言，批判理论的实践旨趣是人类享有尊严的社会，检验标准则是理性自身的客观性——这正是批判理论所坚持的内在批判之要义。

在一篇题为"批判"的文章最后，阿多诺写道："错误的东西一旦在某种程度上被认识和被阐明，便已经指引着正确的东西、更好的东西了。"[5] 笔者相信，在反思错误生活、通向正确生活的道路上，忠实于思之道德的阿多诺将与我们同行。

---

[1] 参见张亮《关于阿多诺哲学贡献的再思考——从当代中国的视角看》，《北京师范大学学报》（社会科学版）2022年第3期。

[2] T. W. Adorno, *Negative Dialektik*, p. 15.

[3] [美] 爱德华·W·萨义德：《知识分子论》，单德兴译，陆建德校，第54页。

[4] [德] 特奥多·阿多尔诺：《阿多尔诺基础文选续编》，夏凡编译，第405页。

[5] [德] 阿多诺：《批判模式》，林南译，上海人民出版社2023年版，第310页。

附录一　最低限度的道德：从被损害生活而来的反思（节选）[①]

[德] T. W. 阿多诺/著　罗松涛/译

1. 致马塞尔·普鲁斯特

无论是出于天赋还是软弱，这位从事一种像艺术家或学者那样所谓智识职业的小康人家之子，将会与那些顶着令人不快的同事头衔的人度过一段特别艰难的时光。不仅仅是他的独立遭到妒忌，他的意图的严肃性不被信任，而且他还被怀疑是关于既定权力的一位秘密使节。这些疑惑虽然泄露了一种根深蒂固的不满，不过通常会证明是有充分根据的。但是，真正的抵抗在别处。事到如今，沉迷于精神问题自身已经成为"实践的"，该事务有着严格的劳动分工、部门分类以及受限的准入。拥有独立手段的人从对赚钱耻辱的厌恶中选择它，不会倾向于承认这一事实。为此，他受到了惩罚。他并不是一位"专业人士"，无论他对他的主题有多么深的了解，在竞争性等级制度中也只是被列为业余爱好者，而且如果他想谋求发展，就必须表明自身比那些最固执的专家还要更加坚决的目光短浅。他的经济境况使他能够在一定限度内满足悬置劳动分工的冲动，该冲动被认为特别的不体面：它泄露出对不情愿

[①] 附录一选自 T. W. Adorno, *Minima Moralia*: *Reflexionenaus den beschädigtenLeben*, Frankfurt am Main: SuhrkampVerlag, 2012, p. 43; T. W. Adorno, *MinimaMoralia*: *Reflections from Damaged life*, translated by E. F. N. Jephcott, London and New York: Verso, 2005. 译文译自德文版，同时参考英译本。附录中的注释，均出自英译本。

认可社会所强加的操作,而盛气凌人的能力不准许这种特质。精神的分门别类是废除精神的一种手段,它的实施当然(ex officio)并未受到契约的约束。既然任何拒绝接受劳动分工的人——只要他喜欢从事他的工作——会使自身以与其优越性分不开的方式受到其标准的伤害,它便愈益稳妥地完成该项任务。秩序由此而被确保:一些人不得不遵守规则,因为否则的话他们就无法生活,而那些能够以另外方式生活的人则被排除在外,因为他们并不想遵守规则。这就好像独立知识分子所背叛的阶级将其需要强加给这些背叛者恰好想要避难的领域来打击报复。

2. 长满青草的座位[①]

我们与父母的关系正开始经历一种糟糕而模糊的转变。由于经济上的无能为力,他们已经丧失了令人敬畏之感。一旦我们反抗他们对现实原则的坚持,清醒的人总是倾向于对那些不愿放弃的人愤怒不已。但是现在,我们面对的这一代年轻人则打算在所有反应中都表现出比他们父母还要不堪忍受的成熟;他们在任何冲突之前就宣布放弃,从中得到其可怕的权威主义的不可撼动的权力。人们或许在任何时候都会感到父母一代随着他们身体的衰弱而变得无害与无权,而他们自己这一代则看似已经受到年轻一代的威胁:在一个对抗性社会之中,世代之间也是一种竞争关系,其背后是赤裸裸的权力。但而今,它开始退化为一种精通弑父弑母而非俄狄浦斯情结的状态。纳粹象征性的暴行之一便是杀害年纪很大的人。这种氛围培养出一种与我们父母迟来而清晰的理解,就如在受责难的人们之间一样,这种理解只是被下述恐惧所损害,即我们自身作为无权的人,可能现在无法像当他们有所拥有时照顾我们那样照顾他们。对他们造成的暴力使我们忘记他们实施的强暴。甚至他们对那些曾经被憎恨的谎言——他们试图运用这种谎言将其特殊利益证成为一种普遍利益——的合理化也在其中显露出一种真理的迹象,它是解决一种

---

① 暗指一首德国著名歌曲的歌词:我在地球上最亲爱的地方,就是父母坟墓旁长满青草的座位 [*Der liebstePlatz den ich auf Erdenhab'*, /*das ist die Rasenbank am Elterngrab* (The dearest spot I have on earth/is the grassy seat by my parents' grave)]。

冲突的冲动，而对于这种冲动的存在，能经受任何不确定性的他们的孩子则愉快地加以否认。甚至老一代人那些过时了的、前后矛盾的、自我怀疑的观念也比年轻一代华而不实的愚蠢更加向对话开放。与恶劣的健康和奉行常态的幼稚病相比，甚至神经质的怪人和我们长辈的缺陷也容忍个性与人力所及所取得的事物。人们恐怖地意识到，早先因为家长代表世界而反抗他们，反抗的人则秘密地成为一个甚至更糟糕的世界的喉舌。破坏资产阶级家庭的非政治尝试通常只是导致与它更深的纠缠，有时看起来好像家庭这种社会性命攸关的生殖细胞同时成为对他人毫不妥协地追求的培育细胞。随着家庭一同消亡的不仅有资产阶级最有效的行动者，也有虽然压抑着个体但也加强或许甚至生产出个人的抵抗，与此同时系统则持续存在。家庭的终结麻痹了反对力量。正在崛起的集体主义秩序是对一种无阶级秩序的拙劣模仿：它与资产阶级一道清算曾经从母爱那里获得实质内容的乌托邦。

3. 水中的鱼

自从高度集中的工业囊括一切的分配机制取代流通领域以来，后者已经开始一种奇怪的后存在状态。由于中间人的职业丧失了它们的经济基础，无数人的私人生活正在成为代理人和中间人的生活；事实上，整个私人领域正在被一种神秘的活动吞没，这种活动具有商业生活的全部特色，然而实际上却并不办理任何业务。从失业者到公众人物，所有这些焦虑的人在任何时刻都易于引发那些他所代表的投资方的愤怒，他们相信只有运用同理心、勤勉、适用性、艺术和伎俩这些生意人的特质，才能够讨好在他们看来是无所不在的总经理，很快所有的关系都被视为一种"人脉"，所有的冲动首先都要接受是否脱离可接受性的审查。人脉的概念是一种中介和流通的范畴，它在恰当的流通领域（市场）中从未享有盛名，只是在封闭而垄断的等级制中才得以繁盛。既然整个社会正在变得等级化，这些暧昧的人脉关系便在任何曾经是一种自由之表象的地方激增。相比于个人的经济命运，他的寄生心理学很少清楚地表达系统的不合理性。早先，当类似职业与私人生活之间被污蔑的资产阶级分工仍然存在的时候——人们现在几乎后悔这种分工的消失——任何在私人领域追逐实践目的的人都会被不信任地视为是一个无教养的闯入者。

而今，不带有任何明显的隐秘动机去从事私人活动则会被视为傲慢、疏离且不合适。不去"追求"某些事物总会受到怀疑：在激烈竞争中不帮助别人得到公认，除非被反方观点证明有理。无数人从消除职业的后果中成就他们的事业。他们是好人，擅长交际被所有人喜欢；他们公正、仁慈地宽恕所有恶意的行为，小心翼翼地禁止任何非标准的情感冲动。他们关于权力的所有渠道与排出口的知识不可或缺，由此预测权力最秘密的判断，并通过熟练地扩散这些判断而生活。人们能够在所有政治阵营中，甚至在拒绝系统被视为理所当然之处发现他们，他们因而创造了一种对权力自身放松而微妙的盲从。他们经常会由于善意而友好地介入他人生活而赢取同情：作为投机的无私。他们聪明、机智、反应灵敏：他们运用前日的心理学发现重新洗刷老派生意人的心智。他们无所不能（甚至包括爱情），但总是背信弃义。他们根据原则而非本能欺骗，甚至将自身也视为一种令别人羡慕的收益。他们由于亲密和敌意而与才智绑定在一起：他们既是深思熟虑之人也是最危险敌人的一种诱惑。因为，正是他们在阴险地攻击并掠夺最后的抵抗避难所，即仍然免除机制需要的时间。他们迟来的个人主义毒害了给个人留下的很少一部分内容。

4. 最后的宁静

一则关于一位商人的讣告曾经包含如下字句："他良心的宽广与其心灵的仁慈相竞争。"在高尚语言中由刚刚失去亲人的人所犯下的过错预留给这种目的，对好心的死者已经丧失一种良心的这种不经意承认，经由通达真理之地的最短路线而加快了葬礼的进程。如果一位年事已高之人因其格外的宁静而受到赞扬，他的生活可以被认定包含一系列声名狼藉的恶行。他已经使自己摆脱了冲动的习惯。宽广的良心被装作宽宏大量，因为彻底理解而全部宽恕。在一个人自身的罪责和其他人罪责之间的补偿物（quid pro quo）由表现最好的人来做决定。经过如此漫长的一生之后，一个人确实失去了辨别是谁伤害谁的能力。在普遍错误的抽象观念中，所有具体的责任都烟消云散。恶棍将自己表现为不公正的牺牲品：年轻人，只要你懂得生活是什么样子。但是那些借助一种特别的善良而在生活进程中的人通常会在这种宁静中取得进展。没有恶意的人不会宁静地生活，而是会带有一种特别纯洁的冷酷与不宽容。

由于缺乏适当的对象,他的爱意除了对不恰当事物的憎恨外很难表达自身,在这种不恰当事物中他公认地与其所憎恨的事物相类似。然而,资产阶级是宽容的。他对人们如其所是那样的爱意源于对他们可能成为状况的憎恨。

5. 你真好,博士①

无害的事物所剩无几。轻微的快乐、免除思想责任的生命表现不仅有一种挑衅性的愚蠢因素、一种无情的拒绝去看,而且直接服务于与它们截然相反的一方。甚至正在开花的树在其花期最盛时也在谎称没有恐惧的阴影;甚至一句无辜的"多可爱啊!"也会成为一种特别讨人嫌的事物的借口,而除了凝视可怕事物并经受它以及在对消极否定性无法减轻的意识中坚持更好事物的可能性之外,不再有美丽或安慰。在面对所有自发性、性急冲动与随心所欲时,都要求对它们保持怀疑,因为这意味着顺服现存状态所拥有的优势。关于舒适自在的深层恶意曾经局限于欢宴上的祝酒词,现在早已经扩展到更吸引人的冲动之中。当一个人为了避免争论而同意一些他知道最终会牵涉谋杀的陈述时,火车上的偶然交谈已经是一种背叛;没有思想能够抵抗交流,而在错误的地点并以错误的同意方式说出来足以损害其真理。每一次去电影院都趁我不备而使我变得更加愚蠢与糟糕。社交性自身通过假装在这个冰冷世界中我们仍然能够彼此交谈而默许了不公正,而随意与温和的评论则有助于使沉默长存,因为参加谈话的人所做出的让步再一次以谈话者的名义贬低了他。总是潜在于和蔼可亲之中的邪恶原则在平等主义精神中展现出它完全的残忍。屈尊俯就等同于认为自己不行。适应于被压迫者的软弱就是在其中确认权力的前提,并在自身中发展实施统治所需要的粗劣、无感和暴力。如果在最新阶段屈尊的姿态被放弃而只有适应仍然可见,那么这种对权力的完美掩藏就只允许它所否认的阶级关系以更加难以和解的方式获胜。对知识分子而言,不可侵犯的孤独现在是展现某种程度的团结的唯一方法。所有合作、所有关于社会性相处和参与的人类财富仅仅掩盖了一种对残暴的心照不宣的

---

① 一位老农民向浮士德的谦逊致谢,感谢他在复活节时陪伴一大群人(歌德的《浮士德》,第一部)。

接受。应该被分享的只是人们的苦难：面向他们欢乐的最小一步也是使其痛苦变得冷酷的一步。

6. 对立

孤立无援的人冒着风险相信自己比其他人更好，并错将他作为一种意识形态的社会批判用于其私人利益。虽然他摸索着在关于一种真实存在的脆弱意象中创造自己的生活，但他既不应忘记它的脆弱性，也不应忘记这一意象作为一种真实生活的替代是多么渺小。然而，违背这种意识却将资产阶级的动力推向了他。超然的观察者与活跃的参与者一样牵涉其中；前者的唯一优势就是洞察到他的牵涉以及存在于知识之中的极微小的自由。他自己远离一般事务是一种只有那种事务才能给予的奢侈。这正是撤退活动带有它所否定的特征的原因。它被迫发展出一种冷漠，这种冷漠无法与资产阶级式的冷漠区分开。甚至在它抗议之处，单子式原则也掩盖了占优势的普遍性。根据普鲁斯特的观察，一位公爵的祖父和一个中产阶级犹太人在照片中极为相似，以至于我们忘记了他们社会等级的区别，而这一观察有更为广泛的应用：一个时代的统一客观地废除了构成个人生存的幸福，甚至道德实质的所有区分。我们记录了教育的衰落，然而和雅各布·格林（Jacob Grimm，1785—1863）或巴霍芬（Bachofen，1815—1887）①相比，我们的散文与文化工业一样有着不为我们所怀疑的韵律。此外，我们也早已不能运用沃尔夫（Wolf，1759—1824）或基尔霍夫（Kirchhoff，1826—1905）②那样的拉丁语或希腊语。我们指出文明衰退为文盲，我们自己也遗忘了写信或者阅读一篇让·保尔文稿的艺术，而在他的时代这些文稿是必读之物。我们战栗于生活的残酷，但是由于缺乏任何客观上有约束力的道德，我们被一步步地逼向行动、言语和算计，它们以人性标准来看是粗俗的，甚至从良好社会的可疑价值观来看也是不得

---

① 雅各布·格林将德国哲学创立为一种系统学科，同时也是德国民间传说的收集者。约翰·雅各布·巴霍芬研究古代法律与神话的浪漫主义历史学家，是《母权制》（*Das Mutterrecht*）这一名著的作者。

② 弗里德里希·奥古斯特沃尔夫，最早研究荷马史诗起源的古典语言学家，是歌德与洪堡的朋友。阿道夫·基尔霍夫，19世纪晚期的德国古典学者。

体的。随着自由主义的解体,真正的资产阶级竞争原则远未被克服,而是从社会过程的客观性逐渐变为彼此横冲直撞的原子的构成,就好像变为人类学一样。生活遭到生产过程的征服,由此给每个人强加了作为羞辱的孤立与孤独,我们却受到诱惑而将其看作我们自己优选的结果。资产阶级意识形态的一个组成要素是每一个体就其特殊利益而言都认为自己比其他人要好,而与该意识形态要素一样古老的是他将其他人视为全部顾客团体的一员,因此对他们的评价比自己高。自从旧资产阶级死亡以来,这两种观念都已经在知识分子心灵中过着一种身后生活,这些知识分子既是资产阶级的敌人,同时也是最后的资产阶级。他们在面对赤裸裸的生存再生产时仍然允许自身进行思考,由此充当一个特权团体;而在将事务搁置一旁时,他们又宣告了自身特权的无效。私人生存在奋力效仿伟人时背叛了后者,因为任何效仿都是从一般现实化中撤退,这种现实化比以前更加需要独立的思考。根本无法摆脱牵涉。唯一负责任的行动方向是否认对自身生存的意识形态滥用,除此之外则是在私底下不是按照良好养育的要求,而是出于在地狱中仍有空气可以呼吸的羞愧而为人谦虚、谨慎、低调。

7. 他们,大众

通常与知识分子有关的环境不应欺骗他们相信,自己这类人要比其他人更卑鄙。因为他们是在相互竞争的恳求者这一最可耻、最丢脸的境况中相互认识的,因此事实上不得不向彼此展现出他们最可憎的一面。其他人,特别是知识分子喜欢对其品质施加压力的那些普通民众,通常遇到他时充当的都是有物品需要兜售之人的角色,不过并不担心顾客在他们的禁猎区偷猎。汽车修理工、酒吧女招待在避免厚颜无耻方面没有多大困难;礼貌无论如何都会从上面强加给他们。与此相反,如果文盲来找知识分子想要让他们帮着写信的话,他们或许也会获得一种说过得去的良好印象。但是,当普通民众为了其社会产品份额而被迫在他们中间争吵时,他们的嫉妒和怨恨则超过了任何能在文人(literati)或音乐总监那里看到的模样。最终,对出色的处于劣势者的美化就是对制造这些人的出色系统的美化。那些免于体力工作之人的合理的负疚感不应成为"乡村生活之愚蠢行动"的借口。独自书写知识分子并

145

且赋予他们诚实这样一个坏名声的知识分子们强化了这一谎言。当作家们抱怨不理解他们的竞争机制并且成了它们的牺牲品时，一直到赫胥黎的盛行的反智识主义和非理性主义的绝大部分便已经开动起来。在他们自己的活动中，他们已经排除了关于 tat twamasi① 的意识。这就是他们跑进印度庙宇的原因。

8. 如果刀子吸引你

对于厨房员工而言，有一种无定型的理智主义（amorintellectualis），对于那些从事理论或艺术工作的人而言，这种诱惑放松对自身精神需要，降低自身标准，并且在其主题与表达中纵容那些已然为清醒的评估所拒绝的所有习惯。既然对于知识分子来说，不再有任何给定的范畴，甚至文化的喧闹活动也危及了对上千种要求的关注，生产一些在某种程度上有价值事物的努力现在极为显著，乃至于超出了几乎所有人的才干。压在所有生产者身上的顺从的压力进一步减弱了他们对自己的要求。智识性自律本身的中心处于分解的过程中。构成一个人智识声望的禁忌通常是沉淀的经验和无法表达的洞见，它们总是与他学着谴责的内在冲动相违背，然而这些内在冲动非常强烈，以至于只有一种毫无疑问且不容置疑的权威才能抑制住它们。本能生活的真实内容也是智识生活的真实内容：画家或作曲家禁止自己运用老套的色彩或和弦组合，作家会避开平庸的或迂腐的动词配置，因为上述这些情况吸引着他们自身的诸多层面，其反应也就非常强烈。对当前文化困境的拒绝预设了充分的牵涉其中以便仿佛在指端加以感受，但与此同时从这种牵涉中获得的力量却又废除了它。这种力量虽然将自己展现为一种个体抵抗，但绝不仅仅是一种个体的本质。在所持有的智识良心中，社会因素与道德超我都同样在场。这种良心产生于一种关于好社会及其公民的观念。如果这一观念模糊了——也仍然存在能够盲目相信它的人——知识分子的向下冲动便丧失了它的抑制力，而所有被野蛮文化———知半解、懈怠、笨拙的亲密与粗劣——倾倒给个体的残渣也显露出来。通常它被合理化为人性、被他人所理解的欲望、世

---

① "你是这个"（Thou art this）：《奥义书》中神秘的泛神论准则。

俗智慧的责任感。但是智识自律的牺牲对制造者来说来得太容易了，由此使我们相信他的担保与牺牲是同一个。最引人注目的例子是其物质情况已经改变的知识分子：一旦他们敷衍地说服自己需要靠写作来挣钱时，他们就变成在所有细微差别中都与他们以足够手段激烈地发誓弃绝之物相一致的废品。就像曾经富有的流亡者（emigrés）总是像渴望在家那样在国外的土地上随心所欲地吝啬一样，精神贫乏的人则欢快地走入对于他们来说是天堂的地狱。

9. 答应我，我的孩子①

说谎的不道德并不包括冒犯神圣不可侵犯的真理。对真理的吁求很少成为一个社会的特权，该社会以武力强制其成员坦白交代更好的事物以便能够更加有效地获得它们。它很不适合让普遍的非真理去坚持特殊的真理，与此同时立即使其转变为它的对立面。然而，关于一则谎言也有某些令人厌恶的部分，虽然被传统的鞭子反复灌输，意识到它也能让狱卒现身。错误存在于过度的诚实之中。一个说谎的人会感到羞愧，因为每一条谎言都教给他一个世界的堕落，这个世界在强迫他为了生存而说谎时，立即开始歌颂"忠诚与诚实"。②这种羞愧削弱了关于更加巧妙组织起来的力量的谎言。他们做得很糟糕，这一点使谎言成为对他人的一种道德冒犯。这意味着他的愚蠢，因而有助于表达轻蔑。在今天熟练的专门人才中，谎言早就丧失了其错误再现现实的诚实功能。没有人相信任何人，每个人都熟悉内幕。谎言说出口只是为了向某人表明，他既不需要这个人也不需要其好感。谎言曾经是一种交往的自由手段，而今已成为一种傲慢的技术，这种技术使得每一个体散布一种环绕着他的冰川式气氛，身处这一避难所的他由此茁壮成长。

---

① 暗指晚期浪漫主义诗人罗伯特·莱尼克（Robert Reinick, 1805—1852）的诗句：最重要的是，我的孩子，忠诚而真实/不要让一句谎言亵渎你的嘴［*Vorallemeins, mein Kind, seitrueund*wahr, /*lass nie die Lügedeinen*Mund*enweihen*（Above all else, my child, be loyal and true/and never let a lie profane your mouth）］。

② "忠诚与诚实"（Übimmer Treu und Redlichkeit）：由莫扎特创作的一首歌的歌词。

147

在通向正确生活的途中

10. 分离的—联合的

婚姻在一个去除其人性证成基础的时代就像一个卑鄙的拙劣模仿，它在今天充当为一种自我保存的把戏：两个共谋者转移了各自对对方犯下错误的外在责任，而在现实中却共处在一个阴暗的沼泽地中。唯一得体的婚姻则是允许双方各自过一种独立生活的婚姻，在其中双方自由地接受相互责任，而不是一种源自与经济利益相关的强制性共同体的结合。作为一种经济利益共同体的婚姻着实意味着利益相关方的退化，而且这是对世界安排的背叛，没有人，甚至是那些意识到这一点的人，能够避免这种退化。因此，人们或许会对下述理念感兴趣，即没有污辱的婚姻是一种为那些无须利益追求的人、为富人预留的可能性。但是，这种可能性是纯粹形式性的，因为有特权的人正是那些利益追求已然成为第二本性的人——否则他们也不会支持特权。

11. 带着我的所有世俗物品

即便是在两个脾气好的、温和而受教育的人之间的离婚，也易于搅动起一片尘雾，它遍及所有相接触的事物并使它们褪色。这就好像亲密的、共享生活无须注意的信任领域转变为一种恶性的毒药，一旦它浸入其中，曾密切的关系也会以分手告终。人们之间的亲密是克制、宽容、个人特质的避难所。如果被拖拽到空旷地带，它便会显露出自身的软弱之处，而在一场离婚中，这种公开的暴露是不可避免的。它捕获了信任清单。曾经是爱的呵护的迹象与和谐的印象作为独立的价值挣脱开来，展现出它们邪恶、冷漠、有害的一面。分开之后，教授闯入其妻子的公寓从写字台上偷得一些物品，而天赋异禀的女士们则指控她们的丈夫逃税。如果婚姻提供了一种在普遍残忍中组成人类细胞的最后可能，普遍性在婚姻的崩溃中开始报复，把手放在曾经看起来排除在规则之外的事物上，使其让位于权力与财产的异化秩序并嘲笑那些生活在虚妄安全感中的人。正是曾经最受保护的事物现在被残忍地征用并暴露。夫妻俩起初越"慷慨"，他们就越不会考虑财产与义务，他们的羞辱也就会变得更加可憎。因为，正是在法律上不明确的领域中，争吵、诽谤与无尽的利益冲突蔓延开来。婚姻制度立于其上的整个昏暗基础，丈夫对于其妻子财产与工作的野蛮力量，迫使一个男人为一个曾与其共度春宵的女人尽一生责任的依旧野蛮的性压迫——当房屋被摧毁时，所有这些都缓慢地从地下室与地基中暴露在光天化日之下。那些曾经体验过严格属于彼此的良好普遍性的人，现在为社会所迫把他们自己视为无赖，无异于不受限制的外在卑鄙的普遍秩序。在离婚中，普遍事物被揭示为特殊事物的羞耻面具，因为婚姻这一特殊事物在这个社会中不能实现真正的普遍性。

12. 同样的人

在性爱品质的领域，一种价值的重估（Umwertung）看起来几近完成。在自由主义之下，直到我们自己的时代，来自良好社会的已婚男士由于他们的配偶不满意于受保护的养育，惯常于用合唱团的少女们、波希米亚女郎、维也纳甜美少妇以及交际花的形象来保护自己。随着社会的合理化，这种不合规范的狂喜的可能性已经消失不见。交际花已经绝迹，与"甜美少妇"相等同的人或许在盎格鲁-萨克逊地区以及其他拥有一种技术文明的国家都未曾存在过；但是，合唱团少女与波希米亚女郎现在寄生性地移植到大众文化之中，因而彻底为其论证所灌输，以致这个沉迷于声色地逃逸到混乱状态（自由操控她们自己的交换价值）的人冒着唤醒义务的风险，如果不是雇佣她们担任助理，至少也是把她们推荐给其所熟识的电影大鳄或剧本作家。唯一还能够沉湎于任何与无法计算的爱情相类似的事物的妇女，现在正是那些被丈夫为了称号而放弃的女士。虽然她们与其丈夫之间由于后者的错误使得生活毫无情趣，就像她们的母亲一样，她们至少能够将那些会被所有人否定的事物赠予其他人。早已冷淡下来的浪荡者意味着权衡，而符合规范的、有教养的妻子则切盼地、并不浪漫地拥护着性爱。因此，社会女士们最后在既不存在社会也没有女士的时刻获得了她们蒙受耻辱的荣誉。

13. 保护、帮助与劝告

每一个迁徙中的知识分子都毫无例外地受到严重伤害，并且也对自己承

📁 在通向正确生活的途中

认了这一点，如果他想要避免在其自尊这扇紧闭的大门后被残忍告知的话。他生活在一个难以理解的环境中，即便他对工会组织或者汽车工业的知识无可挑剔；他总是迷失方向。在大众文化垄断下他自身生存的再生产与公正且负责的工作之间，裂开了一个无法弥合的缺口。他的语言已经被征用，而滋养其知识的历史向度则元气大伤。封闭且政治上受到掌控的团体的形成使得孤立更加严重，这些团体不信任它们的成员，对那些标新立异的人充满敌意。给外来者的社会产品份额并不充足，迫使他们在一般性竞争中陷入一种无望的二次斗争。所有这些给每个人都留下了标记。即使一个人免除了直接合作的耻辱，但他也带有一种作为其特殊标记的免除，一种社会生命过程中的虚幻的不现实的存在。流浪者之间的关系相比于常住居民之间甚至更为恶劣。所有的强调都是错误的，所有的观点都被扭曲。私人生活不得体地、像吸血鬼那样异端地维持自身，由于它实际上已不再存在，便总是痉挛性地试图证明它还有生气。公共生活被简化为一种未说出口的拥护纲领的誓言。双眼呈现出一种狂躁而冷漠的贪婪、挥霍与强占的面目。没有补救办法，只有对自己和他人固定不变的诊断，该尝试通过意识如果不是避免厄运的话，至少要摆脱其令人可怕的暴力与盲目性。特别是在私人交往的选择上（只要该选择仍然存在），需要最大限度的警告。首要的是，人们应该谨防去追逐强有力者，并"希望"从他们那里"获得些什么"。紧盯着可能的获益是所有人类关系的致命敌人；团结和忠诚继而从中产生，但绝不会源于对实践目的的思考。作为强有力者的镜像，听差、奉承者与乞讨者并不危险，这些人以一种拟古的方式讨好那些比他们强的人，而这种方式只有在经济上不受管辖的移民环境中才畅行无阻。虽然他们有可能给他们的保护人带来一点利益，但当保护人接纳他们时，他们便把他拖下水了，因为他要在一个陌生的国家出于自己的无助而总是受到诱惑。如果在欧洲，深奥难解的姿态通常只是一种最盲目自利的借口，俭朴的观念虽然并非井井有条或无懈可击，在迁徙中看起来仍然是最能被接受的救生艇。确实，只有很少一部分人能够随心所欲地拥有合适的船型。对大多数登上船的人来说，它意味着饿死或发疯的危险。

14. 资产阶级归来者

荒谬的是，20世纪上半叶的法西斯政权稳固了一种过时的经济形式，由于其明目张胆的无意义，因而要增加维持它所需的恐怖。因此，私人生活同样有了标记。随着外部权威的加强，令人窒息的私人命令、利益的特殊主义、早已过时的家庭形式、财产权利以及与此相称的反思，所有这些都同样重新巩固了自身。但是，（这种巩固）带有一种坏良心，一种几乎不被隐藏的对虚假的意识。曾经是良好与得体的资产阶级价值观，即独立自主、不屈不挠、深谋远虑、谨言慎行，都已经被彻底腐化。因为，虽然资产阶级生存形式被粗暴地保存下来，它们的经济前提却已然消失。隐私完全让位于它总是秘密所是的匮乏，并且现在与对特殊利益的顽固坚持相混合的是对不再能够洞察到事物有可能不同和更好的怒火。在失去其天真纯朴时，资产阶级的恶意已经变得不知悔改。即便现在照料小花园（就好像花园不久前变得"很多"）的关怀之手却恐怖地挡住不认识的闯入者，它已经拒绝了政治避难所。由于现在受到客观的威胁，统治者及其拥护者的主体性成为彻底的非人性。因此，阶级实现了自身，承担起世界进程的毁灭性意志。资产阶级活得就像预示着灾难的幽灵。

15. 新型吝啬鬼

有两种吝啬鬼。一种是过时的类型，他们有着对自己和别人能省则省的热情；莫里哀使其外貌特征名垂千古，弗洛伊德则将其解释为肛门性格。它在秘密拥有着数百万资产的守财奴那里达到极致，就像童话故事里不被认出的哈里发的禁欲面具。他与收藏家、狂躁者、最终和博爱者有关系，就像高布赛克与艾斯特一样。① 在当地报纸专栏中偶尔仍能找到他。我们时代的吝啬鬼则认为，对于他自己来说没有什么是昂贵的，而对于其他人来说所有事物

---

① 巴尔扎克《烟花女荣辱记》（*Splendeurs et Misères desCourtisanes*）中的吝啬鬼与烟花女，高布赛克是艾斯特的伯父。

都是昂贵的。他以等价方式思考，使他自己的全部私人生活服从付出少于回报，但也足够确保他获取一些东西的法则。每一件好事都伴有一种"这是必要的？""我必须这么做？"的证据。这种类型大都被匆忙揭示，这些人在一系列花费被收回的交换行为这种单一的消失关联中"报复"获得的善意而不愿意宽容。因为有了他们，所有事情都按照一种合理的正大光明的方式来处理，他们也就不像阿巴贡（Harpagon）和斯古奇（Scrooge）[①]那样既不用宣判有罪，也无须加以转变。他们充满善意，就如同他们毫不妥协一样。如果需要，他们会将自身不容辩驳地放置在正确位置上并将正确改为错误，而铁公鸡的卑污狂躁则具有一种补偿特征，即钱箱中的金子必然会吸引窃贼，事实上这种热情只有在牺牲与遗失时才会平静下来，正像在自暴自弃中想要拥有的色情欲望一样。然而，新型的吝啬鬼谨慎地纵容他们的禁欲主义，这种禁欲主义不再是一种恶习。他们上了保险。

16. 关于得体的辩证法

歌德实际上已经意识到在新兴的工业社会中所有人类关系充满危险的不可能性，他在《威廉·麦斯特的漫游年代》（*Novellen of Wilhelm Meister's Year of Travel*）中试图将得体展现为在异化了的人们之间拯救便利。在他看来，这种便利与放弃，亦即全面联系、激情和纯粹快乐的终止不可分割。对于歌德而言，人类存在一种自我限制，它肯定地将不可避免的历史进程、非人性的进步与主体的萎缩作为自己的进程加以拥护。但是，自从使歌德放弃以来发生的事情看起来更像是一种完成。得体与人性——对于他而言是一回事——同时走了一条如他所相信的那样拯救我们的道路。因为我们现在知道，得体有其精确的历史时刻。这就是资产阶级个体自身摆脱绝对主义强制的时刻。他对自己的回答是自由且独立，而由绝对主义发展出的等级式尊重与考虑形式，在去除掉他们的经济基础与威胁性权力后，仍然足以充分地呈现出在特权集团中共同生活是可以忍受的。在绝对主义和自由宽宏之间这种看起来悖

[①] 阿巴贡与斯古奇分别是莫里哀剧作《悭吝人》和狄更斯小说《圣诞欢歌》中的主人公，都以吝啬著称。——中译者注

谬的交换而且是能够觉察到的，它不仅仅体现在《威廉·麦斯特的漫游年代》中，而且还体现在贝多芬对传统作曲模式的态度中，甚至体现在逻辑中，以及康德对客观上有约束力的理念进行的主观重构之中。有一种感觉，贝多芬对充满活力的作曲所做的经常性回顾以及康德从意识统一体中进行的烦琐的范畴演绎，都相当"得体"。得体的前提是常规习俗，它不再完好无损，但仍然存在。它现在堕入到不可弥补的废墟之中，只是在对形式的拙劣模仿中存活下来，成为一种任意设计或想起的为愚蠢无知的人准备的规矩，亦即报纸上主动提供的顾问反复宣扬的类型，而在其人性时刻承载这些常规习俗的一致同意之基础已经让位给对车主和广播听众的盲目遵从。仪式要素的消亡乍一看有利于得体。从所有异质的和有害的外在事物那里解放出来后，得体的行为看起来单独受到每种人类状况的特殊性质的引导。然而，这种解放了的得体碰到了在所有情境中都会遭遇到的唯名论困难。得体意味着不仅仅附属于仪式性常规习俗；它正是日后所有人本主义者不断冷嘲热讽的后者。然而，得体的实施与其历史定位一样悖谬。它需要在常规习俗未经许可的要求与个体的任性要求之间达成和解，而这实际上是不可能的。除去常规习俗，没有什么能作为得体的衡量标准。常规习俗代表了组成个人要求之实质的普遍性，尽管是以缺乏活力的形式。得体是一种差异规定（Differenzbestimmung）。它存在于意识的误差之中。然而，当获得解放之后，它所面对的是作为一种绝对的个体，没有任何普遍事物能够从中被区分出来，它因而错过了个体并最终使其遭受不公正的待遇。问候某人的健康已经不再为教养所需并期待，它成了好奇或中伤，一旦没有规则表明什么该讨论什么又不该讨论，对敏感主体的沉默便造成了空洞的无动于衷。因此，个体开始并非无缘无故地与得体相敌对。例如，某种礼貌并未给他们一种被视为人类的感觉，不如说它暗示出他们的非人境况，因而在持续展现出一种取代特权的礼貌时，礼貌便冒着看似无礼的风险。最终，解放了的纯粹个体性得体成了单纯的谎言。现今存在于个体之中的真实原则是它诚挚地保持沉默的事物，也就是每个人体现出的现实的以及更具有潜力的力量。开门见山地说，个体应被绝对地按照适合他的方式受到对待，在这种需要之下有一种贪婪的渴望将他及其机会通过包括在其每一词句中的得体承认而"置于"裹挟所有人的更为严格的等级制之中。关于得体的唯名论帮助最为普遍的赤裸裸的外在权力在甚至最私人的一系列事物之中获胜。把习俗规范当作过时的、无用的和无关的装饰物作废，只是证实了最不相干的事物，即一种被直接统治的生活。甚至对这种得体的夸大，即一种对自由的嘲笑的废除，不过使生存更加难以忍受，它仅仅进一步表明：对于人们来说，在当前境况下共存已经变得有多么不可能。

17. 专利权

我们时代的鲜明标志就是，没有人能够像早先评价市场关系时那样甚至能在一个适度可理解的框架内决定他自己的生活。原则上，每个人，无论他多么强大，都是一个对象。即便是"将军"这一职业也不再能提供充分的保障。在法西斯主义时代，没有协议能有足够的约束力来确保司令部避免空袭，而遵守传统谨慎的司令官们则被希特勒绞死、被蒋介石砍头。由此可见，任何想活着出来的人——而存活本身有某种无意义，就像梦中一个人体验到世界的尽头之后，从一个地下室中爬出来一样——也应该在每时每刻准备结束他的生命。这一令人痛心的真相已经出现于查拉图斯特拉自由选择死亡这种充满活力的学说之中。自由已经与纯粹的否定性签约，而在青春艺术风格时代所说的美丽死亡已经缩减为想要缩短生命的无限屈辱与死亡的无尽折磨，在这样一个远比死亡更令人恐惧的世界之中。——人道主义客观目的只是同一事物的另一种表达而已。它意味着，作为个体的个人，在代表人类的本质时已经丧失了他本可以借此而实现自身种类的自律性。

18. 无家可归者的避难所

今天，私人生活的困境通过其活动场所而显现。人们总体而言已经无法在真正意义上居住了。我们成长于其中的传统居所已经变得难以忍受：其中的每一份舒适都要以知识的背叛为代价，每一丝安全的痕迹都要以家庭利益共同体的霉变为代价。从白板（tabula rasa）出发设计的功能性现代居所是被市侩专家制造的一种生活情况，或是沦为消费领域的工厂场所，它缺乏任何与居住者的关系：甚至是独立生存的渴求在任何情况下也已作废并被排除掉

附录一　最低限度的道德：从被损害生活而来的反思（节选）

了。现代人愿意像动物那样贴近地面睡觉，一家德国杂志以一种早于希特勒的预言性受虐狂的方式公布了这一点，它废弃了作为醒来与梦境之界限的床铺。无眠的人每时每刻都在待命，无抵抗地为任何事情准备着，既机警又无意识。任何人在寻找一处真正的却是共同购买到的具有时代风格的房屋时，都会使自己的身体有生命的气息。通过搬到一家旅馆或有配家具的套房来逃避居住责任的尝试使得移民的强加性条件成为一种明智选择的规范。那些没有选择的人遭受到最沉重的打击，这在任何地方都一样。他们不是生活在贫民窟中，就是生活在明天就有可能是茅草屋、拖车、帐篷或露天的平房里。房屋已经一去不复返。欧洲城市上空的炸弹和劳动集中营只是像执行者随着技术内在发展而成为房屋命运的主宰那样不断演进。现在，这些只能像旧食品罐头那样被扔掉。居住的可能性被那种社会主义社会[①]所消灭，该社会曾经错过而今则颠覆了资产阶级生活的基础。没有人能够抵挡这种进程。他只需对家具设计或者内部装修感兴趣，由此来发现其藏书家一般的艺术和灵巧的感受力，尽管他会严格反对狭义的艺术与手工艺。拉开一定距离来看，维也纳工场与包豪斯之间的差别并没有那么大。纯粹功能性的曲线与破除掉任何目的，现在与立体派的基本结构一样都成为装饰性的。面对所有这些，最好的行为举止看起来仍然是一种不受约束、悬而不决的方式：只要社会秩序和个人自己的需求能够容忍，就去过一种私人生活，但是不要将其视为仍然具有社会实质性和个人适当性。"我的幸运之一就是不拥有房产"，尼采在《快乐的科学》(*Gay Science*) 中已经如此写道。[②] 今天，我们还应加上：道德的一部分就在于，一个人在家中却保持着不在家的状态。这指明了某些个体现在与其财产之间的困难关系，只要他还拥有某些东西的话。诀窍是使如下事实显而易见并表达出来，即在消费品已经变得极为充足因而每个人无权保留其自身的约束原则的情况下，私有财产不再属于某个人；但是无论如何人们必须要有所拥有，如果人们不想陷入那种依赖与困境（它们使得财产关系得

[①] 此处的"那种社会主义社会"（der sozialistischenGesellschaft/socialist society）从上下文语境来看应是指希特勒的国家社会主义党及其领导下的纳粹德国。——中译者注

[②] Fridrich Nietzsche, *Werke* (ed. Schlechta), Munich 1955, Vol Ⅱ, p. 154 (*The Joyful Wisdom*, Edinburgh-London 1910, p. 203).

以盲目的持存）的话。但是，这种悖谬的理论导致了毁灭，对事物没有爱意的不尊重，在对待人时也必将如此；这种二律背反一旦说出，就成为那些怀着恶意的良心想要保住拥有之物的人的意识形态。在错误生活中不存在正确生活（Es gibt kein richtiges Leben im falschen.）。

19. 不要敲门

技术正在使姿态以及人们变得精准而无礼。它从运动中排除了所有犹疑、审慎和礼貌。它使人们服从于不可调和的事物，就好像它是事物的非历史要求一样。因此，轻轻地、小心地而又紧紧地把门关上这样的能力便丧失掉了。汽车门和冰箱门只要砰的一声关上就可以，其他的门也有自己啪嗒一声合上的趋势，由此造成了人们不向后看以及不保护接待他们的里门的无礼举止。如果不能意识到他持续浸淫其中的周遭世界的事物，甚至他最为隐秘的运动感觉，就将无法确切地理解这种新型人类（neuenMenschentypus/the new human type）。对于主体来说，这意味着不再有能够打开的平开窗，而只有一推而开的滑动玻璃窗；不再有文雅的门把手，而只有可调整的手柄；没有前庭和沿街的门阶，也不再有花园的围墙。什么样的司机能够不受其发动机动力的诱惑而碾压大街上的害虫、行人、孩子以及骑自行车的人？机器要求它们使用者的操作已经有着法西斯主义虐待的暴力、击打以及间歇式抽搐。体验的萎缩（Absterben der Erfahrung）特别要归咎于如下事实，即受到纯粹功能性法则支配的事物设定了一种形式，它将与这些事物的接触限制为纯粹的操作并且不能容忍那种无论在行为的自由中或是自律中的任何盈余（Überschuss）；作为体验的核心，这一盈余因其无法被行动因素消耗而能够存活下来。

20. 蓬头垢面的男孩

当休谟面对他的世俗同胞致力于捍卫认识论沉思这一在绅士中总是声名狼藉的"纯粹哲学"时，他运用了如下论证："准确性在任何情况下都优越于

附录一　最低限度的道德：从被损害生活而来的反思（节选）

美，正如推理优越于微妙的情感。"① 它自身是实际的，不过隐含地并否定地包含了与实践精神（den Geist der Praxis）相关的全部真理。生活的实践秩序虽然声称使人们受益，但却在一种利润经济学中抑制人类品质，它们越扩展，对所有事物的切割就越温柔。因为人们之间的温柔无异于意识到无目的关系的可能性，这种安慰仍然被那些陷入目的中的人窥见到；一种古老特权的遗产允诺一种排除特权的境况。资产阶级理性对特权的废除最终也废弃了这一允诺。如果时间就是金钱，那么首先节约自己的时间看起来就是道德的，这种吝啬也用于对他人的关心。人们直截了当。在人们的交往中插入的每一种护套都被感觉为阻碍了机器的运转，他们不仅在客观上被纳入该机器之中，而且自豪地与其相等同。他们彼此打招呼时不再脱帽致意，而是说一声熟悉且漠不关心的"你好"，他们写给彼此的也不再是信件，而是办公室之间没有地址或签名的通信，这些都是一种与联络相关的疾病的随机症状。异化恰恰是在消除了人们之间距离的地方展现自身。因为他们只有避免相互纠缠于给予和索取、讨论和落实、控制和运转，彼此之间才有足够的空间来微妙地联结精致的外部形式，唯独在该形式中内部事物得以具体化。像荣格（Jung）追随者这样的保守分子对此已经有所注意。我们在海耶尔（G. R. Heyer）的一篇文章中读到："这是人们的一种尚未被文明充分形成的有区别的习惯，亦即一个话题可能不会被直接处理，有时候甚至都不会提及；相反，对话必定会朝向其真实对象前进，就好像陀螺那样自我旋转。"② 然而，直线而今被视为是两个人之间的最短距离，就好像他们是两个端点一样。就像现在房屋的墙壁都筑造在一块，人们之间的黏合剂也被将他们牢固在一起的压力所取代。任何与此不同的事物都不再被理解，而是显现为孩子气的信任或一种不正当的前进，如果不是显现为带有一种领班痕迹的维也纳名吃的话。在午餐时作为商务洽谈的前奏用几句话问候某人妻子健康的形式中，功利主义规则已经控制甚至同化了其对立面。说行话的禁忌与无法彼此交谈在现实中是一回事。因为所有事都是生意，后者就像一个上吊人家中的绳索一样说不出口。在仪

---

① ［英］休谟：《人性论》（*An Enquiry Concerning Human Understanding*），芝加哥：开放出版公司1963年版，第6—7页。

② 古斯塔夫·理查德海耶尔（Gustav-Richard Heyer）（1890—1967）：荣格的心理学弟子。

157

式典礼、老式礼节、被怀疑是无用的交谈（这种怀疑甚至并非不公平的）、无聊流言的虚假民主式取消的背后，在不再允许任何未限定的人类关系看起来澄清与透明的背后，引进的是赤裸裸的野蛮。没有散乱、迟疑或反思的直接陈述在表面上给他人完全的事实，这种陈述已经具有了在法西斯主义时代由哑口无言的人向沉默不语的人签署命令的形式与音调。人们之间的实事求是，清除掉他们之间的所有意识形态装饰，已然成为一种待人如物的意识形态。

21. 物品不允许调换

我们现在已经忘记如何送出礼物。对交换原则的违背成为某种没有意义和不合情理的事；在各处，甚至孩子都会怀疑地看着给予者，好像礼物不过是向他们兜售刷子或肥皂的把戏。与此相反，我们有慈善这种被管理的善行，对社会的可见伤痛进行有计划的涂抹粉刷。在其有组织的操作中，人类的冲动不再留有地盘，事实上，通过其分配、正当配给，简言之通过将接受者视为一个客体，礼物必然伴随着羞辱。甚至私下赠予礼物也退化为一种运用合理化的糟糕恩典来实施的社会功能，它认真遵守规定的预算、对他人的怀疑性评价以及最小的可能性努力。真正的给予在想象接受者的快乐时会感到快乐。这意味着选择、花费时间、特意为某人去挑选礼物，将他人视为一个主体：分心散乱的对立面。正是这一点现在很少有人能够做到。最好的情况不过是他们送出的是自己会喜欢的物品，只在一定程度上稍逊一等。给予的衰退反映在令人堪忧的礼物发明上，它基于如下假定，即人们并不知道他们要送什么，因为他们并非真的想送。这种商品与它的买主无关。从最初开始，它就是市场中的一种药物。同样地，交换物品的权利向接受者表明：拿走这个，它是你的了，尽情享用它吧；如果你不想要它，我也是如此，那就另换一个。不仅如此，和由普通礼物造成的尴尬相比，这种纯粹的可互换性代表了更多的人类可能性，因为它至少允许接受者给自己一个与礼物公认的截然不同的物品。

除了物品的极大丰富甚至穷人都能获得，赠送礼物的减少看起来也不重要，对它进行反思也只是一种多愁善感。然而，即便在过剩物品之中礼物也是过剩的——无论从私人角度还是从社会角度看，这都是一则谎言，因为现在所有人都能发现令他们完全高兴的事物——不再给予的人也仍然需要给予。不可替代的物品在他们之中枯萎了，这些物品不能在纯粹内在性的孤立细胞中、只能在与事物的密切接触中繁盛。一种冷漠笼罩在人们所做的事情之上，友好的话并未说出，关心也未曾实施。这种冷漠最终在表现出它的人身上产生了报应。每一种未被扭曲的关系，或者事实上作为有机生命自身一部分的和解，是一份礼物。遵循后果逻辑的人掌握不了这一点，因而使其成为一个物件并把自己冻僵。

22. 有洗澡水的孩子

在文化批评的诸多动机中，行之已久也最为核心的一个是如下谎言：文化冒充一个并不存在的合乎人类尊严的社会；它掩盖了所有人工作的物质条件，并且由于令人欣慰并使人麻痹，它使得糟糕的生存经济确定性得以延续。这就是作为意识形态的文化观念，它乍一看与资产阶级的暴力学说及其对立面——尼采与马克思——都很接近。但正是这一观念，与所有关于谎言的告诫一样，都有一种自身成为意识形态的可疑倾向。这一点能够在私人层面看出来。关于金钱及其所有相关冲突的思考都不可避免地扩展到最温柔撩人、最高尚灵性的关系之中。由于具有一致性的逻辑和真理的激情，文化批评因而能够要求各种关系都全部被还原为它们的物质起源，这些关系是果断地并不加掩饰地根据关系参与者的利益而形成。因为如我们所知的那样，意义并不独立于起源，而在所有遮掩或中介物质的事物中，很容易发现虚伪、煽情以及一种恰好被隐藏的双倍恶毒利益的踪迹。但是彻底按照这一原则行动将连同错误的事物一起消灭所有正确的事物，这些正确的事物虽然无力，但也尽力摆脱全部实践的局限以及任何对一种高尚境况的不真实期待，由此直接导致了野蛮，人们责备文化间接促成了这种野蛮。在尼采之后的文化批评中，这种立场的反转始终很明显：斯宾格勒非常热情地支持这么做。但是，马克思主义者们也没有证据来加以反驳。他们矫正了社会民主党的文化进步信念，在面对日益加剧的野蛮时，他们为了"客观趋势"的利益而受到持续的诱惑去支持后者，并在一种绝望的行动中从他们的致命敌人那里期待拯救，该敌人作为"对立面"被认为以盲目和神秘的方式来帮助准备良好的结局。除此之外，强调物质因素而将精神视为一种谎言，使其与服从于一种内在批评的政治经济学产生了可疑的亲和力，就好像警察与下流社会的合谋。由于乌托邦被搁置一旁并且要求理论与实践相统一，我们已经变得太现实。对理论无能的恐惧为屈服于全能的生产过程提供了一个借口，由此而更充分地承认理论的无能。甚至对于真正的马克思主义来说，阴险恶意的特征也不陌生，当前在商业心理与清醒的批评判断、庸俗唯物主义与其他种类之间有一种日益增强的相似，因此有时难以准确区分主体与客体。——将文化仅仅确认为谎言比以往来说更为致命，既然前者现在正在完全被后者吸收，并且为了向每一种对立的思想妥协而热切地请求这种确认。如果物质现实被称为交换价值的世界，而无论何种文化都拒绝接受该世界的统治，那么毫无疑问只要该现状存在这种拒绝就是虚假的。然而，由于自由而诚实的交换自身就是一个谎言，拒绝它同时就是为真理代言：在面对商品世界的谎言时，甚至谴责它的谎言也成为一种补救。文化到目前为止的失败并不保证会延续它的不成功，就像童话故事里的女孩向过期的啤酒里撒优质面粉一样。相互归属的人既不应对他们的物质利益保持沉默，也不应将物质利益拉平，而应该通过反思他们的关系而接纳它们并超越它们。

23. 只在复数中

如果社会如一种当代理论所教导的那样真的只是一伙匪徒，那么其最忠实的模型就是集体的对立面，亦即作为单子的个体。通过追溯每一个体的绝对特殊利益，在一个错误社会中的集体本质能够被最确切地进行研究，而且考虑如下事情也绝非牵强，也就是在一个以适应现实原则的自我为优先的情况下将分散的需求组织起来，这个自我从一开始就是一个将领导、随从、仪式、效忠宣誓、背叛、利益冲突、阴谋以及其他附件加以内化的匪徒团伙。人们只需要观察个体在勃然大怒中积极主动地对抗其环境就足够了。暴怒的人总显得像是自己的黑帮头目，给他的无意识以毫不留情的命令，他的双眼因满足于为他所是的大多数人发言而闪烁。某个人越是支持他自己的攻击事实，越是完美地代表了社会的压抑原则。这层意思或许比其他任何意思都更说明，最个体的就是最大众的这一主张是正确的。

附录一　最低限度的道德：从被损害生活而来的反思（节选）

24. 蛮不讲理的人

有一种男子气概，无论它属于自己还是别人，都会引起怀疑。它表达了独立、对行使命令之权力的确信以及所有男性心照不宣的共谋。起初，它被满怀敬畏地称为主人的心血来潮；而今，它已经被民主化了，银幕英雄向最微不足道的银行办事员展现了这是如何可能的。它的原型是身着晚礼服的英俊人物很晚回到他的单身公寓，打开间接照明设备，给自己倒上一杯威士忌与苏打的混合饮料：被仔细记录下来的矿泉水的咝咝声说出了这一傲慢之口所保守的秘密：他看不起任何没有烟草、皮革、剃须膏气味的事物，而且特别看不起女性，这也是她们发现他难以抗拒的原因。对他而言，人类关系的理想形式是俱乐部，这是一个建立在有原则的肆无忌惮之上的尊重的场所。这些男人的快乐，或者说在现实中几乎很难等同的他们的典范的快乐——因为人们甚至现在要好于他们的文化——都有一种关于它们的潜在暴力。这种暴力看起来是一种直接指向他人的威胁，这种人懒洋洋地躺在他的安乐椅上，很久以来便不再有什么需要。事实上，打击他自己的是过去的暴力。如果所有快乐都有保存在自身中的早先的痛苦，那么由于以忍受痛苦为傲，此时的痛苦作为一种固定模式直接无变化地提升为快乐：与葡萄酒不同，每一杯威士忌、每一口雪茄都使人回想起它曾使器官适应这种强烈刺激的厌恶，而唯独这一点被记录为快乐。因此，这样的男人在他们的自身建构中成为电影情节通常所展现的受虐狂。在他们施虐狂的根底是一则谎言，并且他们只有作为说谎者才能真正成为施虐者、压抑的施行者。然而，这种谎言不过是将自身展现为唯一获得批准的异性恋形式的被压抑的同性恋。在牛津，有两种学生独树一帜，硬朗的家伙和知识分子；后者单就这一对比而言几乎被自动等同为娘娘腔。很有理由相信，统治阶层在其通向独裁的道路上向这两种极端分化。这种瓦解正是其整合的秘密，在欢乐的缺失中有一种被统一的欢乐。最终，强硬的家伙是真正柔弱的人，他们需要软弱的人作为他们的牺牲品以便不用承认自己跟这些人相像。极权主义和同性恋彼此归属。在其毁灭时，主体否定一切与其不同的事物。硬汉与顺从的年轻人的对立在一种维护纯粹的男性统治原则的秩序中融合。在使一切都毫无例外时，甚至假定的主体对其对象而言，这一原则也变得完全消极被动、实质上成为女性化的。

25. 不应有思想朝向他们

如我们所知，移民的过去经历被抹去了。起初是逮捕令，而今是智识经验被宣称为不可转让且不可归化。任何未被物化的、无法计算与衡量的事物，都不再存在。然而，不满足于此，物化扩展到其自身的对立面，即无法直接实现的生活；任何存活的事物都只是思想与回忆。为此，一种特别的标题被发明出来。它被称作"背景"，在调查问卷中作为一个附录列在性别、年龄和职业之后。为了完成其违抗，生活被联合在一起的统计学家们的胜利汽车拖拽着前行，即便是过去在现在也不再安全，对它的回忆第二次将其交给遗忘。

26. 讲英语

在我童年时，一些与我父母保持关系的上了年纪的英国女士经常将书籍作为礼物送给我：为年轻人准备的插图很多的作品，还有一本由摩洛哥羊皮包装的小开本绿色宝典。所有这些都是以赠送者的语言写成：无论我是否能够阅读，它们都没有停止反思。这些书以其炫目的图片、标题、装饰图案及其难懂的文本而特别让人难以接受，由此让我相信，大体上讲这种东西根本不是书籍，而或许是为像我叔父在他的伦敦工厂生产的机器所准备的广告。自从我开始在盎格鲁-萨克逊国家生活并懂得英语后，这种意识并没有消除反而加深了。有一首勃拉姆斯为海泽（Heyse）① 的一首诗创作的歌曲，其中有一句："哦 悲伤，你竟永存！/两个人在一起则是无上的幸福。"（O Herzeleid, du Ewigkeit！/Selbander nur ist Seligkeit.）在最通行的美国版本中，它被译为："哦 痛苦，永恒！但是合二为一便是狂喜。"（O misery, eternity！But two in one were ecstasy.）原文名词的古意与激情变成了流行歌曲的口号，旨在大肆传唱。在这些单词所开启的霓虹灯照射下，文化将其特征展示为广告宣传。

---

① 保罗·海泽（Paul Heyse, 1830—1914）：由巴伐利亚君主资助的诗人和短篇小说作家。

27. 说法语

性与语言如何紧密缠绕在一起，这可以从阅读用一门外语写成的色情文学中看出来。当人们用原文阅读萨德（de Sade）（的作品）时，无须任何字典。对粗鄙猥亵事情最隐晦的表达，没有任何学校、父母家庭以及文学经验会传递的知识，都会被本能地获得理解，正如在儿童时代关于性的最间接的说法与言论都会具体化为一种真实的再现。这就像被囚禁的激情在这些表达中被它们的名字召唤，进而冲破仿佛它们自身压抑的黑话的防护，并且无法抗拒地强行进入与它们相似的最内在的意义细胞。

28. 风景

美国风景的缺点并非如浪漫幻想所认为的那样缺乏历史记忆，倒不如说是因为它没有任何人力痕迹。这种情况不仅适用于缺少耕地，未被耕作的树林通常没有灌木丛高，而且尤其适用于道路。在风景中这些道路总是直接插入，而且它们越是令人印象深刻地平滑与宽阔，它们闪闪发光的轨道与其荒凉的、杂草丛生的环境相比就越显得无关且粗暴。它们没有任何表达。正如它们不清楚足迹或车辙，沿着其边缘没有连接草木的便道，也没有通到山谷的乡间小路，它们也不是能够感到双手的抚摸或其直接操作的温和的、慰藉的、磨去棱角的事物。这就好似从未有人用手撩拨过风景的发梢。它让人不舒服，令人绝望。而且，它以一种对应的方式被感知到。因为匆忙的眼睛从车里只能看到它留不住的事物，而消失的风景除了其自身外也没有留下任何踪迹。

29. 矮小的果实

普鲁斯特的礼貌就在于免除读者相信自己比作者聪明的尴尬。

在 19 世纪，德国人把他们的梦想画出来，其结果总是蔬菜。法国人则只需要画一棵蔬菜，它便已经是一个梦想。

在盎格鲁-萨克逊国家，妓女提供的看起来除了罪恶还有随之而来的地狱

在通向正确生活的途中

之痛。

美国风景画之美：即便它的最小部分都作为表达而蕴含了整个国家的无限广阔。

在移民的回忆中，每一块德国烤鹿肉尝起来都好像是由《自由射手》(*Freischütz*)① 中的迷人子弹捕获。

在精神分析中，除去夸张外，没有什么是真实的。

我们能够通过倾听风声来辨别我们是否幸福。它警告不幸的人其房屋很脆弱，不断烦扰他的浅睡和噩梦。对于幸福的人来说，这是他的受保护之歌：它的怒吼坦承了自己不再有控制他的威力。

我们早就在梦中知晓的无声喧闹，在清醒时刻从报纸的大字标题向我们发出鸣响。

神秘的凶讯在广播中更新。紧急宣布的重要事件总是灾难。在英语中，庄严的（solemn）意味着隆重的和威胁的。发言者背后的社会权力转而针对着听众。

不久以前总是将自身呈现为好像被灾祸毁灭一样。

事物中的历史表达仅仅是过去的折磨。

在黑格尔看来，自我意识是个人自身确定性的真理，用《精神现象学》中的术语来说，就是"真理的自家领域"。当他们不再理解这一点时，资产阶级至少在他们拥有财务的骄傲中意识到自身。而今，自我意识仅仅意味着将自我反思为窘迫，反思为对虚弱无力的觉察：认识到人是虚无。

在许多人看来，说"我"已经是一种无礼。

你眼中的碎片是最好的放大镜。

最卑贱的人也能看出最杰出者的软弱，最愚蠢的人也能认识到最聪慧者的思维错误。

性伦理学首要的和唯一的原则是：原告总是错误的。

整体是虚假的。②

---

① 德国浪漫派作曲家卡尔·马利亚·冯·韦伯（Carl Maria von Weber）创作的一部歌剧。
② 这是对黑格尔著名格言的颠倒：真理是大全（Das Wahreist das Ganze）——整体是真实的（*Phänomenologie des Geistes*, p.24; *The Phenomenology of Mind*, p.81)。

附录一　最低限度的道德：从被损害生活而来的反思（节选）

30. 赞成悠闲的生活

在上次战争时——和其他战争一样，它与其后来者相比看起来很和平——许多国家的交响乐团都闭上了它们喧闹的嘴，斯特拉文斯基（Stravinsky）为一个人数少得可怜、遭受重创的乐团谱写了《士兵故事》（*Histoire du Soldat*）。它证明是其最好的乐谱，唯一有说服力的超现实主义宣言，它不由自主的梦一般的冲动将一种否定性真理的迹象传递给音乐。乐曲的预设是贫困：它如此激烈地废除了官方文化，由于它无法获得后者的物质产品，便也躲避开不利于文化的卖弄。在此，有一条为了战后的智识生产准备的提示，它在欧洲留下一种即便是那首乐曲的空隙处也想象不到的毁灭程度。进步和野蛮当前在大众文化中缠结在一起，以至于只有面向大众文化与技术手段之进步的野蛮的禁欲主义才能恢复一种不野蛮的状况。没有任何艺术作品、任何思想有存活的可能，除非它自身包含着对虚假财富和高级生产、彩色电影和电视以及百万富翁杂志和托斯卡尼尼（Toscanini）的拒绝。并非为大众生产而设计的老式媒体取得了一种新的现实性：无法领会与即兴创作的现实性。它们独自就可以避开托拉斯和技术的统一战线。在一个书本早已丧失其所有样貌的世界中，真正的书本不复存在。如果说印刷机的发明开创了资产阶级时代，即将到来的便是废除蜡纸油印机这种唯一合适的不引人注目的传播手段的时代。

31. 从袋子里出来的猫

甚至团结这一社会主义最值得尊敬的行为模式也是不健康的。团结本来意在使兄弟之间的交谈变得真实，通过将其从作为一种意识形态的普遍性中提升出来，并且将其保留给特殊性，亦即在一个对抗性的普遍性世界中作为唯一代表的政党。它体现在一群将其生命共同置于危险之中的人身上，他们在面对一种显而易见的可能性时使自己的关切变得次要，由此，在不为一种抽象理念所占有，同样也不拥有个人希望的情况下，这些人准备为彼此而牺牲自身。这种放弃自我保存的先决条件是关于决定的知识与自由：如果他们并不具备，盲目的特殊利益便会立刻再次显现。然而，随着时间的推移，团结已转变为一种相信政党有一千只眼睛的信心，转变为大批早已提升为整齐划一状态的工人作为强势一方登记注册，转变为顺应世界历史的潮流。任何以这种方式获得的短暂安全以永恒的恐惧、操纵和腹语术为代价：有可能用来检验敌人软弱性的力量浪费在了预料自己领导的心血来潮上，这些领导引发了比老式敌人更多的内在颤抖；因为人们模糊地知道，双方领导人最终会在屈服于他们的那些人后面达成协议。在个人之间能够辨认出对这种情况的反思。任何一个被现在起作用的陈规预先归为进步的人都会反复有这种同样的体验，他未曾签署看起来能够将真正的信仰者联合起来的虚构声明，这些信仰者就像通过某个口令那样通过姿势和语言上某些难以解释类似直率屈从的事情确认出彼此。正统人士以及与他们很相像的异端分子接近他，期盼着团结一致。他们或隐或显地呼吁进步协议。但是，当他从他们那里寻求相同团结的最轻微证据或是对他自身所遭受的社会痛苦予以单纯同情时，他们给他的则是冷淡，在恢复教皇的时代这便是唯物主义和无神论的遗留。这些驯顺的成员想让最真诚的知识分子向他们袒露自己，然而一旦如此他们只是会担心不得不暴露自身，他们将他视为资本家，并将他们所指望的同一种真诚视为荒唐可笑的多愁善感和愚蠢。团结被分化为那些无路可走之人孤注一掷的忠诚，以及作用于那些既不想与狱卒有关系，也不愿与窃贼相冲突之人的实质性敲诈勒索。

32. 野蛮人并不更为高尚

在学习政治经济学的非洲学生、在牛津的暹罗人，以及在更一般意义上的勤奋艺术史家和小资产阶级出身的音乐学者那里，能够发现一种与消化吸收新材料相结合的现成倾向，一种对所有已经确立、接受并认可的事物的过度尊重。一种不妥协的思想正是原始主义、新手或"非资本主义世界"的对立面。它预设了经验、一种历史记忆、一种挑剔的想法，以及最重要的，一种足够充分的满足。人们已经一再观察到，那些新招募进激进团体的天真的年轻人一旦感觉到传统的力量便会背叛。一个人一定在自身中拥有传统，以便能够恰当地厌恶它。相较于无产阶级，势利小人在艺术领域的先锋派运动中展现了更多的天分，这一点也为政治提供了线索。从印度的卡尔纳普（Rudolf Carnap，1891—1970）崇拜者到马蒂亚斯·格吕内瓦尔德（Matthias Grünewald，1470/80—1528）和海因里希·许茨（Heinrich Schütz，1585—1672）[1] 这些德国大师的坚定捍卫者，后来者和新来者与实证主义有一种令人害怕的相似性。假定排斥只能引起仇恨与不满的是一种劣等心理学；它也会引起一种占有的和偏狭的爱，而那些与压抑文化保持一定距离的人会很容易成为其强硬的捍卫者。甚至在那些作为一个社会主义者想要"学习某些东西"并且分享所谓遗产的工人的说教语言中也有它的回声，倍倍尔（August Bebel，1840—1913）派[2]的平庸与其说在于他们对文化的不了解，不如说在于他们欣然接受并认同于文化的表面价值，如此一来便颠倒了它的意义。一般而言，相比于确保其免于在理论上退回到实证主义，社会主义更难抵挡上述这种转变。在远东，马克思很轻易地被置于德里施（Driesch，1867—1941）和李凯尔特（Rickert，1863—1936）[3] 腾出的位置上。有理由担心，非西方人民自身姗姗来迟地卷入工业社会的冲突之中，相比于合理地促进生产与交通以及适度提高的生活水平，这将更不利于获得解放的人民。老旧国家不应盼望前资本主义人民的奇迹，而是应提防他们自己对任何已证明事物以及西方国家所获成功的缺乏想象力的懒惰喜好。

33. 在火线之外

关于空袭的报道总是带有飞机生产厂商的名字：一旦话题是与胸甲骑兵、枪骑兵和轻骑兵相关的地方，福克-沃尔夫（Focke-Wulff）、亨克尔（Heinkel）、兰开斯特（Lancaster）便出现了。繁殖生命、控制及毁灭它的机

---

[1] 鲁道夫·卡尔纳普，新实证主义哲学的首要代表，1936年移居美国。马蒂亚斯·格吕内瓦尔德，后期哥特风格画家；海因里希·许茨，早期巴洛克风格作曲家——他们二人都具有强烈的宗教灵感。

[2] 奥古斯特·倍倍尔是德国社会民主党自普法战争到"一战"前夕的联合创始人与领导人。

[3] 汉斯·德里施，生机论哲学家和生物学家，《科学与有机体哲学》（*The Science and Philosophy of the Organism*）一文的作者。海因里希·李凯尔特，新康德主义哲学家，一种价值导向认识论的主观主义倡导者。

> 在通向正确生活的途中

制一模一样，因此工业、国家与广告也混合在一起。持怀疑态度的自由主义者将战争视为一桩生意，这种老式的夸大已然成真：国家权力甚至已经从特殊利益中去除掉独立的假象；它事实上总在服务，现在则在意识形态的意义上置身于此。在摧毁城市时对主要承包商的每一次颂扬，都有助于它赢得好名声，这将确保其在城市的重建中获得最好的订单。

与三十年战争①一样，在其开始时没有人会记得它会何时终止的这场战争，也陷入被空洞的间歇分隔开的不连贯运动：波兰人、挪威人、俄国人、突尼斯人以及入侵运动。它的节奏，即由于缺乏在地理上能捕捉到的敌人而造成的急促行动与彻底静止的交替，与作为个人军用工具的特征和同样无疑复活了前自由主义的竞选形式有着相同的机械性质。但是，这种机械节奏完全决定了人类与战争的关系，它不仅仅体现在个人身体强度与机械力量之间的不成比例，而且也体现在隐藏最深的经验细胞之中。甚至在以前的冲突中，身体与机械战争之间的不协调已经使真实经验不再可能。即便能够回想起炮兵司令拿破仑的战斗，也没有人能够讲述它。在战争记忆与缔结和平之间的长期间隔并非偶然：它证实了回忆的痛苦重构，无论作家经历了多么恐怖的事情，在所有书本中都传达出一种无能为力感甚至是虚假感。但是，"二战"彻底地与经验相脱节，就像一个机器的运转彻底脱离身体的运动一样，它只是在病态阶段开始与其类似。正如战争缺乏连续性，历史这种"史诗"瞬间看起来在每一阶段也是重新开始，由此便不会在记忆中留下任何无意识保存的永恒形象。每一处爆炸都破坏了阻止刺激的障碍，作为治愈遗忘与恢复记忆间歇的经验在这种刺激下形成。生命已经变为一种一连串的永久震惊，占据其间的则是空洞的麻痹间歇。但是，或许下述事实最能体现出一种对未来的恶兆，即毫不夸张地说，这些事情很快将成为一种过去的构想，因为归来参战者的每一种创伤、每一种未被内在吸收的震惊，都是一种关于引起未来毁灭的酵素。卡尔·克劳斯（Karl Kraus）正确地将其剧本命名为《人类最后的日子》（*Die letztenTage der Menschheit/The Last Days of Mankind*）。现在正在发生的事情应当冠以如下标题："世界末日之后"（Nach Weltuntergang）。

---

① "三十年战争"，指一场发生在1618年至1648年的欧洲宗教战争，主要在神圣罗马帝国（大部分在今天的德国）的领土上进行。——中译者注

附录一　最低限度的道德：从被损害生活而来的反思（节选）

由在第一批坦克上的摄影师和渴望英勇赴死的战地记者带来的信息、宣传、现场报道将战争彻底清除，对公共意见和未觉察活动进行的开明操纵的混合：所有这些都是经验萎缩的另一种表达，亦即人与其命运之间的空白，而他们的真实命运置身于此。这就好像事件的物化了的坚固的石膏模型取代了事件本身。人们在一部没有观众的可怕纪录片中被化简为演员，因为他们中只有很少一部分才在银幕上有事可做。正是这一点促成了"虚张声势的战争"这一被极度污蔑的称谓。确实，该术语在法西斯主义的如下倾向中有其根源，即法西斯主义倾向于将恐怖的现实斥之为"纯粹宣传"以便在行凶作恶时畅行无阻。但是，与所有法西斯主义偏好一样，它同样在现实因素中有其来源，这些现实因素仅仅凭借恶意指向它们的法西斯主义态度而成为自身。这场战争确实是虚假的，但却是带有一种胜过一切恐惧的虚假性，而那些嘲弄它的人则是灾难的首要原因。

如果黑格尔的历史哲学拥抱这个时代，那么希特勒的无人飞机作为一种精选的经验事实就会在亚历山大和相似形象的早逝旁边找到自己的位置，而世界精神的状况会通过这种经验事实直接在象征中展现自身。与法西斯主义一样，自动装置在没有主人的情况下也会全速前进。与其相似，它们将最完善的技术与彻底的盲目结合在一起。不仅如此，它们也同样引起了道德恐慌而完全徒劳无功。"我已经看到了世界精神"，但并非在马背上，而是在没有头部的两翼上，由此驳斥了黑格尔的历史哲学。

认为这场战争之后生活将"正常"继续甚或是文化可能会被"重建"——好像文化的重建并非已是其否定——的观点是愚蠢的。数百万犹太人被谋杀，而这被视为一幕插曲而非一场灾难。这种文化还在等待什么？即使无数人仍有时间去等待，能否想象在欧洲发生的一切将没有任何结果、牺牲者的数量无法转化为一种一般意义上的新型野蛮社会？只要打击伴随着反击，灾难便会永存。人们只需要想一下受害者的复仇。如果其他很多人被杀害，恐惧将被制度化，而前资本主义受限于远古时代与遥远山区的家族仇杀模式将会以扩展的形式被重新引入，全部国家都成为无主体的主体。然而，如果没有为死者报仇雪恨并且施以仁慈，法西斯主义将不顾一切带着胜利抽身而出，而一旦表现得如此轻而易举，它还会在其他地方继续肆虐。历史的逻辑与它所凸显的人一样具有破坏性：无论其势头将其带到何处，它都再现

169

了相同的过去灾难。常态是死亡。

关于战败的德国要做些什么这个问题，我只能回复两点。一是无论以何种代价、以何种条件，我都愿意成为一个行刑者或者为行刑者提供合法性。二是我不愿意，尤其是不愿因法律机制落入任何为过去恶行报仇的人之手。这是一种彻底不能令人满意的、自相矛盾的回答，它嘲弄了两种原则和实践。但是，或许错误在于问题而不仅仅在于我。

影院新闻片：入侵包括关岛在内的马里亚纳群岛。令人印象深刻的不是战斗，而是猛烈程度无限加剧的文明工事与爆破作业，以及在一种地面规模上以"烟熏"的方式灭虫。工作着手进行，直到寸草不生。敌人充当了患者与死尸。就像法西斯主义统治下的犹太人一样，他现在只是技术和管理措施的对象而已，而如果他为自己辩护，他自己的行为就会立刻呈现同样的特征。恶魔般地，在一定程度上相比于老式战争需要更多的自发性：它看起来要让主体付出其全部精力来实现无主体性。完满的非人性正是对爱德华·格雷（Edward Grey）没有仇恨的战争这一人性梦想的实现。

1944 年秋

34. 向空中张望的男人

知识与力量的关系不仅仅是奴性的也事关真理。如果知识与力量的安排不成比例，那么更多的知识就会无效，无论其在形式上多么正确。如果一位流亡医生讲"对于我而言，阿道夫·希特勒是一个病理学案例"的话，他的声明最终会被临床结果确证，但是它与以那个偏执狂的名义在世界上看到的客观灾难的不一致使该诊断变得荒谬，只不过是种职业夸耀。或许希特勒"自在地"是一个病理学案例，但肯定不是在"自为的"意义上。许多流亡者控诉法西斯主义宣言的自负与贫乏都与此相关。以自由、超然、非功利评价模式思考的人无法在这些模式内与在现实中取消这种思考的暴力经验相适应。几乎无法解决的任务是，既不让他人的力量也不让我们自己的无能使我们震惊。

附录一　最低限度的道德：从被损害生活而来的反思（节选）

35. 回到文化

认为希特勒已经摧毁了德国文化的主张不过是那些想要从其桌上电话开始重建它的人们的广告噱头。这些被希特勒消除的艺术与思想早已成为一种断裂的和虚构的存在，法西斯主义将它最后的隐匿之处扫荡一空。任何不遵守规则的人早在第三帝国爆发的多年前便已被迫进行内在移民：至少随着德国货币的稳定，并与印象主义的终结相一致，德国文化本着柏林插图杂志的精神稳固了自身，它很少屈服于纳粹的"透过喜悦的力量"、帝国高速公路以及时髦的展览馆古典主义。全部德国文化都在失去活力，特别是在其对于希特勒而言最为自由主义的方面，而对于莫斯（Mosse-Verlag）与乌尔斯坦（Mosse and Ullstein）[①]的编辑们以及《法兰克福日报》的重组者们来说，责备他们在纳粹统治下趋炎附势是不公正的。他们总是那样，对他们生产的智识产品的最小阻力在对一种政治体制的最小阻力中没有偏离，正如元首自己宣称的那样，在这些政治体制的意识形态方法中，使最愚笨之人理解排名最高。这导致了致命的混淆。希特勒根除了文化，他将×先生驱逐，因此×先生就是文化。他确实如此。看一下那些流亡者的文学作品，根据学科和影响领域的明确区分，这些流亡者做出了再现德意志精神的功绩，而其文学作品则表明了对一种幸福重建的期待是什么：将百老汇的方法引入选帝侯大街，后者在（20世纪）20年代只因其更少的手段而非其更好的意图而与前者不同。如果那些反对文化法西斯主义的人不想由于发现像法拉达（Fallada，1893—1947）[②]这样在希特勒统治下的模棱两可人物比那些成功转移其声望的立场鲜明的名人说出了更多真理而结束的话，那么他们应该从魏玛、"蒙特卡罗的炸弹"与舞会开始。

[①] 莫斯出版社与乌尔斯坦出版社是魏玛共和国时期最大的两家德国人与犹太人联合出资的出版社，它们控制着报纸、杂志和出版公司。它们日后均由纳粹接管。

[②] 汉斯·法拉达，纪实性现实主义的社会小说家，其作品在魏玛时代的最后几年赢得了广泛的成功，他在纳粹统治下的德国继续其小说写作。

171

36. 致死的健康[①]

如果像对当今典型的文化进行精神分析这类事情是可能的话，如果经济的绝对支配地位不会使所有解释受害者精神生活状况的尝试都无用的话，并且如果精神分析学家们不久后宣誓效忠于那些状况——这种调查便需要表明恰恰存在于正常状态之中的与时代相符的病症。个体身心健康所要求的力比多成果只有以如下情况为代价才能取得，即最严重的损伤、性格外向之人的内在阉割以及放弃与父亲认同成为孩子最早排演的游戏。靠谱的小伙子、受欢迎的女孩不仅要压抑他们的欲望和洞见，而且还要抑制资本主义时代由压抑造成的症状。正如旧的不正义并未被一种过分的光线、空气与卫生展示改变，而是实际上被合理化大企业闪闪发光的透明掩盖住一样，我们时代的内在健康由将疾病阻挡在外而丝毫不改变病因的做法来确保。黑暗的壁橱因其是一种令人厌烦的空间浪费而遭到废弃，并被纳入浴室之中。精神分析在其自身成为卫生学的一部分之前所怀疑的事情，已经得到了确认。最明亮的房间正是粪便的秘密领域。有诗云："苦难仍存。当话已说尽，/便无法连根拔起，无论生或死。/因此它不再可见。"相比于物品充裕可能会暂时掩盖持续增长的物质不平等领域，它们对于精神性财政更加真实。尚没有科学研究诸种畸形事物在其中锻造而成的地狱，这些事物日后在日光下显现为欢快、开放、善于交际、成功适应不可避免的情况、一种平和而实际的心灵架构。有理由假设，这些特征甚至在比神经症更早的儿童发展阶段就已规定好：如果说神经症源于一种本能在其中败北的冲突，那么前一种（指儿童发展早期阶段）状况——它和与之相像的被毁坏社会一样正常——则出于一种所谓的前历史的外科手术，这种外科手术使相互对抗的力量在彼此搏斗之前便偃旗息鼓，由此而来的冲突空缺反映了一种预先决定的结果，即集体权威的先天胜利，而非一种由知识造成的治愈。处变不惊的镇定已经是获得高薪职位应聘者要具备的一个先决条件，它是一种令人窒息的沉默形象，人事经理的雇主只是日后会在政治上强加这种沉默。诊断健康人群之疾病的唯一客观方法是

[①] 对克尔凯郭尔《致死的疾病》（*The Sickness unto Death*）这一著作标题的倒置。

附录一　最低限度的道德：从被损害生活而来的反思（节选）

他们的合理性生存与其生活根据理性给出的可能性道路之间的不协调。尽管如此，疾病的踪迹也露出真面目：他们的皮肤好像被一种印有规则图案的疹子覆盖，就像一种无机物的伪装。那些突然具有生机活力证明的人会很轻易地被误认为是事先准备好的死尸，他们并不十分成功的死讯由于人口政策的原因而从这些死尸中撤回。构成普遍健康之基础的是死亡。所有健康运动都与那些心脏已经停止跳动之存在物的反射运动相似。一种见证了恐怖的与被长期遗忘的努力的不幸福的皱眉，或者一种扰乱流畅逻辑的愚蠢因素，或是一种难为情的姿势，都令人尴尬地保留了一丝不复存在的生活痕迹。因为被社会认定的牺牲事实上是如此普遍，以至于它只是在整个社会中而非在个体中显现。社会在某种程度上已经承担了所有个体的疾病，在其中，在法西斯活动及其所有难以计数的先驱和调节者的被压抑的愚蠢中，深埋在个体中的主体命运与其可见的客观对应物整合为一。认为正常人的疾病并不必然意味着作为其对立面的病人的健康，而是说后者通常只是以一种不同的方式呈现了同样灾难性的模式，这种思考该有多么令人不舒服？

37. 在快乐原则这一边

弗洛伊德思想中的压抑特点与务实的修正主义者们在严格的性欲理论中所指向的人类温暖无关。职业上的温暖为了利润而捏造了亲密与直接，人们在其中有着天壤之别。它通过在其受害者的软弱中确认了使其成为如此这般的世界方式而欺骗了他，它在违背真理的程度上冤枉了他。如果弗洛伊德缺乏这种人类的同情，那么他在这方面至少会与政治经济学的批评者在一起，这要好过泰戈尔（Tagore，1861—1941）或者魏菲尔（Werfel，1890—1945）[①]的陪伴。然而宿命在于，与资产阶级意识形态相反，他唯物主义地将意识行为追溯到它们的无意识本能基础，但与此同时却同意资产阶级对本能的蔑视，而这种蔑视自身正是他要废除的一种合理化产物。在《导论讲座》（*Introductory Lectures*）的一段文字中，他明确与"将社会目标置于比基础性自我性欲

[①] 拉宾德拉纳特·泰戈尔，印度诗人与具有神秘平民主义倾向的哲学家。弗朗茨·魏菲尔，奥地利宗教—人文主义悲剧作家。

在通向正确生活的途中

目标更高的地位这种一般性评价"结盟。作为一位心理学专家,他静态地接管社会与自我的对立而没有验证它。相比于识别出他自己描述的灾难性机制的踪迹,他较少地觉察到压抑性社会的操作。或者说,由于缺乏理论并因偏见而摇摆,他在作为与现实相对立的压抑而否定放弃本能与作为有利于文化的升华而赞扬这种做法之间徘徊。在这种矛盾中,客观上存在着某种文化的双面神特征,而没有任何对健康的感性生活的赞扬会希望它远走高飞。然而,在弗洛伊德这里,它导致了一种对确定分析目标的批评标准的贬低。弗洛伊德这种未经启蒙的启蒙有利于资产阶级的理想破灭。作为一位后期的伪善反对者,他的立场矛盾地处于渴望受压迫者的公开解放与为公开压迫辩护这两者之间。对他来说,理性仅仅是一种上层建筑,这并非——正如官方哲学所坚持的那样——由于其已经足够深刻地洞察到真理之历史性时刻的心理主义,而是因为他拒绝了远离意义且不受理性影响的目的,这种目的自己就能证明手段,即理性的合理性:快乐。一旦它被轻视地丢给保存物种的全部把戏,它自己也由此展现为一种理性的狡诈形式,并且在超越了服从于自然的快乐中不去考虑这一时刻,理性(ratio)便被贬低为合理化。真理被遗弃给相对性,人民则被弃置给权力。他在独自能够将乌托邦置于盲目的肉体快乐——这种快乐在满足终极意图时是无意图的——之中时,拥有一种稳定而有效的真理观念。然而,在弗洛伊德的著作中,对精神与快乐的双重敌视被无意识地复制,精神分析已经给予我们发现这种双重敌视之共同根基的手段。在《一种幻想的未来》(*Future of an Illusion*)中的一处,他以一种冷峻的老年绅士微不足道的智慧引用了一位旅行推销员关于将天堂留给天使与文雀的格言①,它应挨着《讲座》中他以一种虔诚的恐怖谴责享乐社会的堕落实践的段落。那些对快乐与天堂感到同样厌恶的人事实上最适合充当对象:空洞的机械化性质能够在很多经历了成功分析的人们身上观察到,这种性质不仅可以解释他们的疾病,也可以解释他们的治愈,从而扰乱了它所解放的事物。在治疗上广受赞誉的转移,对它的阻断在事出有因的意义上是分析疗法的关键,这种主体在其中自发而悲惨地废除自我(它曾经由性欲的自我弃绝不自

---

① 在此暗指海涅(Heine)的诗《德国,一个冬天的童话》(*Deutschland. Ein Wintermärchen*),参见《一种幻想的未来》(London, 1970, p. 46)。

觉地并且有益地造成）的精致人为情境，已然是反思占主导地位的、遵循我的领导的行为模式，这种行为模式与所有理智一道，清除了那些已经背叛它的分析师。

38. 邀舞①

精神分析以其恢复了被神经病损害的快乐能力而自豪。这就好像一种快乐能力的纯粹概念不足以严肃地贬低这种事情，如果它存在的话。好像一种通过沉思幸福而获得的幸福并非对立面，即进一步侵犯一种在日益萎缩的经验领域中从制度上计划的行为模式。当一种关于纵情享乐与欢快庆祝的（原先保留在匈牙利轻歌剧中）果断声明被真心实意地提升为一种正确生活的准则时，主导意识究竟会成为什么样。规定好的幸福看起来如其所是；为了在其中扮演角色，幸福的神经病人必将失去由压抑与衰退而留给他的最后一点理性遗迹，并且为了服从分析师，他必须对粗制滥造的电影、法式餐厅中昂贵却糟糕的菜品、烈性酒以及服用性爱药片表现出一种无区别的热衷。席勒的名言"尽管如此，生活还是美好的"起初只是纸浆，现在既然它被吹进无所不在的广告喇叭之中，精神分析在这一过程中即便有更好的可能性，也只是火上浇油，因而已经成为一种愚蠢。由于人们拥有太少而不是太多的禁忌——对此一点健康都谈不上，一种拥有并非成功适应与经济成功之标准的宣泄方法必然意在使人们意识到一种一般的以及——无法与此分离的——个人的不幸，并且意在剥夺他们的虚幻满足，可恶的秩序通过这种虚幻满足再一次从内部控制他们的生活，就好像它并未从外部将他们牢牢掌控在其权力之中。只有当人们厌腻于虚假快乐、反感那些提供的物品、朦胧意识到幸福的不充分（即便它本是如此）——且不说那些通过放弃对其积极代理人的所谓病态抵抗而购买幸福的例子——人们才能获得一种经验会是如何的观念。关于幸福的劝告，其口吻与讲究科学享乐的疗养院主任和容易激动的娱乐工业宣传主管相一致，这些劝告包含一种父亲斥责他的孩子们的暴怒，因为当

---

① 《邀舞》（Aufforderung zum Tanz），钢琴独奏曲的名称，它是后拿破仑时代第一首现代舞蹈音乐，由卡尔·玛利亚·冯·韦伯创作于1819年。

他从其办公室急躁地回到家中时，他们没有欢快地冲下楼来。禁止承认其所制造的痛苦是统治机制的一部分，在福音书和在波兰的极远处建造灭绝营之间有一条发展直线，这些灭绝营远到我们每一个同胞都确信自己听不到痛苦的嚎叫。这就是一种随心所欲的幸福能力的典型。以其名义称呼它的人会被精神分析沾沾自喜地告知，这就是他的俄狄浦斯情结。

39. 自我是本我

通常，人们会把心理学的发展和古代以及文艺复兴以来资产阶级个体的崛起联系起来。这不应掩盖同样普遍存在于心理学和资产阶级之间的相反趋势，而今它已经发展到排除一切他人的地步：对个体的压制与消解，而他的服务知识则回过头来与主体相关。如果自普罗泰戈拉以来的全部心理学都通过将人类视为万物的尺度而将其提升，它由此也从一开始便将人类看作一个对象、一种分析材料，而一旦他被包括在这些事物之中，便被转让给虚无。通过求助于主体而否定客观真理意味着对主体的否定：没有尺度留给万物的尺度；他陷入偶然性并成为非真理。但是，这反过来指明了现实的社会生活进程。人类统治原则在成为绝对时，已经将人类作为绝对的对象来加以反对，心理学则在强化这种反对时施以援手。自我，它的主导理念及其先天对象，在其监督下总是同时被变成非存在。在诉诸如下事实——主体在一个交换社会中并非主体，事实上是一个社会对象——时，心理学为社会提供了确保这一状况总是如此的武器。将人分解成他的各种功能是劳动分工向其伪装而成的主体的投射，这与有效利用并且操纵他们达到更大益处的兴趣分不开。心理技术并不仅仅是一种心理学的衰落形式，它内在于其原则之中。在休谟著作的字里行间无不见证其真正的人道主义，然而他却将自我作为一种偏见打发走，在该矛盾中体现出这种心理学的本质。就此而言，真理甚至在他一边，因为将自己设定为"我"纯粹是种偏见，不过是对抽象统治中心进行的一种意识形态实体化，对去除"人格"意识形态这一需要的批评。但是这种去除也使得残余物更容易进行统治。这在精神分析中极为明显。它将人格具体化为一种为生活所需的谎言，具体化为至高无上的合理化，它将个体由之而实现其本能克制并与现实原则相适应的无数合理化结合在一起。但是，它恰恰在证明这一点时,确认了人类的虚无。精神分析使人与自身相异化,以人的统一性谴责其自主性,由此使人彻底臣服于合理化与适应性的机制。自我的坚定自我批评让步给使其他自我屈服的要求。精神分析师的智慧最终成为对令人恐怖的杂志的一种法西斯主义无意识:其中一种独特的骗局凭借这种技术将痛苦与无助的人们无可挽回地与其结合在一起以便命令和剥削他们。暗示和催眠术被精神分析拒斥为杜撰,在露天市场摊位前装模作样的骗子魔法师,在其浮夸的体系中再现,就像好莱坞史诗中的默片所做的那样。之前通过伟大知识进行的帮助现在已经成为由教条式特权对他人造成的羞辱。所有留给资产积极意识批判的就是耸耸肩而已,医生总是这样示意他们与死亡的秘密同谋。——在心理学中,在并非偶然地关心人类"特性"的纯粹内在性之无尽欺诈中,被反思的则是资产阶级社会总是运用外在财产进行的实践。作为社会交换的一种结果,外在财产不断增加,但却带有对于每一个资产者来说都模糊存在的附带条件。个体在某种程度上仅仅被阶级赋予财产,而一旦财产的普遍化看起来有可能威胁到其原则,掌权者便准备将其收回,这正是对其的扣留。心理学在特性的问题上重复了对财产所做的事情。它通过把幸福分配给个人而剥夺了他的所有权。

40. 总是谈及,从未思考[①]

既然深度心理学在电影、肥皂剧和霍妮(Horney)的帮助下已经钻研了最深层的休息,人们体验自身的最后可能性已被有组织的文化切断。准备好的启蒙不仅将自发的反思而且将分析性洞察——其力量与付出代价所获得的能量和痛苦相等——转变为大众制造的文章,并且将正统方法已经趋向于将其化简为程式的个人历史的痛苦秘密转变成陈腐的惯例。合理化的解体自己也成为合理化。动机不是获得自我意识,而是变成擅于将所有本能冲突都纳入像自卑情结、恋母、外向与内向这些概念之中,然而它们在现实中都难以见到。面对自我深渊的恐惧被与某种和关节炎或是鼻窦问题极为不同的关

[①] 对战前奥地利支持结盟口号"从未谈及,总是思考"[*Nie davon reden, immer daran denken*(never speak of it, always think of it)]的颠倒。

切意识所消除。因此，冲突失去了它们的威胁。它们获得了接受，但并未被治愈，仅仅作为一种无可避免的要素融入标准化生活的表面之中。与此同时，它们作为一种普遍的恶被直接将个人等同于社会权威的机制吸收，这种机制早就包括了所有被认为是正常的行为方式。宣泄在任何情况下都不能确保成功，在个人自身的软弱中作为一种大众样本的快乐将其取代；他与其说像过去疗养院的收容者那样赢得了一种病理学案例的声望，不如说依据与自身相关的缺陷进行了证明，由此将集体的力量和宽广转移给自己。在被衰退的自我剥夺了其力比多对象之后，自恋为不再成为一个自我的受虐狂式满足所取代，年轻一代则小心提防地守护着作为其无私的、公共的和全部的家当的少量物品。因此，物化和标准化的领域扩展到将其终极矛盾，即表面上的反常与混乱包括在内。不能比较的事物被如其所是地那样变得可以比较，个人现在则几乎不能具有任何一种他无法将其作为这种或那种获得公众认可的人群的一个例子来归类的冲动。然而，这种在某种程度上超越自身动力而取得的表面上假定的一致，最终不仅废除了真正的冲动意识，而且取消了冲动本身。后者成为老套原子对老套刺激的本能反应，就像任意地打开或关闭那样。不仅如此，精神分析自身也被其惯例化所阉割：性欲动机部分被否认部分又被认可，它们变得彻底无害，但也彻底毫无意义。伴随它们所渗透的恐惧，它们有可能获得的快乐也消失不见。因此，精神分析成为如下情况的牺牲品，即合适的超我被一个自身教导我们去理解的顽固采用的无关的外在超我所代替。资产阶级自我批评最后构想出的宏大定理已经成为一种使资产阶级自我异化在其最终阶段变得绝对的手段，同时也成为一种使对过去伤害的持续意识变得无效的手段，在其中有着对一个更好未来的希望。

41. 内部与外部

虔诚、懒惰与计算允许哲学在一个日益狭隘的学术规范中继续得过且过，甚至在此有组织的同义反复也以持续增强的努力准备取代它。那些以带薪的深刻投入自身命运的人像一百年前一样被迫在任何时刻都像其职业生涯所仰仗的同事那样天真。但是，试图避开这种强制地脱离学术的思考带有其夸夸其谈的材料与心胸狭窄的对待之间的矛盾，进而面对一种极为严峻的威胁：

附录一 最低限度的道德：从被损害生活而来的反思（节选）

市场的经济压力，而在欧洲教授们至少会免受这种压力。想要作为一名作家来谋生的教授不得不在任何时刻都要做出选择，提供超选择，并以稀有的垄断来对抗办公室的垄断。由学究们构想出来的关于智识珍品的可憎观念，最终令人蒙羞地证明适用于他们的反对者。蹩脚的记者在其编辑对持久才华①的要求下不堪重负，他公开向默默潜伏在关于天体演化的爱欲和同宗同源的神秘②以及《约翰福音》中诸神与秘密的变形等所有这些著作背后的法则吐露心事。强加给非学院哲学家的迟来的波希米亚主义生活方式自身，足以给予他一种与工艺品、古怪的宗教以及文化程度不高的宗派主义世界之间的致命关联。第一次世界大战之前的慕尼黑曾是那种精神性的温床，相比于甚至是老李凯尔特无精神的体系，这种精神性对学院理性主义的反抗通过对化装舞会式庆典的狂热崇拜更容易迅速导向法西斯主义。前进的思想组织力量之大，以至于那些想要置身于外的人也受到怨恨的虚荣心、喋喋不休的自吹自擂、最终在他们的挫败中则是欺诈的驱使。如果学者们支持我思故我在的原则，并在开放的体系中成为广场恐惧症的受害者以及在在世存在的生存式被抛中成为种族共同体的牺牲品，那么他们的反对者如果不是格外警惕的话，也会陷入笔迹学和有节奏的体操运动这些领域之中。③ 那里的强制类型与这里的偏执狂相符合。对事实调查的强烈反对以及一种为科学主义所忽略的最具价值的合法意识，由于其天真而加重了它所遭受的分裂。它没有去理解隐藏在其他人所固守的事情背后的事实，而是赶快抢到它能够到的东西并且运用少数孤立且假设的范畴如此非批判地匆忙考虑伪造的知识与自身，以至于仅仅参考坚定的事实就能击败它。在看似独立的思考中，所欠缺的恰恰是批判性要素。极力主张隐藏在外壳下的宇宙秘密，虔诚地遗漏掉构建两者的关系，正是这种遗漏足以确认外壳有其未经质疑而加以接受的充分理由。在空洞的愉

---

① 此处指古斯塔夫·弗赖塔格（Gustav Freytag）喜剧《新闻工作者》（*Die Journalisten*）中的原型人物史莫克（Schmock）。

② 路德维希·克拉格斯（Ludwig Klages, 1872—1956），保守的非理性主义哲学家，曾在慕尼黑任私人讲师，著有《关于天体演化的爱欲》（*VomKosmogonischen Eros*）一书（1922）。

③ 此处分别影射海德格尔的被抛（Geworfenheit）概念和克拉格斯冒险涉入的笔迹学和韵律舞蹈[《关于节奏的本质》）（*VomWesen des Rhythmus*, 1933）]。海德格尔与克拉格斯都向法西斯主义做出了让步。

悦和充实的谎言之间，占主导地位的智识状况不允许第三条道路。

然而，避开边远地区的一瞥、一种对野蛮的仇恨、对尚未被一般图式囊括在内的新鲜概念的寻求，是思想的最后希望。在一种时常使每个人都负责任的智识等级制度中，不负责任自身就能够直接以它的名义呼唤这种等级制。流通领域的耻辱标记由智识圈外人带来，在避难所事实上不再存在的时刻，它向与其进行交易的精神开启了最后一处避难之地。那个兜售没有人想要购买的独特事物的人，即便违背其意，却代表了摆脱交换的自由。

42. 思想的自由[①]

众所周知，科学取代哲学造成了两个要素的分离，在黑格尔看来，二者的统一构成了哲学的生命：反思与推理。真理之地在幻灭中被交给反思，推理则仅仅出于构想假说的目的而被勉强地在自身内部加以容忍，这些假说必须在工作时间之外被设想出来并且尽可能快地产生效果。然而，相信推理领域已经以其外在于科学的形式被未受损害地加以保存，并且在普遍数据的喧闹中不受打扰，这犯了严重的错误。首先，中断反思使推理自身付出了极高的代价。它或是退化为一种传统哲学模式的温顺回声，或者在其对事实视而不见的超然态度中被曲解为关于一种私人世界观的不承担义务的闲聊。然而，不满于此的科学将推理吸收进它自己的操作之中。在精神分析的公共功能之中，这还不是最后的。它的中介是自由联想。通过劝说病人放弃反思的责任，为进入病人的无意识开辟了道路，分析理论的建构也遵循相同的路线，不论它是否允许其发现被这些联想的前进与彷徨所追踪，或者分析师——我说的是他们之中最有天赋的人，比如格罗代克（Groddeck）[②]——是否相信他们自己的联想。我们坐在沙发上，舒服地看着曾经由谢林和黑格尔在讲台上

[①] 思想的自由（Gedankenfreiheit）：一种对德语表达中两种意义的利用，它既可以在一种政治意义上表达一个公民的思想自由（the liberty of thought），也可以在精神分析的意义上表达一个病人的自由联想（the free association）。

[②] 乔治·格罗代克：《灵魂探求者》（Der Seelensucher, 1921）一书的作者，这本著作以一种十分非清教徒的语气对待弗洛伊德，并通过询问同事们如果他们与拉伯雷（Rabelais）同一时代该如何应对他来捍卫自身。

用尽思想的全力进行的宣讲：对现象的破译。但是，这种张力的减弱影响了思想的质量：这种差异几乎不低于启示哲学①与一位婆婆随意闲话之间的差别。曾经将其"质料"提升为一个概念的精神的相同运动，自身被化约为概念秩序的纯粹质料。一个人拥有的观念刚好足以让专家们决定，它们的创作者是不是一种强制特征、一种口头类型或是一种歇斯底里。由于在其切断反思与理性控制中逐渐减弱的责任，推理自身作为一种其主体性随之被消除的科学的对象被移交。在允许自身由于分析的管理模式而记住其无意识的起源时，思想忘记被思考。从真实判断中，它成为中性的材料。它将自身无力地委托给在任何情况下都预先知晓全部的博士来处理，而不是通过从事概念化的任务来掌控自身。因此，推理肯定是被破坏了，它自身成为一种事实而被包括进一个分类部门之中，由此证明没有任何事物发生改变。

43. 不公正的恐吓

真理难以在客观上确定，但我们不应在与人相处时让这个事实吓到我们。为此，人们会运用初看起来令人信服的标准。最为可靠的标准之一便是责备一种陈述"太过主观"。如果带着一种环绕在全部有理性者的恼怒和声中的愤怒运用这种标准，那么人们会有几秒钟时间自鸣得意。主观与客观的概念已经被彻底颠倒了。客观意味着事物中不会引起争议的一面，它们不会被质疑的印象，以及由分类数据组成的假象，而所有这些都是主观的；他们将所有下述情况称为主观的，即破坏那种假象、介入某一事物的独特经验、抛弃所有现成的判断并用与对象的关联性取代那些甚至看都不会看一眼更别说思考的人们的多数共识——而这些都是客观的。就像前者对主观相对性的拒绝很空洞一样，在后者的一个特定领域（美学判断）中，也能看出这种空洞。任何从其对一件艺术作品的精确反应中汲取力量的人，都诚恳地服从其规则、内在的形式法则及其结构的强制；他会发现，对其经验之单纯主观性质的反对像一种可怜的错觉那样消失了：他采取的每一步进入

---

① 启示哲学（Der Philosophie der Offenbarung）：谢林后期的思想体系。

事物核心的措施，由于其极为主观的神经支配，相比于对那些作为"风格"的事物进行综合而充分支持的分析（其对科学地位的要求以丧失这些经验为代价）而言拥有不可比拟的更强大力量。在由掌管客观性的主体对其进行计算的实证主义和文化工业时代，这具有双重的真实性。面对这一状况，理性彻底回撤到一面无窗的特质之墙背后，由于权力的持有者害怕保存在这些主体自身中的客观性而想让它们衰弱无力，因此便对这些特质任意进行责骂。

44. 为了后—苏格拉底

对于一个下决心从事早期被称为哲学训练的知识分子来说，没有什么比愿意讨论更合适的了，而且人们几乎都想要在论证中保持正确。这种成为正确的期望直抵其逻辑反思的微妙形式，它表达了自我保存这种哲学恰恰想要将其损坏的精神。我认识一个人，他依次邀请到认识论、科学和人文学科领域所有的知名学者一起讨论他自己的体系，当没有人勇于提出任何反对其形式主义的论证时，他便相信其立场完全坚不可摧。只要哲学与劝说的姿态之间有哪怕一丝相似，这种天真便会起作用。它们建立在一种知识总和（universitasliterarum）、一种能够彼此沟通的精神之间先验一致的预设之上，因而建立在彻底的顺应时势之上。当那些众所周知很难保持沉默的哲学家介入谈话中时，他们应该试着总是输掉论证，但是要以一种将他们的对手判定为谬误的方式进行。关键不应是拥有绝对正确、不可辩驳且无懈可击的认识——因为它们最终会成为同义反复，而是要拥有能够产生它们判断自身之公正性问题的洞见。——然而，这么说并非在提倡非理性主义，亦即任意命题的设定被一种对启示的直觉信仰所确证，而是要消除命题与论证之间的区别。就此而言，辩证思维意味着一种论证应该呈现一个命题的尖锐性，一个命题在自身中则包含充足的理由。应该丢弃所有作为桥梁的概念，所有关联，所有不是事物自身一部分的逻辑性附加操作，以及所有未被关于对象的经验所渗透的次级发展。在一篇哲学文本中，所有命题都应该与核心保持同等距离。即便黑格尔从未如此明确地讲过，他的全部举措都见证了这种意图。因为它承认没有第一原则，严格来说，它应该不知道任何次级的或推论出的事物；它将中介概念从形式联系转移到对象自身的实质之中，由此试图克服后者与一种对其加以中介的外部思想的差异。黑格尔哲学中这种意图之成功的局限同样关乎其真理，也就是说第一哲学（prima philosophia）的残余，亦即将主体假定为无论如何也是某种"首要"之物。辩证逻辑的任务之一就是清除掉一种演绎体系的最后一丝痕迹，以及思想的最后一种拥护姿态。

45. "所有生长的事物看起来是多么苍白"①

辩证思想在进一步的意义上反对物化，即它拒绝在它们的孤立和分离中肯定个体事物：它将分离视为一种普遍事物的产物。因此，它像一种补救措施一样对狂躁症固定术与偏执精神不抵抗且空洞的游移起作用，它们要为所评判事物的经验付出绝对判断的代价。但是，辩证法并非由于这个原因而成为其在英国黑格尔学派中所是的样子，更不是在杜威费力的实用主义中所是的样子：一种分寸感，一种将事物置于其正确观点、朴素却顽固的常识之中的方法。如果黑格尔在与歌德的对话中基于如下理由反对歌德的柏拉图主义而捍卫自己的哲学，即它"从根本上说"不过是内在于每个人之中的对抗精神、一种受到调节且有条不紊发展而成的通过区分真理与谬误而证明自身价值的礼物，他看起来接近了这一观点，那么其构想的隐藏意义则在赞扬"内在于每个人之中"②的事物时恶作剧地包含了一种对常识的指责，既然人类的内在特质恰恰被定义为拒绝常识的引导、实际上是与常识相对抗。常识是对情况的正确评价，是被市场训练的世俗之眼，它与辩证法共享一种摆脱教条、狭隘和偏见的自由。常识的清醒无疑是批判性思维的一个要素。尽管如此，缺乏热情承诺仍使其成为这种思维的死对头。按照社会如其所是那样直接加以接受的意见的普遍性，必然与其具体内容相一致。并非巧合的是，在19世纪，正是由启蒙运动带来的糟糕良心所造成的陈腐的教条主义在诉诸常识，

---

① 出自格奥尔格·特拉克尔（Georg Trakl）《明朗的春天》（*HeitererFrühling*）一诗。

② Johann-Peter Eckermann, *Gespräch mit Goethe*, in Goethe, *Werke* Vol. 24, Zurich 1948, pp. 669-70 (Eckermann, *Conversations with Goethe*, London 1946, p. 244).

因此像密尔这样重要的实证主义者必然会抨击后者。分寸感要求一种绝对的义务来按照确定的尺度与价值观进行思考。一个人只需要听到一个统治集团的强硬代表说"那无关紧要",或者在资本家谈到夸张、歇斯底里和愚笨时注意到吁求理性总是最迅速地发生在对无理性的辩护中。黑格尔以农民的顽固性强调健康的矛盾精神,农民在漫长的岁月中学会忍受趾高气扬的封建地主的猎杀与地租。辩证法的关切不屑于由世界进程之永恒性中的日后掌权者提出的明智观点,并要在它们的"相称"中破译出无度扩展后不相称的忠实与简化的镜像。在与理性的支配性模式相抗衡时,辩证理性是非理性的:只有将这种模式包括在内并加以取消时,辩证理性自身才成为合理的。在交换经济中,坚持工人耗费的劳动时间与其生命再生产所需的时间之间存在差别,这难道不是固执的与塔木德式的吗?尼采的指责难道不是本末倒置?为了摆脱虚假与偏见,卡尔·克劳斯、卡夫卡甚至普鲁斯特难道不是在损害和歪曲世界的图像?一旦它已经承认统治性普遍法则及其比例处于危险之中——并且在最字面的意义上带有偏执狂、"病理投射"的标记——那么,它作为愈合细胞只能够看到根据该种秩序标准自身显现为病态、异常、偏执——事实上"疯狂"的事物;只有蠢人才将真理告诉他们主人,这在现如今就像在中世纪时一样也是真实的。因此,辩证法家的责任是帮助这位蠢人的真理取得自身的理由,如若没有这些理由,它必将屈服于被其余的人健全的常识坚决支配的疾病的深渊。

46. 论思想的道德

天真与精明是无尽纠缠在一起的两个概念,没有其中的一方另一方就无法充分发挥。对天真的捍卫,正如非理性主义者和所有吞食智识的人都是有失体面的。偏袒天真的反思对准了自身:狡猾与蒙昧主义总是它们之所是。间接地肯定直接性(vermittelt die Unmittelbarkeit/mediately to affirm immediacy)而不是将其理解为在自身中加以中介(in sich vermittelte/mediated within it-self),这样做使思想扭曲为一种对其矛盾的辩解,扭曲为一种直接的谎言。这种扭曲迎合了所有不良的目的,从私人性"现实就是这样"的顽固不化到将社会的不正义证明为自然状况。然而,希望将这一对立作为原则并呼吁哲

附录一 最低限度的道德：从被损害生活而来的反思（节选）

学——正如我曾经所作的那样——承担起成为精明的约束性义务（die bündige Verpflichtung zur Unnaivetät/the binding obligation to be sophisticated），也好不到哪里去。世故或者说老练机灵意义上的精明不仅仅是一种关于知识半信半疑的媒介，它类似于生活的实践秩序及其对理论在精神上的普遍保留态度，因而总是倾向于回复到一种全神贯注于功利性目标的天真。甚至当精明是在理论上可接受的意义上被理解时，即当它扩展视域、超越孤立现象、考虑整体时，天空中仍有浮云停留。正是这种继续行进和无法停留，这种对普遍性高于特殊性的无声承认，不仅在假设概念具有实在性时构成了唯心主义欺骗，而且也构成了其非人性的一面，一旦把握住特殊性便将其在一种总体情况中加以化约，最终只是为了一种仅仅发生于反思中的和解而迅速地补偿苦难和死亡——最后的事例事关资产阶级冷漠，它很是愿意承担不可避免的事情。知识只能够通过坚守特殊事物以消除孤立性来拓宽视域。这诚然会预设一种与普遍事物的关系，但它并非包含关系，可以说刚好相反。辩证的中介并不是向更抽象的一方求援，而是具体事物自身的一种解决过程。绝大多数情况下在宽阔的视域中思考的尼采，也意识到这一点，他在《快乐的科学》中写道："试图在两位果断的思想家之中调和的人给自己打上了普通人的标签，他没有看出无与伦比事物的慧眼：在任何地方都看到相似之物，使任何事物都变得一样，这是弱视的迹象。"[1] 思想的道德存在于一种过程之中，它既不是顽固的，也不是超然的；既不是盲目的，也不是空洞的；既不是原子论的，也不是结果论的。为黑格尔的《精神现象学》在深奥难懂的那些人中赢得名声的双重方法，一方面要求现象被允许如其所是那样以一种"纯粹观看"的方式表达，与此同时又要求它们与作为主体、反思的关系时刻维持、在尽可能深刻的矛盾中直接地表达这种思想的道德。但是，既然不再能够充分弄明白主体与客体的同一性（这一终极假设使黑格尔隐藏观察和阐释的对抗性要求），那么与这种思想的道德相符合会有多么困难？现在对他的要求就是每一时刻都既在事物之中又在事物之外——明希豪森用猪尾巴将自己从沼泽中拽出来，由此成为相对于证明或推理更为丰富的知识模式。此时，领薪水的哲学家们走来指责我们没有确定的观点。

---

[1] Nietzsche, *Werke*, Vol. II, pp. 152-153 (*The Joyful Wisdom*, p. 201).

47. 品味需要争辩

即便某些人确信艺术作品不具有可比性，他们也会发现自己反复卷入下述争论当中，即那些最高级别因而也是无与伦比的艺术作品之间的相互比较与评价。这些讨论以一种强迫性的方式进行，它们在以尺寸衡量万物的唯利是图本能中有其根源，上述异议通常只不过表明，对于这些可靠的公民来说艺术永远都不够理性，他们想要使严肃的反思与真理的要求都远离这些作品。然而，这种评价的强迫处于艺术作品自身之中。无比正确的是：它们拒绝被比较。它们想要相互毁灭。古人保留与上帝或理念相兼容的万神庙而强迫艺术作品进行双方你死我活的竞争，这是有原因的。关于一座"古典万神庙"的观念仍使克尔凯郭尔抱有兴趣，它是中立文化的一种虚构。这是因为，如果美的理念只以分散的形式显示在许多作品中，那么每一件作品都将试图毫不妥协地展现美的整体，并在其独特性中加以宣称，除非取消自身否则绝不会承认其分散性。作为唯一的、真实的并从表象和个体化中解放出来的美，并非在所有作品的综合中、在所有艺术作品和诸种艺术的统一中展现自身，而只是展现为一种物质现实：在艺术自身的没落中。这种没落是每一件艺术作品的目标，因为它企图将死亡带给所有其他作品。所有艺术试图终结艺术，这只是同一件事的另一种说法而已。正是这种蕴藏于艺术作品之中的自我毁灭冲动、它们朝向一种摆脱表象的美的图像的内在努力，不断激起显然是无关紧要的美学争论。尽管他们顽固地想要确立美学真理并因而陷入一种犹豫不定的辩证法，却在无意中发现的真正的真理，因为通过创作属于自身的艺术作品并将其提升为概念，他们限制了所有艺术作品，由此为作为其拯救的艺术之毁灭做出了贡献。仅仅在其局限中承认艺术作品的美学宽容，在没有破坏该局限的情况下使这些作品走向一种错误的没落，一种否认它们对不可分真理的要求的并置。

48. 赞同阿纳托尔·法朗士

即便是对生活开放的德性、在最稀松平常与无足轻重的地方寻找并发现

附录一 最低限度的道德：从被损害生活而来的反思（节选）

美的能力也开始展现一种可疑的方面。在主体充裕的过剩时代，一旦对于对象选择的美学冷漠以及从所有经验中获取意义的能力展现出一种与客观世界的关系，甚至在其碎片中也与主体相面对，这在对抗性的意义上同时也是直接地与显著地是正确的。在一个主体向事物的异化主宰投降的阶段，他准备在任何地方发现价值或美则表明了其批判能力以及与它们不可分的阐释性想象力的顺从。那些在所有事物中都发现美的人现在则处于无处发现美的危险之中。美的普遍性只能通过迷恋特殊事物的方式将自身传达给主体。凝视获得的美伴随着冷漠、实际上几乎是蔑视，因为所有这些都处在被凝视的对象之外。并且，只有迷恋、对每种现存事物之要求的不公正漠视，才能公正对待现存的事物。在现存事物在其片面性中被接受为其所是的范围内，其片面性被理解为它的本质（Wesen），并加以和解。迷失在一种美之中的双眼，是安息日的双眼。它们在其对象中拯救出某些属于其创造日的平静事物。但是，如果片面性被从外部引入的普遍性意识取消掉，如果特殊事物被其狂喜、互换与权衡所惊吓，那么公正的总体看法就会使其成为处于可交换性与替换中的普遍的不公正性。这种公正执行了被创造神话通过的决议。毫无疑问，没有思想能免除这种联想；没有任何思想会被永远束缚。然而，任何事物都取决于转变的样式。毁灭来源于作为暴力的思想，作为一种使难以理解的事物无法获得普遍事物的捷径，这种普遍事物只在难以理解性中而不在不同对象的抽象一致之中有其内容。人们几乎可能会说，真理自身取决于节奏，取决于停留在特殊事物上的耐心与韧性：越过它而没有首先彻底迷失自己的事物、继续下判断而没有首先对沉思的不公正感到愧疚的事物，最终都会在空虚中迷失自身。使人们与他们的权利无差别一致的慷慨，就像使少数人恼怒的大多数人意志一样，在毁灭中结束，由此在按照其原则来行动的同时制造出一种对民主的拙劣模仿。对所有人不加区别的善意带有对每个人冷漠与疏远的持久威胁，这些态度转而会传达给整体。不公正是现实公正的中介。无限制的仁慈成为对所有现存恶劣事物的肯定，因为它从善的踪迹中将其差异降低到最低程度，并将其等同于那种导致资产阶级——梅菲斯特式智慧的无望结论的一般性，即所有看到光明的人都应该走完全一样的路。① 甚至在枯燥与冷

---

① 此处引用的是歌德《浮士德》第一部分中梅菲斯特的名言。

漠中的美之宽慰也会比批评与详述中的固执坚持显得更为高贵，因为它事实上表明自身更为遵从生活秩序。

指出生命的神圣性正是在最丑陋与最扭曲的地方闪耀反驳了这一论证。然而，这种光亮并不是直接照耀我们，仅仅是折射而已：某些只是因为其存在而必然会被认为是美的事物，正是由于这一原因而是丑陋的。在其在此诉诸的抽象性中的生命概念与压抑与冷酷的、真正致命与毁灭性的事物不可分离。为其自身的生命崇拜总是会被归结为对这些权力的崇拜。通常被称为生命表达的事物，从儿童迅速增长的创意与精力充沛的活动到那些获得有价值事物之人的产业，以及因为爱好在其中表现得极为纯粹而成为偶像的女性之容易冲动；在被绝对地理解的情况下，所有这些都从盲目自我肯定的其他可能性中夺走了光亮。生机勃勃的健康自身总也是一种疾病。它的解药是一种意识到其所是的疾病，一种对生命自身的限制。美就是这样一种有疗效的疾病。然而，如果疾病为了生命而被拒绝，那么被假设具有实在性的生命在与其他要素的盲目分离中便成为毁灭与邪恶、傲慢又自夸的后者。为了仇恨毁灭，人们必须同样仇恨生命：只有死亡才是一种未被歪曲的生命形象。阿纳托尔·法朗士（Anatole France）以其有见地的方式也意识到了这一矛盾。正是那位温和的贝日莱①说道："不，我宁愿认为有机生命是我们这不可爱的星球上的一种特有疾病。相信在广阔无垠的宇宙中只有吃与被吃，这是难以忍受的。"在他言语中的虚无主义厌恶不仅仅是心理学式的，也是作为乌托邦人道主义的客观条件。

49. 道德与时序

尽管文学已经处理了所有心理学种类的爱欲冲突，冲突最简单的外部来源却由于其显而易见而未被注意。这就是预先约定现象：一个被爱的人并不是通过内在对抗与压抑、过分的冷酷或被抑制的热情而向我们拒绝自己，而是因为一种排除另一个的关系已然存在。人们愿意将抽象的时间序列在现实

---

① 阿纳托尔·法朗士四卷本长篇小说《现代史话》（Histoire Contemporaine）（1897–1901）中的英雄人物。

中所起的作用归结为感情的层级。在早先约定中，除去选择与决定的自由外，也有一种看似与自由要求相矛盾的偶然因素。甚至（也正是）在一个已经矫正了商品生产无政府状态的社会中，也几乎不会有规定人们彼此遇见的秩序法则。这种安排将意味着对自由最不可忍受的干涉。因此，偶发事情的优先性在它这一方拥有有力的论据：被一个新来者驱逐的人总是被虐待，一种共同的过去生活被抹去，经验本身则被删除。时间的不可逆性构成了一种客观的道德标准。但是，它与神话紧密相关，正如抽象时间自身一样。根据其内在法则，隐含在时间中的排他性产生出对密闭群体、最终则是大型工业的排他性统治。没有什么比一位亲爱的女性的焦虑更令人同情的了，她生怕爱情、温柔这些她最出色的所有恰好因为它们无法被占有而被一个仅仅因其是新来者的人偷走，这种新鲜感本身也是由旧时人的特权造成的。但是，从这种令人同情的感情（没有它所有的温暖与保护都将终止）出发，一条无法抗拒的道路经由小男孩对他哥哥的厌恶和兄弟会的学生对大一学生的蔑视导致对社会民主的奥地利中一切非白种人进行排斥的移民法案，最终则导致法西斯对少数种族的清洗，在这种清洗中，所有的温暖与保护都荡然无存。正如尼采所知，不仅仅所有好事都曾经是坏事：最温和的人，如果按照他们自己的势头前进的话，也会有一种在无法设想的残忍中达到顶峰的倾向。

尝试指出一条摆脱这种纠缠的路是无用的。然而，命名这种使整个辩证法发挥作用的致命因素无疑是有可能的。它就存在于首次出现的排外性格之中。在其单纯的直接性中，原初关系已经预设了抽象的时间序列。历史地看，时间观念自身就形成于所有权秩序的基础之上。但是，拥有的欲望将时间反思为一种对遗失与无可挽救事物的恐惧。无论它是什么，都会在与其可能的非存在相关联中加以体验。这单独地就充分使其成为一种所有物，并在令人诧异的情况下，成为一种能够被其他等同所有物相交换的功能性事物。一旦完全拥有，被爱的人便不再被正眼看待。爱情中的抽象是排他性的补充，这种排他性将自身欺骗性地展现为抽象的对立面，紧紧依附于这一个独特的存在者。然而，这种拥有正是通过将所拥有的事物转变为一个对象而失去了它，并且失去了将其贬低为"我的"的那个人。如果人们不再是所有物，他们就再也无法被交换。真正的喜爱是明确地与对方交谈，并且爱慕那些令人心仪的特征而不是作为占有之反映的人格崇拜。特殊事物不是排他的：它缺乏对总体性的渴望。不过，从另一种意义上讲，它又是排他的：与其难解难分的体验实际上并不能禁止替换，就其本质而言则是创造了替换。对任何确定事物的保护在于它无法被重复，这也正是它容忍差异事物的原因。构成人类所有权（财产的排他性权利）关系基础的是如下智慧：毕竟，他们都是人类，具体是谁则无关紧要。对这种智慧一无所知的喜爱由于其能经受住背信弃义而无须惧怕不忠。

50. 缺口

禁止实践智识的诚实通常意味着对思想的破坏。作者被强烈要求明确展现使其得出结论的每一步骤，由此使每一位读者遵循这一进程，并在可能的学术生产中进行复制。这种要求不仅激发出对每种思想普遍可交流性的自由虚构，由此抑制了它们客观的适当表达，而且其自身作为一种阐述原则也是错误的。因为一种思想的价值由其与熟悉事物连续性的距离所衡量。它由于这种距离的缩小而在客观上被贬值；它越与既定标准相接近，其反抗的功能就越被减弱，而思想的要求恰恰就建立在与这种其对立面的明显关系，而非其孤立存在之中。焦虑地记录每一步而没有省略的文本不可避免地屈服于平淡无奇，这种单调乏味不仅与从读者中产生的张力而且与它们自身的内容相关。例如，西美尔的著作由于它们超出日常的主题与极为清晰的处理之间的不相容而受到损害。[①] 它们表明艰深晦涩是平庸的真正补充，西美尔误将其当成歌德的秘密。然而除此之外，对智识诚实的需要自身就是不诚实的。即便我们因强力而遵循有问题的指令，即这种阐述应该恰好复制思想的过程，这种过程并非从一个阶段到另一个阶段的散漫进展，也不是反过来，知识从天而降。不如说，知识通过一个由偏见、意见、动感、自我更正、预设与夸张交织而成的网络，简言之经由一种稠密且牢固树立却又绝非均匀一致的透明性经验中介而进入我们的脑海。就此而言，笛卡尔的规则，即我们必须设法处理对象，"从而获得在我们心灵看来充分的清晰而无误的知识"，并带有该规则所涉及的全部秩序和倾向，这种规则带来一幅与本质

[①] 格奥尔格·西美尔（Georg Simmel）：威廉时代的生命论哲学家和社会学家。

直观学说[1]（与笛卡尔的规则相对立却又紧密相关）同样错误的图像。如果说后者拒绝了无论怎样都会在每种思想中维护自身的逻辑的权利，那么后者则在其直接性中、在与每种单个智识行为的关系中理解逻辑，而不是被认识主体的意识生活之流所中介。但是，在此同样存在一种对深刻的不充分性的承认。因为，如果诚实的理念绝对会归结为单纯的重复，无论是对预先存在事物的重复还是对范畴形式的重复，那么，为了与其对象建立关系，思想放弃了其逻辑起源的完全透明，由此将总是会引起一种特定的内疚。它打破了恰恰由该判断形式所预设的承诺。这种不充分性类似于生活的不充分性，后者描绘了一条摇摆而偏离的路线，在与其前提比较时令人失望，然而，只有在这条总是比不上其应然状态的实际进程中，才能在给定的生存条件下再现一种无组织的生活。如果一种生活直接实现了它的使命，它将错失这一使命。任何在年老时意识到自己拥有无可指责的成功而离开人世的人，都将会秘密地成为学生的模范，这样的学生没有省略或遗漏地滔滔不绝说出人生各个阶段，一个看不见的书包则背在他的背上。然而，每种不曾懒惰的思想，都打上了一种其充分合理化之不可能性的烙印，就像我们在梦中关于数学课所知道的那样，它们因为躺在床上的幸福早晨而错过，由此再也无法弥补。思想期待着有一天能被关于曾经错过事物的记忆所唤醒，从而转变为教诲。

51. 在镜子后面

为作家们准备的第一项预防措施：检查每一篇文稿、每一段文字，看看核心主题是否足够引人注目。任何想要表达某些事情的人都会因其而忘乎所以，以至于停止对它进行反思。当"在其思想中"过于贴近其意图时，他便忘记了去说他想要说的内容。

再微小的一点改进也有价值。在上百条改动中，每一条可能自身看起来都微不足道或者学究气十足；但它们合在一起却能将文稿提升到一个新的层次。

人们不应对删改吹毛求疵。一部著作的长度无关紧要，担心书面呈现得

---

[1] 本质直观（Wesensschau）暗指胡塞尔与舍勒的现象学。

在通向正确生活的途中

不够则是孩子气的。不能仅仅因为它存在并写下来而被认为值得存在。当若干句子看似是对相同观念的不同表达时，它们通常只是代表了掌握某些事物的尝试，而这些事物尚未被作者握住。由此，最好的表述应该加以选择并进一步发展。写作的技能之一便是能够丢弃一些甚至有益的想法，如果创作需要这么做的话。它们的丰富与力量将对当前被抑制的想法有所助益。正如一个人在进餐时不应该吃掉最后的碎屑、喝下渣子一样。否则，他会被怀疑是个穷人。

避免陈词滥调的想法不应被局限在词语中，以免落入低俗媚态。19 世纪伟大的法国散文对这种粗俗尤为敏感。一个词就自身而言绝不陈腐：音乐中的每个音符也免除了平凡。最令人不快的陈词滥调是词语的组合，正如卡尔·克劳斯（Karl Kraus）所观察的那样：不论好坏，完全地与彻底地实现并造成影响。因为，在它们之中，令人生厌的陈腐语言漫无目的地四溢，而不是被作者的精确表达控制住从而变得鲜明。这种情况不仅适用于词语组合，而且适用于全部形式的构建。例如，如果一位辩证法家在每一处停顿时都用一个"但是"来标志其前进思想中的转折点，那么文章格式就会向其思考的非格式化意图说谎。

灌木丛并不是神圣的小树林。有一种责任是澄清所有纯粹由深奥的自满造成的困难。在渴求一种适应其主题深度的简洁风格和受到晦涩与自负的散漫诱惑之间，并不存在一种明显的区别：充满怀疑的探索总是有益的。准确地说，最不愿意对单调常识做出让步的作家必须要防范在装饰的风格中体现自身空洞的思想。洛克的老生常谈并不能证明哈曼之晦涩的正确。

如果已完成的文稿（无论其多长）引发了甚至最轻微的怀疑，它们也要在明显超过其重要性的程度上被极为严肃地对待。文稿中的情感参与自负倾向于减少所有疑虑。作为微小的怀疑而被放过的内容有可能表明整篇文稿在客观上毫无价值。

埃希特纳赫的舞步并不是世界精神的行进，[①] 限制与保留也绝不代表辩证法。也就是说，辩证法以极端的方式前进，通过最极端的必然性驱使思想返回自身，而不是加以确认。在一个句子中禁止我们冒险前进得过远的审慎，

[①] 埃希特纳赫是卢森堡的一座城镇，它在圣灵降临节的舞步是前进三步再后退两步。

附录一 最低限度的道德：从被损害生活而来的反思（节选）

通常只是一种社会控制与麻木的代理人。

在面对频繁提出的关于一篇文稿、一种表达"过于优美"的异议时，怀疑主义被召唤而至。对所表达事情，甚至是对痛苦的尊重，很容易将对一个作家的单纯怨恨合理化，这种作家无法在语言与强加于人性之堕落的物化形式中留下痕迹。对一种毫无羞耻的存在的梦想被恶意地扼杀，对于语言的激情坚持这种梦想，即便被禁止将它作为内容来描述。作家不应当承认对优美与合适的表达所进行的任何区分。他既不应该假定在批评家挂念的心中怀有这种区分，也不应容忍它存在于自己心中。如果他成功全部写下其所思所想，这就是优美的。就自身而言的优美表达绝不是"过于优美"，而只是装饰性的、工艺般的丑陋。但是，以仅仅无私地服务于事情为借口的人忽视了表达的纯粹性，因而也总是背叛了事情。

被恰当写成的文稿就像蜘蛛网一样：严密、同心、透明、细密织成并且坚固。它们把空中的所有生物都卷入自身之中。急速从它们之间穿过的隐喻成为它们有营养的战利品。题材向它们飞去。一个概念的说服力可以从它们是否能产生一处引用来评价。在思想已经打开一个现实细胞的地方，它应该不顾主体的暴力而进入下一个。一旦其他客体与其结晶时，思想便证明了与该客体的关系。在它照射其选定对象的亮光中，其他对象也开始发光。

在他的文稿中，作家建造房屋。就像他在房间之间将纸张、书本、铅笔、文件凌乱地摆放一样，他在其思想中也创造了同样的混乱。它们成为他安家后的家具，令人满意或惹人恼怒。他充满感情地抚摸它们，将其磨损、混装、重新排列，最终毁坏。对于一个没有家园的人来说，写作成为一处生活的居所。在其中，正如他的家庭曾经做的那样，他不可避免地生产废料和次品。但是现在，他缺少一个储藏室，但是不管怎样也很难抛弃掉残余。因此，他将它们推到他面前，面临着最终用它们填满其纸张的危险。一个人坚决反对自恋的要求表明了一种技术必要性，即反对任何与极端警戒之间智识张力的松懈，并清除任何开始将工作封存起来或者无所事事混日子的举动，它们或许在早期阶段像闲话那样产生了有助于生长的温暖环境，但是现在却因陈腐且平淡无奇而被丢弃。最终，作家甚至不能被允许生活在他的作品之中。

52. 鹳将孩子带到哪里

对每个人来说，在一则童话中都会有一个原型，人们只需要看得足够长久。一个美人问镜子她是不是最漂亮的人，就像白雪公主里的皇后那样。[①] 她烦躁不安、挑剔苛刻直至死亡，在山羊之后被创造出来，这只山羊重复着如下诗句："我已经吃饱了，不能再吃了，咩咩。"一个饱经风霜却从不抱怨的男人就像那个捡拾木柴有些驼背的老妇人一样，后者遇到上帝但没有认出他来，由于帮助了他而有幸拥有了全部。另一个人像个闯天下的小伙子那样走向世界，胜过了许多巨人，尽管如此仍然要在纽约死去。一个女孩像小红帽那样勇敢面对城市的荒芜地带，给她外婆带去一块蛋糕和一瓶水，另一个女孩则为了调情脱下衣衫，像那个戴着闪闪发光的银片的女孩那样带有同样的天真无礼。聪明的男人发现他拥有一种强壮的动物精神，厌恶与他的朋友们不得好报的想法，他组建了不莱梅城市音乐家团体，将他们引到强盗窝中，智胜那里的骗子，但随后想要返回家中。青蛙国王，一个不可救药的自命不凡之人，带着渴望的眼神折服于公主而不能自已，希望她能给予他自由。

53. 智者的愚蠢

席勒的言谈举止令人想起出身低微的年轻人，他在良好社会中感到窘迫，开始呼喊以使自己被人听到：权力与蛮横交织在一起。德国式空洞的长篇大论与简洁在法国受到模仿，不过是在聚餐中加以练习。在他无限而执拗的要求中，这位小资产阶级昂首挺胸，将自己等同于一种他本不具备的权力，在其傲慢中超过了绝对精神与绝对恐怖。在所有唯心主义者都共同具有的包含全部人性的庄严崇高（这种崇高总是准备非人性地践踏任何作为单纯存在的渺小事物）与资产阶级残酷无情之人的粗鲁炫耀之间，存在一种紧密的一致性。精神巨人的尊严倾向于嘲笑空洞的隆隆声、爆炸并毁坏。当他们说创造（Schoepfung/Creation）时，他们意味着难以遏制的权力意志，并运用这种权

[①] 接下来的典故都出自《格林童话》中的人物。

力意志振作起来并恐吓所有问题：从实践理性的优先性到憎恨理论总是一步之遥。这种动力存在于所有唯心主义思想运动之中：甚至黑格尔试图以其自身来矫正该动力的无限努力也成为它的牺牲品。从一种原则中运用文字演绎出世界的尝试，是那些想要攫取权力而非加以抵制之人的行为举止。因此，席勒首要关心的是那些篡夺者。在对自然施加主权的经典神化中，老百姓和下等人通过勤奋的否定而映照自身。生活紧紧地位于理想背后。极乐世界的玫瑰花香太过浓郁以至于无法相信单独一枝玫瑰的经验，它在一个官员办公室中则带有烟草味；情真意切的月亮道具按照油灯的样式打造而成，用功的学生凭借后者的微弱亮光来准备考试。被设定为强壮的软弱将据说是上升时期资产阶级的思想泄露给意识形态，甚至是在阶级反抗暴政的时候。在人性最内在的隐蔽之处（就像灵魂一样），有一个疯狂的囚犯，他作为一个法西斯分子将世界变为一个监狱。

54. 强盗

康德派的席勒比歌德更加的无感，与此同时又非常感性：与极为抽象一样，他也沉迷于性欲。作为一种直接的渴望，性使任何事物都成为一种活动对象，由此使它们彼此相同。"为了强盗的阿玛丽亚（Amalia）"——这也是露伊丝（Louise）像柠檬汁那样淡而无味的原因。[1] 卡萨诺瓦（Casanova）的女人们经常被字母而不是名字召唤是有原因的，她们很难区分彼此，就像一系列小雕像在萨德（de Sade）的机械器官上组成了复杂的棱锥体一样。这种与性有关的粗鲁，这种不能做出区分的无能，赋予伟大的唯心主义思辨体系以生机，它蔑视所有的律令并给德意志精神套上了德国式野蛮的枷锁。农民的贪婪只是被神父的威胁吃力地抑制住，它在形而上学中维护其将遇到的任何事物都粗鲁地化简为其基础性本质的自主性权利，就像士兵无礼地对待所攻陷城镇中的妇女一样。纯粹的行动[2]是一种投射到头上星空的亵渎。但是，

---

[1] 阿玛丽亚与露伊丝分别是席勒剧作《强盗》（Die Räuber）和《阴谋与爱情》（Kabale und Liebe）中的女主人公。

[2] 纯粹的行动（Die reineTathandlung）：费希特的一种表达。

在通向正确生活的途中

在充分揭示人与事物的漫长的沉思目光中，朝向客体的强烈要求总是偏离并被反思。非暴力的观察，真理的所有欢乐源泉，预设了观察的人并未将客体纳入他自己之中：一种有距离的切近。只有因为塔索（Tasso）这位会被精神分析师称为毁灭型性格特征的人害怕公主，从而成为一种不能直接接触的文明化的牺牲品，阿黛尔海德（Adelheid）、克莱欣（Klärchen）与格雷琴（Gretchen）才能够说出清晰而自然的语言，由此使得她们成为一种原始社会的象征。①歌德笔下的女性身上所散发出的生命感在有提款权与规避的情况下被购买；相比于在胜利秩序面前的纯粹顺从，在这之中有更多的东西。唐璜（Don Juan）是耽于声色的象征统一与抽象之间的绝对对立。当克尔凯郭尔说在唐璜身上好色被理解为一种原则时，他触碰到了好色自身的秘密。在其凝视的固定中，直至自我反思开始出现，都是一种匿名，一种不幸的一般性，它在其否定性中被致命地复制，由此成为思想不受限制的主权。

55. 我可以如此勇敢吗？

当施尼策勒（Schnitzler，1862—1931）《旋转木马》（*Merry-go-Round*）②中的诗人温柔地靠近令人愉悦的风韵少妇时，她说："请离开，为何你不去弹钢琴呢？"她既不可能没有意识到这次安排的目的，也没有在实际上给予拒绝。她的冲动比传统的或心理学的禁令还要强烈。它表露出一种古老的冷淡，雌性动物对交配的恐惧带给她的只有痛苦。快乐是一种迟来的获得，几乎不会晚于意识。当认识到动物之间是如何好像被迷惑了一样强制性地在一起后，人们会意识到"可怜虫会得到幸福"这句话是一句唯心主义谎言，至少对女性来说是如此，她们作为暴力的对象在不自由中经历了爱情。妇女们（尤其是小资产阶级的女性）直至晚近工业化时代都将该种意识留在心中。虽然肉体伤痛和直接恐惧已经被文明祛除掉，但对古老伤害的回忆持续至今。社会

---

① 阿黛尔海德、克莱欣与格雷琴三人分别是歌德剧作《葛兹·冯·贝利欣根》（*Götz von Berlichingen*）、《埃格蒙特》（*Egmont*）与《浮士德》（*Faust*）中的女主角。

② 阿图尔·施尼策勒，奥地利的剧作家和小说家，关注维也纳资产阶级上层社会背景下的色情主题。

总是将女性的献身追溯到将其解放出来的牺牲者境况之中。在哄骗可怜的女孩跟他一起走时，除非他完全麻木，否则没有一个男人会误判在她抵抗时出现的正义的微弱瞬间，这是宗法社会留给女性的唯一特权，在拒绝获得短暂的胜利后，她一旦被说服便要立即付出代价。她知道，作为给予者，她自远古时起便也成为受骗者。但是，如果她怀恨在心，她会被骗得更狠。这可以从魏德金（Wedekind，1864—1918）笔下一个老鸨对一个新人的劝告中看出："在这个世界上只有一种方法获得幸福：尽一切可能让别人变得幸福。"① 快乐的体验预设了一种丢弃自身的无限制准备，它像超越了女性的恐惧那样也超越了男性的傲慢。不仅仅是幸福的客观可能性，而且还有获得幸福的主观能力，都只能在自由中获得。

56. 谱系研究

在易卜生（Ibsen）和《蓬头彼得》（Struwwelpeter）之间存在一种很深的相似性。这就像是19世纪相册里闪光灯照片中所有家庭成员之间那种呆若木鸡的一致性一样。②坐立不安的菲利普（Philip）难道真的不是如《群鬼》（Ghosts）所说的那样是一出家庭剧？如下对白"母亲怒视着桌子/默默地凝视着"难道没有描绘出博克曼夫人这位银行经理夫人的情感？是什么造成了奥古斯都患有的萎缩性疾病，难道不是他祖先的罪孽或者对内疚继承下来的记忆？人民的公敌——斯托克曼医生（Dr. Stockman）给愤怒的弗里德里克（Frederick）开出了很苦但很有效的药方，作为回报斯托克曼医生的狗有了肝肠吃。玩火柴跳舞的小哈丽特（Harriet）是一幅修饰过的小希尔德·温洁尔（Hilde Wangel）照片，当时她的母亲（也就是海上夫人）将她一个人留在房间，而飞翔的罗伯特（Robert）在教堂尖塔的高处，则是她本人的建筑大师。在空中的乔尼·海德（Jonny Head）除了太阳还想要什么呢？除了与剪刀人是

---

① 弗兰克·魏德金，德国"一战"前激进的表现主义剧作家，其作品日后影响了布莱希特。
② 接下来的典故都出自易卜生的剧作：《群鬼》、《约翰·盖博吕尔·博克曼》（John Gabriel Borkman）、《人民公敌》（An Enemy of the People）、《海上夫人》（The Lady from the Sea）、《大建筑师》（The Master-Builder）、《布兰德》（Brand）和《小艾友夫》（Little Eyolf）。

亲戚的小艾友夫的老鼠妻子外，还有谁将他引诱入水中？然而，严厉的诗人像高个子阿格里帕（Agrippa）那样为人处世，后者将现代的儿童图画浸入他的墨水瓶之中，将它们涂黑成激动不安的牵线木偶，并在审判日时独自而坐。

57. 挖掘

类似易卜生剧作的名字一旦被提及，他和他的主题就被指责为老式的、过时的。60年前，相同的指责声在对《玩偶之家》和《群鬼》的现代主义堕落和无道德奢华之义愤中响起。作为一位尖刻的资本家，易卜生将他的怒火发泄在社会身上，而他的执拗与理想都源于这个社会的原则。他在一座庄重而持久的纪念碑上刻画了向人民公敌大声喊叫的绝大多数人的代表，他们仍然没有发现描述的阿谀奉承之意。由此，他们转而处理当时的紧急事务。在讲道理的人们对他人不合理的行为达成一致的地方，我们总能发现某些被延缓的未经解决之事、某些痛苦的伤疤。这正是关于妇女境况问题实际面临的情况。借由"男性的"自由竞争经济的畸变、女性在与男性拥有或多或少同样独立程度的薪金雇佣中的参与、笼罩在家庭之上的魔力氛围的剥除以及性禁忌的松弛，这一问题从表面上看不再"急迫"。然而，传统社会的持续存在同样会使得女性解放遭遇变形。很少有事情与工人运动未曾注意到这一点那样成为其自身衰落的征候。准许女性加入任何一种可想而知的受到监督的活动掩盖了持续存在的丧失人性。她们在大型企业中就像在家里一样，仍然只是对象（Objekte/objects）而已。我们应该不仅仅考虑她们悲惨的工作日及其在家庭生活中毫无知觉地附着于一个工业世界之中家务劳动的自成一体状况，同样也应该考虑她们自身。她们乐意并且在没有任何对立冲动的情况下反思自身，并将自身等同于统治。男性社会非但没有解决女性压迫的问题，反而进一步扩展了其自身的原则，致使受害者甚至无法提出问题。假设只给予她们丰富的商品，她们便会满腔热情地同意其命运，将思考留给男士，将所有反思诽谤成对文化工业所宣传的女性理想的冒犯，并且在她们视为性欲实现的不自由状态中随心所欲。这些缺点是她们为此而付出的代价，其中神经质的愚蠢位列第一，它们有助于使该状况变得持久。甚至在易卜生的时代，大多数已经在资产阶级社会取得一定地位的女性都准备攻击她们那些歇斯底里的姐妹，与此相反，后者无望地试图从极力将四堵围墙强加给她们所有人的社会监狱中逃脱。然而，她们的孙女们将会放纵地嘲笑这些歇斯底里的人甚至不会感觉受到牵连，并会将这些人交给社会福利加以善待。因此，想要奇迹的歇斯底里之人只能向那些迫不及待迎接厄运胜利的过分卖力的傻瓜妥协。——但是，或许这是所有过时事物的存在方式。对它的解释不仅要出于单纯的时间距离，而且要出于历史的判决。它在事物中的表达是一种在面对早期可能性时战胜后代的羞愧，他忽视了这种可能性从而未能将其实现。已经完成了的事情将会被遗忘，并在当下加以保存。只有那些失败的事物才会过时，亦即对一个新起点的破碎承诺。将易卜生剧作中的女性称为"现代的"，这不是没有原因。对现代性的仇恨与对过时事物的蔑视是一样的。

58. 关于《海达·高步乐》的真理

19世纪的唯美主义不能根据智识历史内在地加以理解，而只能在社会冲突中与其现实基础相关联时获得理解。构成不辨是非之基础的是一种卑贱的良知。批评者们不仅从经济上而且从道德上以其自身的规范面对资产阶级社会。就统治阶级不愿单纯地陷入像宫廷诗人与受国家保护的小说家们那样道歉而无力的谎言，这使得它在除去拒绝社会受到评价的原则外没有其他辩护的情况下失去其道德。然而，激进的资产阶级思想用来阻挡其推力所采取的立场走得更远，不再是仅仅用一种在愤怒的自我毁灭、挑衅性的抗议和准备好的投降中宣告的真理来代替意识形态幻象。反抗资产阶级善好的美之暴动是一种反抗"善好"（die Güte）的暴动。善好自身是一种对善的变形。通过从社会中断绝道德原则并将其置入私人良知领域，善好在两种意义上对它做出了限制。它摒弃掉一种隐含在道德原则之中的适合人类的实现条件。它的每一个行动都在其中刻下了某种顺从与安慰：它意在缓和而非治愈，对无法治愈的意识最终与后者站在同一边。就此而言，善好在自身内也是受限的。它的过失是亲密。它创造了一种人们之间直接关系的幻境而忽视了距离，这种距离是个体对抗普遍性侵犯的唯一防护。恰恰是在最亲密的接触中，他最痛彻地感受到无法消除的差异。保留陌生性是矫正异化的唯一解药。善好在其中心满意足的短暂的和谐意象只不过更加残酷地强化了它愚蠢地加以否认的不可和解的痛苦。对品位以及没有任何善好行为能够免除的考虑之冒犯,完成了关于美的无力乌托邦所反对的拉平。就此而言,自高度发达的工业社会肇始以来,邪恶的信条不仅仅成为野蛮的先驱,而且也是一副善好的面具。后者的价值被转变为邪恶,这种邪恶吸收了关于一种命令的所有憎恶与不满,该命令将善好反复灌输给它的支持者们,以便能够不受惩罚地成为邪恶。

66. 混合

人们熟知一种关于宽容的论据,即所有人和所有种族都平等,该论据只会事与愿违。它为如下情况敞开了大门,一方面是感觉的简单驳斥,另一方面,在极权者相当了解他们的生杀予夺对象究竟是谁之后,在一场大屠杀中犹太人不是一个人种这种最不可抗拒的人类学证据。如果"所有具备人形的人都是平等的"这一点作为一种理想而非一种事实被要求,那么它将不会有太大帮助。抽象的乌托邦与社会最阴险的倾向相容无间。所有人都一样正是社会愿意听到的。它将现实的或想象中的差异视为耻辱,这表明社会做得还不够,仍有一些事物外在于其机制,没有完全被其总体性所决定。集中营的技术就是使囚犯像他们的守卫,被屠戮者与刽子手相当。种族差异被抬高到绝对的地位,致使它能够被绝对地消灭,只要没有任何差异之物存留。一个获得解放的社会并不是一种单一状态,而是在差异和解中普遍性的实现。因此,仍然严肃关切这种社会的政治家不应该再提议甚至作为一种理想的人类抽象平等。相反,他们应该指明当今糟糕的平等,电影与军火利益的同一化,并将更好的状态理解为人们在其中保持差异而不会恐惧。将一个黑人确认为与白人一样(显然他并非如此),只不过是秘密地使其更加错误地生活。他被应用一种标准而仁慈地羞辱,在体制的压力下,这种标准使得他必然会落伍,进而去实现一种在任何情况下都充满疑问的成就。因此,单一宽容(unitarischen Toleranz)的代言人总是准备着不宽容地转向那些执拗的人:对待黑人毫不妥协的热情并不排除对犹太人举止不当的愤慨。不受约束的工业资本主义将坩埚引入。被熔入其中的想法只能召唤出殉难精神而不是民主制度。

附录一　最低限度的道德：从被损害生活而来的反思（节选）

91. 汪达尔人

　　随着匆忙、紧张、不稳定的大城市的产生，一种流行病就像鼠疫和霍乱那样蔓延开来。与此同时，动力开始发动，这对于19世纪匆忙的行人而言做梦也想不到。每个人随时时刻都必须有计划。自由时间需要耗尽。它用来为各项活动做计划，这些计划充斥着尽可能快地到达每一个能够去的地方。所有这一切的阴影都投射在智识工作上。人们怀着一种糟糕的良心去做，就好像它出于某种急迫、尽管只是想象中的工作而被侵犯一样。为了亲自证明这么做是正确的，它展现出在重重压力和时间紧迫下的繁忙活动，由此而排除了任何思考以及自己。知识分子们通常看起来为了他们的真实生产（eigentliche Produktion）而保留下除开职责、旅行、约会以及不可避免的娱乐外的时间。对于那些将自己展现为重要人物因而必须出现在每个场合的人而言，他们所取得的声望令人厌恶，即便它有一点合理性。他们将自己的生活用一种有意的不满风格化为唯一的出场演员。因之前已经接受的邀请而拒绝下一个邀请所带来的快乐，表明了竞争者之间的胜利。在此，也是在一般意义上，生产过程的形式在私人生活中或者在那些排除了工作领域的形式中不断重复。整个生活都必须看起来像是一件工作，这种相似隐藏了尚未直接与报酬挂钩的部分。但是，如此表达的恐惧仅仅反映了一种更深重的畏惧。无意识的动感超越了思维，使个体生存与历史节奏相协调，由此感知即将来临的世界的集体化。然而，由于整合的社会并非积极地接受个体，而是将它们驯服为无形且温顺的大众，每一个人都担心这种感受为不可避免的吸收进程。做事情和去一些地方是感觉中枢为了创建一种抗刺激剂来对抗一种威胁着人的集体化，从而运用明显是自由的时间来对此加以训练使自身成为大众的一员。这种技术试图超越危险。人们带着甚至比人们所希望拥有的更少的自我感生活。与此同时，人们从这种自暴自弃的轻率过剩中认识到，认真地不带有自我而生活会更加容易，而不再是困难之举。所有这些都是匆忙完成的，因为不会有警钟来预报地震。如果一个人不参与其中，也就是说，如果人们在人流中游荡，那么当推迟得太久而无法加入一个极权主义政党时，他会害怕错过公共汽车并给自己招致集体的复仇。虚假活动是一种保险，它表达了一种自我放弃的意愿,一个人在其中感到了自我持存唯一担保。在与最不安全的情况相适应时,人们开始领悟到安全。它看起来就像是一张飞行执照,能够以最快速度带人们飞向某个地方。在对汽车的狂热喜爱中,身体上的无家可归感发挥了作用。从根本上讲,资产阶级错误地习惯于从自己这里、从内心深处飞走。任何想随时间运动的人,都不应该有所不同。心里空虚只是错误的社会吸收的结果。人们总是在逃离的厌倦不过是映照出很早以前就开始的逃离进程。仅仅由于这个原因,娱乐的怪异机制仍在运作并且不断增强,然而却没有一个人被其娱乐。它引导成为自己的动力只包含运动在自身中,否则就会像混杂状态或野蛮攻击一样将人们无区分、无秩序地投入集体之中。与他们极其相似的是瘾君子。他们的冲动是对人类混乱状态的准确反应,从城乡差别的含混模糊、由于数百万失业人员造成的房屋的废弃一直到人们从被摧毁的欧洲大陆上连根拔起、遭到放逐,所有这些造成了这种混乱。自青年运动以来所有集体仪式的无效和缺乏内容作为一种对令人震惊的历史打击的暗中预期而回顾性地显现。数不清的人突然间就屈服于他们自己的抽象数量和变动,像对一种麻醉剂那样趋之若鹜,这些人都是移民的应招者,资本主义历史在他们毁灭的领土上走到了它的尽头。

153. 终结

在面对绝望时,唯一能够担负起责任的哲学就是如下尝试,即像它们从拯救立场(vom Standpunkt der Erlösung)展现自身那样观察所有事物。知识只有通过拯救才能照亮世界:其余的一切都只是再造(Nachkonstruktion),只是一种技术而已。必须如此确立观点,即带着明显的裂痕与裂隙移置并疏离这个世界,就像它将会在某一天从弥赛亚之光中显得贫瘠与扭曲一样。不带任性或暴力、完全从与对象的感受(aus Fühlung mit den Gegenstände)出发获得这些观点,这就是思想的唯一任务。这是所有事情中最简单的一项,因为情境命令式地要求这种知识,实际上也是因为一旦直接面对完美的否定性(vollendete Negativität),它就会勾画出对方的镜像。但是,它同样也是最不可能的事情,因为它预设了一种好像被一种微小事物而从存在范围中被去除的立场,然而我们也知道,任何可能的知识都必须不仅首先要从所是中取得(如果它仍然有效),同样由于这个原因还被它试图逃避的扭曲和贫苦所标记。思想为了无条件性越是激烈地否定其条件性,它就越会被无意识地、因而灾难性地派送到世界之中。甚至为了可能性事物,它也必须理解其自身的不可能性。但是,除去这一安置在思想上的要求,救赎的现实性或非现实性(Wirklichkeit oder Unwirklichkeit der Erlösung)问题自身也就几乎无关紧要了。

附录二　自由时间[1]

[德] T.W. 阿多诺/文　罗松涛/译

关于自由时间的问题：人们会用它来做什么？它的发展提供了什么样的机会？不能将该问题置于抽象普遍性之中。"自由时间"这一表达——较早时人们说"闲暇"（Musse），它是一种不受拘束的生活的特权，因而也是某种在质上不同的、更为幸运的内容——其近来的起源则指向一种特定的差异，也就是不自由的时间，它为劳动所占据，人们还可以说，它是一种被他律决定的时间。自由时间为其对立面所束缚。这种对立，也就是自由时间显现其中的这种关系，塑造了它的某些本质特征。更重要的是，自由时间依赖于社会的总体状况。现在，这种总体状况比以往更强烈地将人们置于一种魔咒（Bann）之下。在现实中，人们既不能自由地掌控他们的工作，也无法自由掌握自己的意识。甚至那些将角色作为关键概念来应用的调和社会学也承认如下事实，这个从戏剧借用来的概念暗示了由社会强加于人们的存在与他们自在之所是或他们之所能是之间并不一致。[2]

---

[1] 附录二"自由时间"一文原载于 T. W. Adorno, *Kulturkritik und Gesellschaft* II, herausgegeben aus Rolf Tiedemann unter Mitwirkung von Gretel Adorno, Susan Buck-Morss und Klaus Schultz, Frankfurt am Main：SuhrkampVerlag, 2003, pp. 645-655。目前通行的两个英译文分别为：T. W. Adorno, *Culture Industry*, edited by J. M. Bernstein, London and New York：Rutledge, 1991, pp. 187-197；T. W. Adorno, *Critical Models：Interventions and Catchwords*, translated by Henry W. Pickford, New York：Columbia University Press, 1998, pp. 167-175, 译文译自德文版，同时参考皮克福德英译本，在个别地方参考前了伯恩施坦的英译选本。

[2] 根据皮克福德英译本注释，"调和社会学"（conciliatory sociologies）替代了广播版本中的"墨守成规的社会学"（conformist sociologies），它有可能暗指戈夫曼（Erving Goffman）的"社会角色"理论，参见戈夫曼的《日常生活中的自我展示》（*The Presentation of Self in Everyday Life*）（Garden City：Anchor Books, 1959）。

确实，不应在人们自身之所是和他们所谓的社会角色之间尝试做出简单区分。角色已深入人们自身的性格特征与内在构成之中。在这个真正史无前例的社会整合时代，在人们之中很难觉察任何并非在功能意义上被决定的事物。这对于自由时间问题来说有重要的后果。它不过意味着，甚至是在魔咒放松了控制、人们至少在主观上确信他们出于自身意志而行动时，这种意志本身也恰恰被他们在工作之余想要摆脱的事物所塑造。能够公平对待当前自由时间现象的问题就是：在劳动生产率日益增加而不自由的条件依然持续的情境下，自由时间将成为什么？自由时间已经极度扩展，由于原子能和自动化领域的创新（它们尚未从经济上被充分利用），自由时间应该会大幅增加。如果人们尝试在没有意识形态断言的情况下回答这个问题，那么自由时间将朝向自身概念的对立面并成为一种对自身的滑稽模仿，这种怀疑是不可避免的。不自由在自由时间中扩展，大多数不自由的人就像对他们自己的不自由状态一无所知一样对这一进程毫不知情。

  为了阐明这一问题，我想运用一种微不足道的个人体验。在访谈和调查问卷中，人们会无数次地被问及个人的爱好（Hobby）[①]是什么。无论何时插图报纸报道一位文化工业的斗牛士（通过谈论这些人进而构建一种文化工业的主要活动），报纸都几乎很少错失机会或多或少地谈论一下这些人的各种爱好。无论何时我遇到这种情况，都会让这个问题吓一跳。我没有什么爱好。我也不是那种除了办正事以及做必须要完成的事情之外不知该做些什么的工作狂。还不如说，我会从事那些不受正式职业的束缚而令我全身心投入的活动，我没有例外地认真从事这些活动，因此如果我的体验没有使我在面对已经变得显而易见而且容易接受的野蛮时展现坚强的话，那么如下想法就使我震惊，即他们出于爱好在做事情，也就是说，只是为了打发时间而无须动脑筋地迷上某一种活动。创作音乐、聆听音乐、专心阅读，这些构成了一种我的生存的内在因素；"爱好"这个词是对它们的嘲笑。与此相反，我目前为止所从事的哲学创作和社会学研究以及大学教学对我而言很愉快，为此我无法将它们置于当前像刀刃那样的分类要求中与自由时间相对立的范围之内。当然，我能够意识到我现在是作为某种被偏爱的人讲话，对于那些很少有机会

[①] 阿多诺在广播讲座中使用的是 Hobby 这一英文表达。——译者注

在通向正确生活的途中

能够按照他自己的意愿追求并从事其工作的人而言,这番话含有既幸运又愧疚的必要尺度。在我的活动受到工作时间限制与不受其限制之间没有严格区分,这并非一条不重要的原因。如果自由时间最终真的成为一种每个人在其中都能享受曾经只有少数有特权的人才能享有的事物的状态(相对于封建社会来说,资本主义社会确实已经在这个方面取得了进步),那么我将按照我在自身当中观察到的模式来设想这种情况,虽然这种模式在变化了的条件下也会加以改变。

如果我们与马克思一道确认,资本主义社会中的劳动已经成为一种商品并且劳动由此而变得物化,那么爱好这种表述就意味着一种悖谬,即这种将自己理解为物化对立面的境况,作为一个彻底中介化的总体系统(einem gänzlich vermittelten Gesamtsystem)中的一处直接生活庇护区,它自己就像劳动和自由时间的严格区分那样也被物化了。这一界限使得按照利润系统组织起来的社会生活形式永久化。

今天,"休闲产业"这一说法中的讽刺意味已经被彻底遗忘了,就像演艺业(Show Business)[①] 被很严肃地对待一样。人们普遍认为,而这也同样正确,类似旅游和露营这种自由时间的特殊现象是为了营利而组织筹划的。与此同时,工作和自由时间之间的区别已经在人们的意识和无意识中被标记为一种规范。[②] 因为,按照当前流行的工作伦理,从劳动中解脱的时间应该用于再生产劳动力,而剥夺了劳动的时间——恰恰因为它仅仅是劳动的一个附属品——则带着清教徒似的狂热与劳动相分离。一方面,人们在工作时应该集中精力,不应分心散漫、无所事事;它构成了雇佣劳动的基础,而这一戒律则已经内化于心。另一方面,自由时间绝不应暗示任何工作,想来是为了人们随后能够加倍有效地工作。这正是许多闲暇时间中的活动变得愚蠢的原因。然而,一些总是萦绕人们的行为方式正悄悄地从工作中偷运进来。过去,学校的记录通常会包含儿童注意力的等级。这契合于成人主观的,或许是用意良好的担心,亦即孩子们可能会在他们的自由时间过度疲劳:他们读书很少

[①] 阿多诺在广播讲座中使用的是 *Show Business* 这一英文表达。——译者注

[②] 根据皮克福德英译本注释,"作为一种规范而打下了烙印"(branded as a norm)替换了广播版本中的"工作和自由时间的区别已经被打下烙印,成为一种禁忌"(the difference between work and free time has been branded, become a taboo)。参见 T. W. Adorno, *Critical Models: Interventions and Catchwords*, p. 358。

或是熬夜太晚。家长们隐秘地感觉到一颗难以控制的心灵甚或一种对快乐的极力坚持，这种快乐与生存的合理分类（der rationellen Einteilung der Existenz）不一致。不仅如此，任何混合种类、任何含混暧昧的事物都受到流行精神的怀疑。生活的严格二分所赞赏的物化几乎彻底征服了自由时间。

人们在爱好意识形态（Hobby-Ideologie）那里看得很清楚。"你有什么爱好？"这个漫不经心的问题的弦外之音是说你一定有一种，甚至有可能是在休闲产业提供的诸多爱好中进行选择。有组织的自由时间是强制性的①：如果你没有任何爱好，没有任何闲暇时间活动，人们就会替你感到悲哀；如此一来，你就是一名苦力或是一个落伍者、一个有怪癖的人，从而成为社会的笑柄，正是社会将你的自由时间应该如何的观念强加给你。这种强制绝不是外在的。它与生活在功能系统中的人类的需求相关。露营在昔日的青年运动中很受欢迎，它是对资产阶级生活单调乏味与墨守成规的一种反抗。② 人们想要走出去，在这个词的双重意义上。露天而睡、席地而眠，意味着从房屋和家庭中逃离。在青年运动消亡之后，这种需要被露营产业接管并使其成为一种惯例。它不会强迫人们购买它的帐篷和拖车以及数不清的零配件，如果不是人们对这些东西已然心怀渴望，而是商业功能化、扩展并再造了对自由的需要；他们所想要的事物再一次地强加在他们身上。这正是休闲时间如此顺利地整合成功的原因；人们并没有注意到他们不自由的方式，甚至是在他们感觉最为自由的领域，因为这种不自由的规则已经不被他们所顾及。

如果严格对待与劳动截然相反的自由时间概念，就像它在一种老旧的而今或许已然过时的意识形态中那样，那么就需要一种空洞的，或者用黑格尔

---

① 根据皮克福德英译本注释，"有组织的自由时间是强制性的"（organized free time is compulsory）替换了广播版本中的"有组织的自由时间打上了强制的烙印"（organized free time is branded with compulsion）。参见 T. W. Adorno, *Critical Models: Interventions and Catchwords*, p. 358。

② 根据皮克福德英译本注释，青年运动是德国20世纪之交的一场反抗运动，它受到尼采文化悲观主义和与进步有别的教育理论的影响，参与者主要是城市中产阶级青少年，他们拒绝工业化、威廉式的资产阶级生活方式，赞成向自然、单纯、真诚和自我依赖的回归。到1914年，该运动已经有超过两万五千名成员，战后则按照告解（新教和天主教）与政治（社会主义、共产主义保守主义）路线产生了分裂。该运动保守主义一翼中的某些人民（*völkisch*）派系很容易地与国家社会主义意识形态相契合；1933年，所有未整合进希特勒青年团（the Hitler Youth）的团体都被取缔。参见 T. W. Adorno, *Critical Models: Interventions and Catchwords*, p. 359。

的话来说，抽象的环节。一个典型事例就是那些仅仅为了晒黑而让自己在阳光下暴晒的行为；即便在酷热的阳光下打盹一点也不舒服，甚至有可能会造成身体上的不适，同时也会让人们理智怠惰。随着肤色的晒黑（当然在其他方面它相当漂亮），商品的拜物教特征俘获人们；他们成为自己的崇拜物。认为一个女孩由于其棕色皮肤而特别的性感迷人，这种想法或许仅仅是一种合理化（Rationalisierung）。棕色皮肤成为目的本身，比起它曾经能够激发的一时兴起来说更加重要①。如果雇员们在假期结束返工时没有晒成所需要的肤色，那么他们可以确信同事们很有可能会问："你难道没有去度假？"在自由时间中盛行开来的拜物教屈服于附加的社会控制。化妆品产业通过其无所不在且躲避不开的广告尽一份力，这一事实与顺从的人们抵御广告的能力一样显而易见。

晒太阳打盹的状态代表了当前条件下自由时间的一个决定性要素的顶点：无聊。因此，对令人惊奇的事情怀恨在心的嘲笑同样也贪得无厌，人们承诺在假期旅行以及其他自由时间的特殊情况中获得这些奇迹；然而，甚至在其中他们也没有摆脱永恒同一性（dem Immergleichen）的重复；事物在更远处不再有所不同，正如它们在波德莱尔的无聊时代一样。② 受害者的嘲弄自动地与使其成为受害者的机制联系在一起。叔本华早前构想出一种关于无聊的理论。忠实于其形而上学悲观主义的他认为，人们或是遭受无法满足其盲目意志之欲望的痛苦，或者一旦欲望得以满足便会感到无聊。③ 该理论很好地描述

---

① 根据皮克福德英译本注释，"相比于调情来说"（than the flirtation）替换了广播版本中的"比如下情境更为重要的是……"（more important that the situations, which…）。参见 T. W. Adorno, *Critical Models: Interventions and Catchwords*, p. 359。

② 根据皮克福德英译本注释，可以参见波德莱尔在《恶之花》（*Les Fleurs du Mal*）中的《旅行》（*Le Voyage*）一诗。参见 T. W. Adorno, *Critical Models: Interventions and Catchwords*, p. 359。

③ 根据皮克福德英译本注释，叔本华对无聊的论述参见其《作为意志和表象的世界》（*The World as Will and Representation*）第 57 节，在这一节中，叔本华主要探讨了作为人类生存基本构成特征的欲望、痛苦（需要和需求）和无聊。还可以参考霍克海默的相关论述："当爱尔维修将作为想象力的一个原因的无聊与真实文化联系在一起时，他或许并没有错；而叔本华则认为无聊是邪恶的，并且要为迷信承担责任。闲暇（Musse）与无聊（Langeweile）的分别并不明显；人们两者都无法获得。在机械技术文明中，他们的悲伤被从根本上'治愈'，由此而忘却了如何抵抗。但是，抵抗正是叔本华哲学的灵魂。"[Horkheimer, "Schopenhauer und die Gesellschaft", in Horkheimer and Adorno, *Sociolgica II: Reden und Vorträge* (Frankfurt: Europäische Verlagsanstalt, 1962), here p. 122] 参见 T. W. Adorno, *Critical Models: Interventions and Catchwords*, p. 359。

了人们的自由时间在康德所谓的他律（Heteronomie）以及在现代德语中习惯上称为外在决定（Fremdbestimmtheit）的条件下所成为的样子；甚至叔本华关于人们是自然的工业制品这种傲慢评论也在其愤世嫉俗之中表达了某种情况，即人们实际上是被商品特征的总体性塑造而成。① 然而，愤怒的玩世不恭相比于郑重确认人类的不朽本质来说，仍然给予人类过多的荣誉。当然，也不应将叔本华的学说假定为普遍有效的甚或将其视为人类的原初构成。无聊是强制工作与劳动严格分工条件下的一种生活的功能。它本不必存在。无论何时，只要自由时间中的行为是真正自律的，并且由自由的人类自为地决定，那么无聊便没有立足之地；当人们成功地追求自己的幸福愿望并且当他们的自由时间活动自在地是合理的且有意义时，无聊也就不可能发生了。甚至无聊的胡闹也不一定毫无意义，可以将其作为对自我控制的免除而尽情享受。如果人们真能够决定他们自己以及他们的生活，如果人们没有被永恒同一性控制，那么他们就不会感到无聊。无聊是对这种客观的空虚的一种反映。② 政治冷漠（politischen Apathie）的情况是一样的。它最令人信服的理由是大众绝非无根据的情绪，即由社会赋予人们的一定范围的政治参与，几乎无法改变他们的实际生活乃至当今世界任何一种政治体制。对于人们来说，政治和自身利益之间的联系还很模糊，因而他们便从政治活动中退缩了。有根据的或者神经性的无能为力之感（Gefühl der Ohnmacht）严格地属于无聊：无聊是客观的绝望。与此同时，它也表明了社会总体状态给人们造成的负面影响。其中最为重要的一点，就是对想象力的诽谤以及想象力的萎缩。想象力被怀疑为仅仅是性好奇以及渴望获得那些在一种科学精神中被禁止的事物，而这种科学精神不再是精神。那些想要适应的人必须逐渐放弃他们的想象力。然而在很多情况下，想象力受到儿时体验的损害而根本无从发展。由社会培植并倡导的

---

① 根据皮克福德英译本注释，此处可参考叔本华在《作为意志和表象的世界》第36节的相关论述：正如我们所言，每天都在加工制造成千上万自然物品的普通人却无法考虑完全与其无关的事物。他只能注意到那些与他的意志相关的事物，虽然这种关联有可能只是间接的。参见 T. W. Adorno, *Critical Models: Interventions and Catchwords*, p. 359。

② 根据皮克福德英译本注释，"客观乏味"（to objective dullness）替换了广播版本中的"客观的永恒同一性"（to the objective eternal sameness）。参见 T. W. Adorno, *Critical Models: Interventions and Catchwords*, p. 359。

> 在通向正确生活的途中

想象力之缺乏，使人们在其自由时间中茫然无助。人们应该用大把的自由时间做什么——就好像自由时间是一种施舍而不是一项人类权利——这种粗鲁的问题就是出于上述的无助。人们实际上并不知道自由时间可以用来做什么，原因在于他们已经不清楚自由状态如何使其充满喜悦。这种自由状态已然拒绝了人们并且长期遭受轻视，以至于不再为人们所喜爱。人们需要消遣以便激发由文化保守主义捍卫的社会组织（Einrichtung der Gesellschaft）所需要的工作精力，而文化保守主义对人们所需要的消遣或是资助或是斥责。就人们束缚于劳动以及训练他们从事劳动的体制来说，这绝非不重要的原因，虽然体制本身在很大程度上已经不再需要劳动。

在当前流行的条件下，期待或要求人们在其自由时间中完成某些创造性的事情是荒谬的，也是愚蠢的；因为，从他们之中根除的恰恰就是创造力，即创造崭新事物的能力。人们在其自由时间中制造的充其量不过是可疑的爱好（ominöse hobby）：就仿造诗歌或绘画而言，在不可更改的劳动分工条件下，其他人做得比业余爱好者好很多。人们做出的东西含有某种多余之物（etwas Überflüssiges）。这种多余属性使产品具有低劣品质，由此毁坏了它可能带来的任何欢乐。

甚至在自由时间中从事的多余的或无意义的活动也被社会加以整合。曾几何时，一种社会需求发挥了作用。某些服务形式，特别是家庭服务正在消失，需求与供给不成比例。在美国，只有真正富裕的人家才有家庭服务员，欧洲也紧随其后。这使得很多人开始从事一些低级别活动，这些活动以前则是交给其他人来做的。"自己动手"①（tue es selbst）的口号成为行动建议，虽然它也使人们在面对给他们卸去负担的机械化时心生疲惫——需要拒绝的不是这一事实，而是对它的通常解释——如果人们不知该如何利用他们新近获得的时间。因此，就特色行业的利益而言，人们被鼓励自己去做那些其他人可能会为他们做得更好也更有效率的事情，他们为此会更加鄙视这些事情。不仅如此，相信人们可以通过攒钱来支付一个由劳动分工定义的社会提供的服务，这种信念属于一种非常陈旧的资产阶级意识；它立足于一种固执的自私自利且无视如下事实，即整个机制只是靠专门化技能之间的交换来维持自

---

① 阿多诺在广播讲座中使用的是 *Do it yourself* 这一英文表达。——译者注

身。威廉·特尔（Wilhelm Tell），这位粗犷个性的可怕原型宣称，家里的一把斧子让木匠没了活计，人们也能够从席勒的准则（Schillers Maximen）中汇编出一整套关于资产阶级意识的存在论。

作为一种闲暇时间行为的当代类型，"自己动手"发生在一个更为广阔的情境之中。三十多年前，我描述了这种"虚假活动"（Pseudoaktivität）行为。① 自那时以来，虚假活动已经扩展到一种令人惊恐的程度，甚至还特别地包括了那些相信自己是在反抗社会的人。一般而言，人们可能会假定这种虚假活动符合一种转变僵化社会关系的被压抑的需求。虚假活动是一种被误导的自发性。这种误导并不是随机产生的；人们隐隐约约地感觉到，对于他们来说改变身上的重担有多么困难。他们宁愿让自己在明显虚假的活动、体制化的替代性满足（Ersatzbefriedigungen）中消遣，而不愿面对改变的可能性在当前受阻的现实。虚假活动是对生产力的虚构和戏仿，社会一方面不断需要这种生产力，另一方面却又对其加以限制，根本不在个人中需求它。只有那些对自己负责的人才能够创造性地利用他们的自由时间，那些在他律支配下自己也成为他律性的人则无法做到这一点。

然而，自由时间并非只与劳动相对立。在一种充分就业自在地成为理想的体制中，自由时间作为劳动的阴影是其直接的延续。我们仍然缺乏一门有穿透力的体育社会学，特别是与体育观众相关的社会学。无论如何，一些假定变得明白清楚，即体育运动所需的体力消耗、在最受欢迎运动项目中发生的团队② 中的身体功能化，以一种不为人们所知的方式运用行为技术训练他们，这些行为技术经过或多或少的升华，在劳动过程中等待他们。人们为了保持健康③ 而从

---

① 根据皮克福德英译本注释，或许阿多诺对虚假活动最为清晰的阐释见于《最低限度的道德》第91节（"汪达尔人"）。皮克福德指出，这一概念明确与阿多诺对"操纵类型"（manipulative type）的分析相关，参见 Adorno ed al., *The Authoritarian Personality*, New York: Harper & Brothers, 1950, p.767. 事实上，这一概念最早由弗洛姆（Erich Fromm）在其"论无能为力感"（Zum Gefühl der Ohnmacht）一文中对假象活动（Scheinaktivität）的分析所定义，参见 *Zeitschrift für Sozialforschung* 6 (1937): 95-118. 参见 T. W. Adorno, *Critical Models: Interventions and Catchwords*, p.360. 又，"汪达尔人"一节完整译文见本书附录一——译者注

② 阿多诺在广播讲座中使用的是 team 这一英文表达。——译者注
③ 阿多诺在广播讲座中使用的是 fit 这一英文表达。——译者注

在通向正确生活的途中

事体育活动，这种陈旧的理由是不真实的，因为它假装健康①是一项独立的目标；然而对于劳动来说，健康是一种隐秘的运动目的。在运动中，人们通常首先让自己承受痛苦，然后作为自身自由的胜利者享受那些在社会压力下必须强加给自身并且让其变得宜人的事物。

让我们再谈一下自由时间与文化工业之间的关系。自从霍克海默和我在二十多年前引入这个概念之后，已经有很多文化工业成为统治和整合手段的讨论，我想在其中选择一个目前我们无法忽视的特定问题。如果意识形态的批评者认为文化工业的标准是陈旧娱乐和低俗艺术的结合体，那么他们会将注意力转向文化工业；这些批评者倾向于认为，文化工业具体地、彻底地控制了它所瞄准的人们的意识和无意识，这些被瞄准的人的品位在自由主义时代最初产生了文化工业。我们有理由推测，生产在精神生活过程中就像它在物质生活过程中所做的那样调节着消费，特别是那些前者像在文化工业中那样极为接近后者的领域。但是，由于文化工业同时已经成为总体，成为一种它承诺人们能暂时从中摆脱的永恒同一现象，因此文化工业与其消费者的意识绝对相称的等同是值得怀疑的。几年前在法兰克福社会研究所，我们开展了一项致力于该问题的研究。不幸的是，由于一些紧迫的任务，我们不得已推迟了对该研究材料的充分评估。即便如此，对材料的临时性考察也能揭示一些与所谓自由时间问题相关的事情。该研究追踪了荷兰公主比阿特丽克斯（Beatrix）与年轻的德国外交官克劳斯·冯·阿姆斯伯格（Claus von Amsberg）的婚礼。研究旨在确定德国民众对这场婚礼的反应，它被所有大众传媒报道并被图片新闻报连篇累牍地讲述。② 由于呈现方式以及报道这起事件的大量文章使其变得异乎寻常的重要，我们预计观众和读者会认真对待它。我们尤其希望看到流行的人格意识形态（Ideologie der Personalisierung）特征开始起作用，与实际社会决定因素相对的个人及私人关系通过这种意识形态被无止境地高估，这显然是作为现实功能化的补偿。谨慎地看，我想说上述这些预期

---

① 阿多诺在广播讲座中使用的是 fitness 这一英文表达。——译者注
② 根据皮克福德英译本注释，1966 年 3 月的研究从未得到评估与出版，不过其材料与研究所其他研究一道被吸收进米凯拉·冯·弗雷霍尔德（Michaela von Freyhold）的《威权主义与政治冷漠》(*Autoritarismus und politische Apathie*) 附录之中。参见 T. W. Adorno, *Critical Models: Interventions and Catchwords*, p. 360。

都太过于简化。该项研究实质上是一份教科书案例，批判理论的思考仍然能够从中学到很多，并认识到它如何为经验性社会研究所修正。人们能够认识到一种双重意识症状。一方面，该事件立刻（hic et nunc）作为生活对人们有所隐瞒的部分而被欣赏；它被认为是——借用现代德国中颇受欢迎的一个词——"无与伦比的"（einmalig）。就此而言，观众的反应符合一种众所周知的模式，这种模式通过信息传送的方式甚至将热门的以及可能是政治上的新鲜事转变为一种消费商品。但是我们的采访计划是，作为一种控制意在引出即时反应的问题由关注政治意义（Bedeutung）的问题加以补充，后者是受访者针对这一被高度吹捧事件而给出的。结果表明，许多受访者——我们在此不考虑他们的代表性如何——突然表现得非常现实主义，这些受访者批评这一事件的政治与社会重要性，而他们也曾通过电视屏幕紧盯着这一大张旗鼓的前所未有的事件。因此，如果我的结论并非不成熟的话，无论文化工业在人们的自由时间中置入了什么，它们事实上都是以一种保留的方式被消费和接受，这就好似即使天真无邪的人也不会将剧院或电影院中的情景当真。或许更应该说：这类事情不会被完全相信。显然，意识和自由时间的整合并未完全成功。个人的真实兴趣仍然强烈到足以在一定程度上抵抗它们的总体性收编（totalen Erfassung）。这将与下述社会预测相一致，即一个社会如果其根本矛盾仍然存在，它就不可能被总体性地整合到意识之中。它不会顺畅地发生，特别是不会在自由时间中发生，自由时间确实在收编着人们，但是它根据其概念不可能彻底地收编人们。我将放弃设想结果，但是我认为，对于政治成熟而言存在一个最终将自由时间转变为自由的机会。

（《自由时间》译文发表于《马克思主义哲学研究》2021年第1辑，社会科学文献出版社2021年版，第211—219页）

参考文献

一 阿多诺著作

1. 阿多诺著作德文版

T. W. Adorno, *Negative Dialektik*, Frankfurt am Main: Suhrkamp Verlag, 1982.

T. W. Adorno, *Probleme der Moralphilosophie*, herausgegeben von Thomas Schröder, Frankfurt am Main: SuhrkampVerlag, 1996.

T. W. Adorno, *Kulturkritik und Gesellschaft* I, herausgegeben aus Rolf Tiedemann unter Mitwirkung von Gretel Adorno, Susan Buck-Morss und Klaus Schultz, Frankfurt am Main: Suhrkamp Verlag, 2003.

T. W. Adorno, *Kulturkritik und Gesellschaft* II, herausgegeben aus Rolf Tiedemann unter Mitwirkung von Gretel Adorno, Susan Buck-Morss und Klaus Schultz, Frankfurt am Main: SuhrkampVerlag, 2003.

T. W. Adorno, *Minima Moralia: Reflexionenaus den beschädigten Leben*, Frankfurt am Main: Suhrkamp Verlag, 2012.

Max Horkhermer und Theodor W. Adorno, *Dialektik der Aufklärung*, Frankfurt am Main: Fischer TaschenbuchVerlag, 2012.

2. 阿多诺著作中译本

［德］特奥多·阿多尔诺:《否定的辩证法》,张峰译,重庆出版社1993年版。

［德］马克斯·霍克海默、西奥多·阿道尔诺:《启蒙辩证法——哲学断片》,渠敬东、曹卫东译,上海人民出版社2006年版。

［德］T. W. 阿多诺:《道德哲学的问题》,谢地坤、王彤译,谢地坤校,人民出版社2007年版。

［德］阿多尔诺：《否定辩证法》，王凤才译，商务印书馆 2019 年版。

［德］特奥多·阿多尔诺：《阿多尔诺基础读本》，夏凡编译，杭浙江大学出版社 2020 年版。

［德］阿多诺：《本真性的行话：论德意志意识形态》，谢永康译，上海人民出版社 2021 年版。

［德］特奥多·阿多尔诺：《阿多尔诺基础文选续编》，夏凡编译，浙江大学出版社 2022 年版。

［德］阿多诺：《论瓦格纳与马勒》，彭蓓译，上海人民出版社 2022 年版。

［德］阿多诺：《批判模式》，林南译，上海人民出版社 2023 年版。

［德］阿多诺：《本雅明〈文集〉导言》，载郭军、曹雷雨编：《论瓦尔特·本雅明：现代性、寓言和语言的种子》，吉林人民出版社 2003 年版。

［德］西奥多·阿多尔诺：《哲学的现实性》，王凤才译，《国外社会科学》2013 年第 1 期。

［德］阿多诺：《论音乐中的拜物特征与听的退化》，方德生译，载《社会批判理论纪事》（第 6 辑），江苏人民出版社 2014 年版。

［德］阿多诺：《一个欧洲学者在美国的学术经历》，赵勇译，载赵勇《法兰克福学派内外：知识分子与大众文化》，北京大学出版社 2016 年版。

［德］阿多诺：《自由时间》，罗松涛译，载《马克思主义哲学研究》2021 年第 1 辑，社会科学文献出版社 2021 年版。

3. 阿多诺著作英译本

T. W. Adorno, *Prisms*, translated bySamuel and Shierry Weber, Cambridge, Massachusetts: The MIT Press, 1982.

T. W. Adorno, *The Culture Industry*, edited by J. M. Bernstein, London and New York: Rutledge, 1991.

T. W. Adorno, *Hegel: Three Studies*, translated by Shierry Weber Nicholsen, Cambridge, MA. And London, England: The MIT Press, 1993.

T. W. Adorno, *Aesthetic Theory*, translated by Robert Hullot-Kentor, London: The Athlone Press, 1997.

T. W. Adorno, *Critical Models: Interventions and Catchwords*, translated by Henry

W. Pickford, New York: Columbia University Press, 1998.

T. W. Adorno and W. Benjamin, *The Complete Correspondence* 1928–1940, edited by Henri Lonitz, translated by Nicholas Walker, Massachusetts: Harvard University Press, 1999.

T. W. Adorno, *Metaphysics: Concepts and Problems*, trans. E. Jephcott, Cambridge: Polity, 2000.

T. W. Adorno, *Negative Dialectics*, translated by E. B. Ashton, London and New York: Routledge, 2000.

T. W. Adorno, *Problems of Moral Philosophy*, edited by Thomas Schröder, translated by Rodney Livingstone, London: Polity Press, 2000.

Brain O'Connor (Eds.), *The Adorno Reader*, Oxford: Blackwell Publishers, 2000.

Max Horkhermer and Theodor W. Adorno, *Dialectic of Enlightenment*, edited by GunzelinSchmidNoerr, translated by Edmund Jephcott, California: Stanford University Press, 2002.

T. W. Adorno, *The Jargon of Authenticity*, translated by Knut Tarnowski and Frederic Will, London and New York: Routledge, 2003.

T. W. Adorno, *Minima Moralia: Reflections from Damaged life*, translated by E. F. N. Jephcott, London and New York: Verso, 2005.

T. W. Adorno, *History and Freedom*, edited by R. Tiedemann, translated by R. Livingstone, Cambridge: Polity Press, 2006.

二　中文参考文献（按作者姓氏拼音排序）

1. 著作

《马克思恩格斯全集》第30卷，人民出版社1995年版。

《马克思恩格斯选集》第1卷，人民出版社2012年版。

《马克思恩格斯选集》第2卷，人民出版社2012年版。

［德］马克思：《1844年经济学哲学手稿》，人民出版社2000年版。

［德］恩格斯：《路德维希·费尔巴哈和德国古典哲学的终结》，人民出版社2018年版。

《列宁选集》第2卷，人民出版社1995年版。

［奥］西格蒙特·弗洛伊德：《一种幻想的未来文明及其不满》，严志军、张沫译，上海人民出版社 2007 年版。

［奥］西格蒙特·弗洛伊德：《自我与本我》，林尘、张唤民、陈伟奇译，上海译文出版社 2012 年版。

［德］阿尔布莱希特·维尔默：《论现代和后现代的辩证法——遵循阿多诺的理性批判》，钦文译，商务印书馆 2003 年版。

［德］阿克塞尔·霍耐特：《理性的病理学：批判理论的历史与当前》，谢永康、金翱等译，上海人民出版社 2022 年版。

［德］阿克塞尔·霍耐特：《权力的批判：社会批判理论反思的几个阶段》，童建挺译，上海人民出版社 2012 年版。

［德］保罗·策兰：《保罗·策兰诗选》，孟明译，华东师范大学出版社 2010 年版。

［德］本雅明：《作为生产者的作者》，王炳钧等译，河南大学出版社 2014 年版。

［德］费希特：《全部知识学的基础》，王玖兴译，商务印书馆 1997 年版。

［德］弗里德里希·迈内克：《德国的浩劫》，何兆武译，商务印书馆 2012 年版。

［德］弗里德里希·尼采：《历史的用途与滥用》，陈涛、周辉荣译，刘北成校，上海人民出版社 2005 年版。

［德］歌德：《浮士德》，钱春绮译，上海译文出版社 1982 年版。

［德］格尔哈特·施威蓬豪依塞尔：《阿多诺》，鲁路译，中国人民大学出版社 2008 年版。

［德］格尔哈特·施威蓬豪依塞尔等：《多元视角与批判理论：今日批判理论》（上、下卷），鲁路、彭蓓译，鲁路校，人民出版社 2010 年版。

［德］H. F. 克勒梅：《康德的实践哲学：作为理性存在者的自我保存》，钱康、杨丽、李彬译，东方出版中心 2022 年版。

［德］哈特穆特·罗萨：《不受掌控》，郑作彧、马欣译，上海人民出版社 2022 年版。

［德］汉娜·阿伦特编：《启迪：本雅明文选》，张旭东、王斑译，生活·读书·新知三联书店 2008 年版。

［德］汉斯·艾伯林：《自由、平等、必死性——海德格尔以后的哲学》，蒋

芒、张宪译，华东师范大学出版社 2006 年版。

［德］赫尔曼·格拉瑟：《德意志文化（1945～2000 年）》，周睿睿译，社会科学文献出版社 2016 年版。

［德］黑格尔：《精神现象学》，贺麟、王玖兴译，商务印书馆 1997 年版。

［德］黑格尔：《法哲学原理》，范扬、张企泰译，商务印书馆 2007 年版。

［德］霍耐特：《不确定性之痛：黑格尔法哲学的再现实化》，王晓升译，华东师范大学出版社 2016 年版。

［德］卡西尔：《卢梭·康德·歌德》，刘东译，生活·读书·新知三联书店 2002 年版。

［德］康德：《道德形而上学原理》，苗力田译，上海人民出版社 2002 年版。

［德］康德：《历史理性批判文集》，何兆武译，商务印书馆 2009 年版。

［德］康德：《论优美感和崇高感》，何兆武译，商务印书馆 2001 年版。

［德］罗尔夫·魏格豪斯：《法兰克福学派：历史、理论及政治影响》，孟登迎、赵文、刘凯译，上海人民出版社 2010 年版。

［德］洛伦茨·耶格尔：《阿多诺：一部政治传记》，陈晓春译，上海人民出版社 2007 年版。

［德］马丁·海德格尔：《存在与时间》（修订译本），陈嘉映、王庆节合译，熊伟校，生活·读书·新知三联书店 2006 年版。

［德］马丁·海德格尔：《同一与差异》，孙周兴、陈小文、余明锋译，商务印书馆 2011 年版。

［德］马克斯·韦伯：《学术与政治》，钱永祥等译，广西师范大学出版社 2004 年版。

［德］曼弗里德·布尔：《理性的历史——德国古典哲学关于历史的思考》，王步涛译，社会科学文献出版社 1992 年版。

［德］斯文·克拉默：《本雅明》，鲁路译，中国人民大学出版社 2008 年版。

［德］瓦尔特·本雅明：《德意志悲苦剧的起源》，李双志、苏伟译，北京师范大学出版社 2013 年版。

［德］沃尔夫·勒佩尼斯：《德国历史中的文化诱惑》，刘春芳、高新华译，译林出版社 2010 年版。

［德］伊曼努尔·康德：《纯粹理性批判》，中国人民大学出版社 2004 年版。

参考文献

［德］尤尔根·哈贝马斯：《交往行为理论》（第一卷），曹卫东译，上海人民出版社2004年版。

［德］哈贝马斯：《现代性的哲学话语》，曹卫东等译，译林出版社2004年版。

［法］福柯：《生命政治的诞生》，莫伟民、赵伟译，上海人民出版社2011年版。

［法］马克·杰木乃兹：《阿多诺：艺术、意识形态与艺术理论》，栾栋、关宝艳译，中山大学出版社2018年版。

［法］萨特：《存在与虚无》，陈宣良等译，杜小真校，生活·读书·新知三联书店2007年版。

［法］萨特：《存在主义是一种人道主义》，周煦良、汤永宽译，上海译文出版社2005年版。

［法］萨特：《自我的超越性——一种现象学描述初探》，杜小真译，商务印书馆2001年版。

［联邦德国］马克斯·霍克海默：《批判理论》，李小兵等译，重庆出版社1989年版。

［美］阿利森：《康德的自由理论》，陈虎平译，辽宁教育出版社2001年版。

［美］爱德华·W·萨义德：《知识分子论》，单德兴译，陆建德校，生活·读书·新知三联书店2002年版。

［美］安东尼·J.卡斯卡迪：《启蒙的结果》，严忠志译，商务印书馆2006年版。

［美］大卫·利文斯顿·史密斯：《非人：为何我们会贬低、奴役、伤害他人》，冯伟译，重庆出版社2012年版。

［美］汉娜·阿伦特：《反抗"平庸之恶"：〈责任与判断〉中文修订版》，［美］杰罗姆·科恩编，陈联营译，上海人民出版社2014年版。

［美］汉娜·阿伦特：《极权主义的起源》，林骧华译，生活·读书·新知三联书店2008年版。

［美］赫伯特·马尔库塞：《单向度的人 发达工业社会意识形态研究》，刘继译，上海译文出版社2006年版。

［美］理查德·沃林：《瓦尔特·本雅明：救赎美学》，吴勇立、张亮译，江苏人民出版社2008年版。

［美］罗尔斯：《道德哲学史讲义》，张国清译，上海三联书店2003年版。

［美］马丁·杰：《阿多诺》，瞿铁鹏、张赛美译，张晓明校，中国社会科学出版社1992年版。

［美］马丁·杰伊：《法兰克福学派史》，单世联译，陈立胜校，广东人民出版社1996年版。

［美］塞缪尔·韦伯、赵勇主编：《批判理论的旅行：在审美与社会之间》，北京大学出版社2022年版。

［美］涛慕思·博格：《康德、罗尔斯与全球正义》，刘莘、徐向东等译，上海译文出版社2010年版。

［美］托马斯·伯根索尔：《幸运男孩：从奥斯维辛集中营幸存的回忆》，杨柳、杨力军译，生活·读书·新知三联书店2016年版。

［挪威］易卜生：《易卜生戏剧集》（第2卷），潘家洵译，人民文学出版社2006年版。

［日］毛利嘉孝：《流行音乐与资本主义》，耳田译，上海社会科学院出版社2022年版。

［日］细见和之：《阿多诺：非同一性哲学》，谢海静、李浩原译，卞崇道校，河北教育出版社2002年版。

［瑞士］埃米尔·瓦尔特—布什：《法兰克福学派史：评判理论与政治》，郭力译，社会科学文献出版社2014年版。

［匈］卢卡奇：《历史与阶级意识——关于马克思主义辩证法的研究》，杜章智等译，商务印书馆2004年版。

［意］阿甘本：《无目的的手段：政治学笔记》，赵文译，河南大学出版社2015年版。

［意］吉奥乔·阿甘本：《幼年与历史：经验的毁灭》，尹星译，陈永国校，河南大学出版社2011年版。

［英］鲍曼：《现代性与大屠杀》，杨渝东、史建华译，彭刚校，译林出版社2002年版。

［英］彼得·沃森：《德国天才4：断裂与承续》，王莹、范丁梁、张弢译，商务印书馆2016年版。

［英］大卫·利奥波德：《青年马克思——德国哲学、当代政治与人类繁荣》，

刘同舫、万小磊译，中山大学出版社 2017 年版。

［英］吉拉德·德朗蒂编：《当代欧洲社会理论指南》，李康译，上海人民出版社 2009 年版。

［英］劳伦斯·里斯：《奥斯维辛：一部历史》，刘爽译，广西师范大学出版社 2016 年版。

［英］罗斯·威尔逊：《导读阿多诺》，路程译，重庆大学出版社 2016 年版。

［英］马蒂亚斯·本泽尔：《阿多诺的社会学》，孙斌译，北京师范大学出版社 2020 年版。

［英］齐格蒙特·鲍曼：《怀旧的乌托邦》，姚伟等译，中国人民大学出版社 2018 年版。

［英］肖恩·赛耶斯：《马克思主义与人性》，冯颜利译，任平校，东方出版社 2008 年版。

单世联编选：《文化产业研究读本．西方卷》，上海人民出版社 2011 年版。

郭军、曹雷雨编：《论瓦尔特·本雅明：现代性、寓言和语言的种子》，吉林人民出版社 2003 年版。

李秋零主编：《康德著作全集》第 5 卷，中国人民大学出版社 2007 年版。

李秋零主编：《康德著作全集》第 6 卷，中国人民大学出版社 2007 年版。

莫伟民、姜宇辉：《战后法国哲学与马克思思想的当代意义》，上海人民出版社 2014 年版。

汪晖、陈燕谷编：《文化与公共性》，生活·读书·新知三联书店 2005 年版。

谢永康：《形而上学的批判与拯救：阿多诺否定辩证法的逻辑和影响》，江苏人民出版社 2008 年版。

叶秀山：《启蒙与自由——叶秀山论康德》，江苏人民出版社 2013 年版。

张亮：《"崩溃的逻辑"的历史建构：阿多诺早中期哲学思想的文本学解读》，中央编译出版社 2003 年版。

张祥龙：《家与孝：从中西间视野看》，生活·读书·新知三联书店 2017 年版。

张一兵、胡大平：《西方马克思主义哲学的历史逻辑》，南京大学出版社 2003 年版。

张一兵：《无调式的辩证想象》，生活·读书·新知三联书店 2001 年版。

张志伟：《康德的道德世界观》，中国人民大学出版社 1995 年版。

赵勇：《法兰克福学派内外：知识分子与大众文化》，北京大学出版社 2016 年版。

郑伟：《经验范式的辩证法解读：阿多诺"否定的辩证法"研究》，北京师范大学出版社 2015 年版。

2. 论文

［德］阿尔弗雷德·施密特：《哲学、科学与实践批判》，鲁路译，选自《多元视角与批判理论：今日批判理论》（上卷），人民出版社 2010 年版。

［德］格·施威蓬豪依塞尔：《有一种"虚假生活中的替代性生活"吗》，选自《多元视角与批判理论：今日批判理论》（上卷），人民出版社 2010 年版。

［德］哈特穆特·罗萨、［德］比约恩·西尔玛：《罗萨访谈：共鸣是一种遭遇世界的方式》，陈远方译，载陆兴华、张生主编《法国理论》（第 8 卷），上海文化出版社 2022 年版。

［德］罗格·贝伦斯：《流行文化批判与社会——文化工业之后的若干问题》，选自《多元视角与社会批判：今日批判理论》（下卷），人民出版社 2010 年版。

［德］斯蒂芬·缪勒-杜姆：《如何批判？社会批判理论诸路向的合与分》，载《当代欧洲社会理论指南》，李康译，上海人民出版社 2009 年版。

［德］S. 克拉考尔：《大众装饰》，林雅华译，宋含露校，《世界哲学》2017 年第 2 期。

［加］泰勒：《承认的政治》，载汪晖、陈燕谷编《文化与公共性》，生活·读书·新知三联书店 2005 年版。

［美］H. 约纳斯：《存在理论中的生命、死亡和身体》，方秋明、黄信译，《世界哲学》2017 年第 1 期。

［美］哈瑞·R. 达姆斯：《逃离物化的控制》，载《新马克思主义评论》（第一辑），中央编译出版社 2012 年版。

［美］T. 罗克莫尔：《雅斯贝尔斯与海德格尔：关于哲学与政治的关系》，金寿铁译，载《世界哲学》2013 年第 4 期。

［美］塞缪尔·韦伯：《从冥府到故乡"还要多久"：批判理论的旅行和苦难》，高竞闻译，载［美］塞缪尔·韦伯、赵勇主编：《批判理论的旅行：在审美与社会之间》，北京大学出版社 2022 年版。

[美] 约翰·费斯克:《大众经济》,选自单世联编选《文化产业研究读本·西方卷》,上海人民出版社 2011 年版。

[塞] 亚历克斯·德米罗维奇:《极权主义的经验和理性的现实政治》,载《多元视角与社会批判:今日批判理论》(下卷),人民出版社 2010 年版。

刘震云:《榜样》,《人民日报》2011 年 9 月 16 日第 24 版(文艺评论)。

罗松涛:《阿多诺:反思海德格尔"作为幻想的行话"》,《新京报·书评周刊》2022 年 3 月 4 日 B06 版。

罗松涛:《阿多诺非同一性哲学视域中的生存论存在论批判》,《马克思主义与现实》2020 年第 3 期。

罗松涛:《奥斯维辛之后的道德沉思——从阿多诺"清理过去意味着什么"一文谈起》,《北京师范大学学报》(社会科学版)2017 年第 4 期。

罗松涛、陈科宇:《非同一性哲学:阿多诺论把握艺术作品真理性内容的基础》,《北京师范大学学报》(社会科学版)2022 年第 2 期。

罗松涛:《从思之道德到正确生活——论阿多诺道德哲学的实践向度》,《马克思主义与现实》2018 年第 2 期。

罗松涛:《个体生命的优先性——论阿多诺非同一性道德哲学的主题》,《哲学研究》2016 年第 7 期。

罗松涛:《进步的悖谬:阿多诺历史哲学的关键问题》,《福建论坛》(人文社会科学版)2023 年第 9 期。

罗松涛:《〈论历史概念〉:历史的辩证意象——兼论本雅明对历史唯物主义的思考》,《北京师范大学学报》(社会科学版)2010 年第 2 期。

罗松涛:《生命的辩证法——基于阿多诺的非同一性哲学思考》,《马克思主义与现实》2014 年第 5 期。

罗松涛:《文化工业的批判与反思——试论阿多诺的文化哲学》,《中国特色社会主义研究》2012 年第 2 期。

罗松涛:《德性何为——试论康德的人学思想》,《北京师范大学学报》(社会科学版)2011 年第 2 期。

罗松涛:《"正确生活"何以可能?——从阿多诺对康德与萨特自由观的批评谈起》,《马克思主义与现实》2011 年第 1 期。

罗松涛:《自由时间辩证法——从阿多诺文化工业批判谈起》,《教学与研究》

2021年第3期。

王晓升:《康德自由概念中的自然要素——阿多诺的分析及其启示》,《马克思主义与现实》2022年第6期。

仰海峰:《总体性、总体化与否定的辩证法——20世纪中叶国外马克思主义的总体性思想》,《北京师范大学学报》(社会科学版)2023年第3期。

张亮:《关于阿多诺哲学贡献的再思考——从当代中国的视角看》,《北京师范大学学报》(社会科学版)2022年第3期。

张一兵:《阿多尔诺:永远的思想星丛——纪念阿多尔诺诞辰110周年》,载《法兰克福学派与美国马克思主义——纪念阿多尔诺诞辰一百一十周年》,何萍、吴昕炜主编,人民出版社2014年版。

张志伟:《海德格尔哲学的"伦理学问题"——以〈存在与时间〉为中心的辨析》,《哲学研究》2022年第2期。

三 外文参考文献(按作者姓氏拼音排序)

1. 著作

Alastair Morgan, *Adorno's Concept of Life*, New York: Continuum International Publishing Group, 2007.

Alex Thomson, Adorno: A *Guide for the Perplexed*, London and New York: Continuum, 2006.

Andrew Bowie, *Adorno and the Ends of Philosophy*, Cambridge: Polity Press, 2013.

B. O'Connor, *Adorno*, London and New York: Routledge, 2013.

Colin Hearfield: *Adorno and the Modern Ethos of Freedom*, Ashgate Publishing Limited, 2004.

David Sherman, *Sartre and Adorno: The Dialectics of Subjectivity*, New Yoyk: State University of New York Press, 2007.

D. Cook (eds.), *Theodor Adorno: Key Concepts*, Stocksfield: Acumen Publishing Limited, 2008.

Ernst Bloch, *The spirit of Utopia*, trans by Anthony A Nasar, Standford CA: Standford University Press, 2000.

Espen Hammer, *Adorno and the Political*, London and New York: Routledge, 2006.

Fabian Freyenhagen, *Adorno's Practical Philosophy*, Cambridge: Cambridge University Press, 2013.

Giorgio Agamben, *Remnants of Auschwitz: The Witness and the Archive*, New York: Zone Books, 2002.

H. E. Allison: *Kant's Transcendental Idealism*, the 2ndedition, New Haven and London: Yale University Press, 2004.

Helmut Dubiel, *Theory and Politics: Studies in the Development of Critical Theory*, trans. Bemjamin Gregg, Cambridge, MA: MIT Press, 1985.

Iain Macdonald and Krzysztof Ziarek (eds.), *Adorno and Heidegger: Philosophical Questions*, edited by , Stanford, California: Stanford University Press, 2008.

Oshrat C. Silberbusch, Adorno's Philoshophy of the Nonidentical: Thinking as Resistance, Springer Nature Switzerland AG, 2018.

Paul Connerton, *The Tragedy of the Enlightenment: An Essay on the FrankfurtSchool*, Cambridge: CambridgeUniversity Press, 1980.

Raymond Geuss, *Outside Ethics*, Princeton and Oxford: PrincetonUniversity Press, 2005.

R. Wilson, *Theodor Adorno*, London and New York: Routledge, 2007.

S. Weller, *Literature, Philosophy, Nihilism*, New York: Palgrave Macmillan, 2008.

Tom Huhn (eds.), *The Cambridge Companion to Adorno*, Cambridge: Cambridge University Press, 2004.

W. Benjamin, *Selected Writings*, Vol. 4 (1938–1940), translated by E. Jephcott and others, edited by Ho. Eiland and M. W. Jennings, Cambridge, Mass: Harvard University Press, 2003.

W. Benjamin, *The Arcades Project*, translated by Howard Eiland and Kevin Mclaughlin, Cambridhe, Mass: Harvard University Press, 1999.

W. Benjamin: Selected Writings, Volume1 (1913–1926), trans. by David Lachterman, Howard Eilandand Ian Balfour, Cambridge, MA: Belknap Press, 2002.

2. 论文

Brain O'Connor: "Introduction", in *The Adorno Reader*, edited by Brain O'Conner,

Oxford, UK: Blackwell Publishers Ltd, 2000.

Fabian Freyenhagen, "Moral Philosophy", *Theodor Adorno: Key Concepts*, edited by Deborah Cook, Stocksfield Hall: Acumen, 2008.

Henry W. Pickford, "Preface", in *Critical Models: Interventions and Catchwords, Interventions and Catchwords*, translated by Henry W. Pickford, New York: Columbia University Press, 1998.

Lambert Zuidervaart: "Truth and Authentication: Heidegger and Adorno in Reverse", in *Adorno and Heidegger: Philosophical Questions*, edited by Iain Macdonald and Krzysztof Ziarek, Stanford, California: Stanford University Press, 2008.

Luo Songtao: "Adorno's View of Life", in *Frontiers of Philosophy in China*, Vol. 10. Num. 3, 2015 (Sep.).

Luo Songtao: "Art and Society in Light of Adorno's Non-Identity Philosophy", in *Frontiers of Philosophy in China*, Vol. 8. Num. 2, 2013 (June).

Luo Songtao: "Dialectics of Individual Life and Moral Law: On Adorno's Non-Identical Moral Philosophy", in *Frontiers of Philosophy in China*, Vol. 14. Num. 3, 2019 (Sep.).

Luo Songtao: "Working through the Past after Auschwitz in View of Adorno's Moral Philosophy", in *Interculturalités Chine-France*, 2022, No. 8.

Marianne Tettlebaum, "Political Philosophy", *Theodor Adorno: Key Concepts*, edited by Deborah Cook, Stocksfield Hall: Acumen, 2008.

Robert W. Witkin: "Philosophy of Culture", from *Theodor Adorno: Key Concepts*, edited by D. Cook, Stocksfield: Acumen Publishing Limited, 2008.

Simon Jarvis, "Adorno, Marx, Materialism", in *The Cambridge Companion to Adorno*, edited by Tom Huhn, Cambridge: Cambridge University Press, 2004.

后　记

十年前的盛夏时节，我通过了以胡塞尔内时间意识现象学为主题的博士论文答辩，由此结束了在中国人民大学求学十年的历史。毕业后来到北京师范大学哲学与社会学学院（2015年1月更名为哲学学院）马克思主义哲学研究所任教，独立承担"人的哲学""国外（西方）马克思主义哲学""20世纪德国哲学与文化""马克思主义与社会科学方法论""国外马克思主义哲学专题研究"等本科生与研究生课程，转眼又是一个十年。

在这初为人师的十年中，我自己的科研兴趣也逐渐发生了转变：从关注内在意识构造的现象学思考转向法兰克福学派人学思想，特别是其代表人物阿多诺的道德哲学研究。2014年春，我主持的北京市哲学社会科学优秀基础理论重点项目"阿多诺道德哲学研究"（14ZXA004）成功立项，本书即为该项目的最终研究成果。在从事该项研究的过程中，我自觉地将阿多诺的相关学说置于德国哲学这一思想语境之中加以思考，特别关注阿多诺与康德、黑格尔、马克思、海德格尔等思想家之间的对话，希望能够为阿多诺思想研究乃至于法兰克福学派研究提供一个更为宽广的学术视域。

在这本小书即将完成的一刻，我要衷心感谢北师大哲学学院为青年教师成长营造了良好的学术研究环境，感谢学院同事们，特别是马克思主义哲学研究所诸位老师（杨耕、张曙光、胡敏中等老师都是我的前辈）对我的鼓励与帮助；感谢在这十年中通过上课、开读书会、从事学生工作（自2007年9月来北师大工作时起，我至今一直担任本科生班主任）有缘结识的同学们，正是你们使我有勇气踏上通向正确生活的无尽征途。

与此同时，我还要真诚感谢学界前辈们对后学如我的勉励与支持，感谢南开大学谢永康、西南交通大学杨顺利等同道学友在本书写作过程中提供的宝贵意见和参考资料；感谢中国社会科学出版社冯春凤女士的辛勤付出，事实上，我的第一本书（《面向时间本身》，中国社会科学出版社 2008 年版）也是由您编辑完成。

最后，感谢我的父母亲人，你们的无私支持使本书的写作得以顺利进行；感谢笔者的爱犬糖糖以及像糖糖那样伴我前行的人，你们让我懂得：生活不是能够被同一化定义的"什么"，而是随思而生成、因己而改变的"如何"。

罗松涛

2017 年 6 月 15 日

于北京秀水园

修订版后记

2023年适逢国外马克思主义哲学研究重镇、德国法兰克福大学社会研究所（Institut für Sozialforschung）创立100周年，同时也是以社会批判理论闻名于世的法兰克福学派第一代核心成员阿多诺（Theodor W. Adorno，1903—1969）诞辰120周年。为进一步深化国外马克思主义哲学，特别是阿多诺哲学的研究，笔者根据自己近年来的研究心得，同时吸收借鉴国内外学界的相关研究与翻译成果，对出版于七年前的拙作《在通向正确生活的途中：阿多诺道德哲学的基本问题》（中国社会科学出版社2017年版）进行了全面系统的修订，主要体现在以下几个方面。一是增补了结语，从而使本书的结构更加完整；同时依次为全书添加节标题，有助于更清晰地呈现本书的论证思路，也弥补了2017年版仅有章标题的缺憾。二是新增了关于阿多诺非同一性美学思想的论述（第一章第三节），以此体现阿多诺正确生活思考的审美之维，凸显其道德哲学与美学思想的内在相关性。三是对照阿多诺德文版著述，订正了书中笔者翻译阿多诺著述时出现的错漏之处。四是调整附录内容。一方面，大幅扩充了《最低限度的道德：从被损害生活而来的反思》（*Minima Moralia: Reflexionen aus den beschädigten Leben*）译文。本书2017版"附录一"中仅有6节译文，笔者在近几年教学科研过程中对这本阿多诺道德哲学沉思录着手进行翻译，目前已译得61节，希望读者借此能够更加充分地领略阿多诺片断式写作风格所展现的非同一性星丛式思想的魅力。与此同时，对2017版收录的阿多诺"自由时间"译文进行了细致打磨。限于篇幅，删去了2017版收录的笔者关于阿多诺文化工业批判和康德人学思想的两篇论文。

事实上，自2020年以来，随着《阿多诺选集》（谢永康主编，上海人民出版社出版）和《阿多尔诺文集》（夏凡主编，浙江大学出版社出版）等阿多诺译丛的陆续推出，国内学界的阿多诺研究日益向纵深发展，很多研究空白得到填补（比如关于阿多诺音乐哲学的研究）。笔者有幸担任《阿多诺选集》编委，并承担由海南大学谢永康教授主持的国家社科基金重大项目"阿多诺哲学文献的翻译与研究"（课题编号：20&ZD034）子课题研究工作，本书修订版即为该课题的阶段性研究成果。笔者的授业恩师，中国人民大学首批杰出学者特聘教授、中华全国外国哲学史学会理事长张志伟先生欣然同意为本书修订版作序，令本书增色良多。与此同时，本书的出版得到北京师范大学价值与文化中心、哲学学院的大力支持，笔者在此致以由衷的谢意！

如果说对一位思想家最好的纪念方式便是沿着其哲思之路继续探寻，笔者希望本书的修订出版能够携手更多对阿多诺正确生活思想感兴趣的读者，一道并肩前行。

罗松涛
2024 年 6 月 5 日芒种